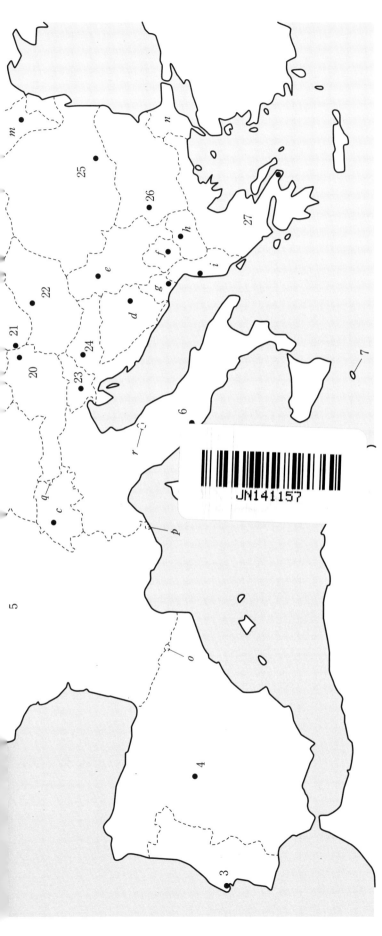
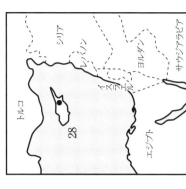

《2018年時点のEU加盟国と首都》
1. アイルランド(ダブリン) 2. †イギリス(ロンドン)(※2020年1月末で離脱) 3. ポルトガル(リスボン) 4. スペイン(マドリード) 5. フランス(パリ) 6. イタリア(ローマ) 7. マルタ(ヴァレッタ) 8. ベルギー(ブリュッセル) 9. オランダ(アムステルダム) 10. ルクセンブルク(ルクセンブルク) 11. ドイツ(ベルリン) 12. チェコ(プラハ) 13. デンマーク(コペンハーゲン) 14. スウェーデン(ストックホルム) 15. フィンランド(ヘルシンキ) 16. エストニア(タリン) 17. ラトビア(リガ) 18. リトアニア(ヴィリニュス) 19. ポーランド(ワルシャワ) 20. オーストリア(ウィーン) 21. スロヴァキア(ブラチスラヴァ) 22. ハンガリー(ブダペスト) 23. スロヴェニア(リュブリャナ) 24. クロアチア(ザグレブ) 25. ルーマニア(ブカレスト) 26. ブルガリア(ソフィア) 27. ギリシャ(アテネ) 28. キプロス(ニコシア)

《2018年時点でEU未加盟の国々》
a. アイスランド(レイキャヴィク) b. ノルウェー(オスロ) c. スイス(ベルン) d. ボスニア・ヘルツェゴヴィナ(サラエヴォ) e. セルビア(ベオグラード) f. コソヴォ(プリシュティナ) g. モンテネグロ(ポドゴリツァ) h. マケドニア(スコピエ) i. アルバニア(ティラナ) j. ロシア(モスクワ) k. ベラルーシ(ミンスク) l. ウクライナ(キエフ) m. モルドヴァ(キシナウ) n. トルコ(アンカラ) o. アンドラ(アンドラ・ラ・ベリャ) p. モナコ(モナコ) q. リヒテンシュタイン(ファドーツ) r. サンマリノ(サンマリノ) s. ヴァチカン

1. ドイツ・アイフェル国立公園内のマール（Shutterstock）
2. スイス・アレッチ氷河（Shutterstock）
3. ノルウェー・U字谷（2005年，山本隆太撮影）
4. クロアチア・石灰岩地形（2014年，加賀美雅弘撮影）
5. イタリア・エトナ火山（Shutterstock）
6. イギリス・ロンドンのドックランズ（2016年，加賀美雅弘撮影）
7. フランス・ロレーヌ北部の製鉄所（2001年，小田宏信撮影）
8. オーストリア・シェーンブルン宮殿（2015年，呉羽正昭撮影）
9. ドイツ・ニュルンベルクの市場広場（2015年，伊藤徹哉撮影）
10. フランス・「美しい村連合」の村（2017年，市川康夫撮影）
11. ルーマニア・南トランシルヴァニアのルーラルペンション（2016年，佐々木リディア撮影）
12. ルーマニア・マラムレシュ地方の祭（2007年，佐々木リディア撮影）
13. スロヴェニア・イタリア国境，イタリア側のゴリツィアから，スロヴェニアのノヴァ・ゴリツァをのぞむ（2017年，飯嶋曜子撮影）
14. フィンランド・ヤン・カールスコーデン野外博物館のメイポール（2017年，竹中克行撮影）
15. ハンガリー・ブダペストのハンバーガーチェーン（2018年，加賀美雅弘撮影）

世界地誌シリーズ ⓫

ヨーロッパ

加賀美 雅弘 編

朝倉書店

編集者

加賀美 雅弘 　東京学芸大学教育学部

執筆者
（　）は担当章

荒又 美陽　　明治大学文学部（9章，コラム9.2）
飯嶋 曜子　　明治大学政治経済学部（10章，コラム10.2）
池　俊介　　早稲田大学教育・総合科学学術院（コラム8.2）
池田 真利子　筑波大学芸術系（コラム5.2，11.2）
市川 康夫　　埼玉大学大学院人文社会学研究科（3章）
伊藤 徹哉　　立正大学地球環境科学部（5章，コラム5.1）
大島 規江　　茨城大学教育学部（7章，コラム7.2，9.1）
小田 宏信　　成蹊大学経済学部（4章，11.2節，コラム4.1，11.1）
加賀美 雅弘　東京学芸大学教育学部（1章，11.1，11.3～11.5節，コラム1.1，1.2，3.2，7.1，10.3）
呉羽 正昭　　筑波大学生命環境系（6章，コラム3.3，6.1，6.2，10.1）
佐々木リディア　首都大学東京国際センター（コラム3.1）
竹中 克行　　愛知県立大学外国語学部（8章，コラム8.1）
根田 克彦　　奈良教育大学教育学部（コラム4.2，5.3）
山本 隆太　　静岡大学地域創造教育センター（2章，コラム2.1，2.2，2.3）

（50音順）

まえがき

　人やモノ，財や情報がグローバルなスケールで移動する現代世界において，ヨーロッパはダイナミックな変化の渦中にあり，その姿を絶えず変えつつある．それゆえに従来のヨーロッパ地誌の観点だけでは十分な地域理解に到達しがたく，現状を把握できる地域情報を精査し，新たな切り口を設定してその全体像に迫ることが，現代ヨーロッパ地誌を構築するうえでカギになるものと考える．

　ヨーロッパ理解に向けて本シリーズ第3巻『EU』を刊行してから8年が経過したが，その間にヨーロッパはクロアチアのEU加盟をはじめ，難民の殺到と右派政党の躍進といった変化を経験し，そして今，イギリスのEU離脱問題に直面している．そうしたなか，EUに着目したヨーロッパ理解がある一方で，EUを含めたヨーロッパをとらえる視点が必要であろうとの認識から，このたび『EU』を改訂するかたちで新たに『ヨーロッパ』を編集・出版することにした．

　ヨーロッパを広く見渡すと，そこに共有されるヨーロッパらしさを確認できる一方で，依然として大きな経済格差があり，地域ごとに異なる個性ある文化や価値観も見出せる．グローバル化とローカル化，統合と分化，均質化と多様化といったさまざまな動きが共存し，拮抗するのがヨーロッパの現状といえよう．ここにはヨーロッパ諸国間の関係はもちろん，ヨーロッパを取り巻く世界情勢も深く関与している．ヨーロッパが流動的な状況にあることを念頭に置きつつ，EU主導の統合のゆくえも追跡してゆかねばならない．

　このようなヨーロッパの姿を最新の情報をもとに描き出そうというのが，本書の目的である．ヨーロッパの地理的理解に向けて，現代ヨーロッパが直面する多様な課題を盛り込むことが欠かせない．そこで，基本的には『EU』における記述内容を踏まえながらも，いくつかの新しい側面に目配りしつつヨーロッパという地域を地誌学的な視点と方法を駆使して読み解くためのテキストとしてまとめた．

　本書は，まず第1章でEUを主軸とするヨーロッパ地誌の大枠を概観し，第2章以降では具体的なテーマにしたがってヨーロッパ地誌にアプローチする構成になっている．すなわち，自然環境，農業と農村，工業化と空間的構成，都市の形成と発展，観光地域，人びとの暮らし，国家と地域，移民と社会問題，国境地域などヨーロッパの地域理解に欠かせない多彩な話題を盛り込んでいる．そして最後の第11章でグローバル化が進む世界のなかに置かれたヨーロッパを論じている．

　さまざまな問題に揺れ動くヨーロッパを目にするにつけ，この地域を総合的にとらえることが今後，ますます求められてゆくであろう．本書によってヨーロッパへの関心がいっそう高まり，グローバルな視点でヨーロッパを理解することにつながることを願っている．最後に，朝倉書店編集部には，企画から刊行までたいへんにお世話になった．記してお礼を申し上げる．

　2019年3月

加賀美　雅弘

目　　次

1. 総論─統合に向かうヨーロッパの地域性 ……………………………………… *1*
　1.1　ヨーロッパにおける EU の発展　1
　1.2　EU によるヨーロッパの地域統合　3
　1.3　EU 域内の経済格差　4
　1.4　多様な文化地域からなるヨーロッパ　6
　1.5　ヨーロッパへの地誌学的アプローチ　7
　　コラム　トルコの EU 加盟は？　8／イギリスの EU 離脱　9

2. 自然環境 ………………………………………………………………………… *10*
　2.1　地形　10
　2.2　火山と地震　16
　2.3　ヨーロッパの気候　19
　2.4　ヨーロッパの植生と土壌　20
　　コラム　迷子石と人間の関係　24／ヨーロッパの自然災害と対策─洪水　25／ヨーロッパの自然災害と対
　　　　　策─気候変動　26

3. 農業・農村 ……………………………………………………………………… *28*
　3.1　EU の農業・農村地域　28
　3.2　拡充する食糧生産　32
　3.3　条件不利地域の農業　35
　3.4　現代 EU 農業・農村の変容　37
　　コラム　ルーマニアの農村　41／地中海地方の農業　43／アルプスの農業　44

4. 工業化の展開と空間的構成 …………………………………………………… *45*
　4.1　産業化の始動と地域形成　45
　4.2　重工業地域の出現　48
　4.3　第二次世界大戦後の工業立地と工業地域　51
　4.4　EU 統合・拡大下のヨーロッパ工業　54
　　コラム　中小企業がおりなす工業地域─ジュラとサード・イタリー　60／イーストエンドにおけるロンド
　　　　　ンドックランズの再開発とオリンピック　61

5. 都市の形成と発展・維持 ・・ *62*

- 5.1 都市の偏在　62
- 5.2 都市の成立と近代都市への発展　65
- 5.3 都市の景観と内部構造　68
- 5.4 大都市圏と都市間連携　70
- 5.5 都市の更新と再生　73

　　コラム　ヨーロッパの都市はなぜ美しい？　76／欧州文化首都（European Capital of Culture）と都市活性化事業　77／イギリスの都市計画とショッピングセンターの開発　78

6. 観光地域と観光者流動 ・・・ *80*

- 6.1 国際観光地域としてのヨーロッパ　80
- 6.2 観光の展開　81
- 6.3 観光者流動の変容　85
- 6.4 東欧革命と東ヨーロッパの観光地化　86
- 6.5 ツーリズムの飽和　87

　　コラム　ヴァカンスの誕生　89／国際観光者でにぎわう世界遺産（EU全域）　90

7. EU市民の暮らし ・・ *91*

- 7.1 少子・高齢化する社会　91
- 7.2 教育重視の社会　93
- 7.3 充実した福祉社会　94
- 7.4 EU拡大と市民の暮らし　96

　　コラム　博物館が身近な暮らし　97／北欧流，夏の過ごし方！　98

8. ヨーロッパ人の地理的想像力 ・・ *100*

- 8.1 領域国家が分立するヨーロッパ　100
- 8.2 境界づけられるヨーロッパ社会　104
- 8.3 風景と結ぶアイデンティティ　109

　　コラム　まちとつきあう地中海の人びと　115／海洋国家ポルトガルの今　116

9. 移民と社会問題 ・・・ *117*

- 9.1 移民と国境・国籍　117
- 9.2 現代ヨーロッパにおける移民の契機　118
- 9.3 統計からみるヨーロッパの移民　120
- 9.4 争点化される移民　123
- 9.5 社会問題とのつながり　125
- 9.6 想像力をもつこと　128

コラム　中東発ファストフード，世界を席巻　130／ヨーロッパとイスラム　131

10. 統合するEUと国境地域　………………………………………………………………… *132*
　10.1　EUの地域政策　132
　10.2　EU統合と国境地域　136
　10.3　フランス・ドイツ・スイス国境の動態　138
　10.4　国境管理と難民問題　144
　　　コラム　国境を越えた買い物ツアー　148／分断を乗り越えた連携の可能性――人びとをつなぐ橋，ゲルリッツ　149／ヨーロッパ最大の少数民族，ロマ　150

11. 世界のなかのヨーロッパ　………………………………………………………………… *151*
　11.1　世界と結びつくヨーロッパ　151
　11.2　EUと世界貿易　152
　11.3　グローバル化のなかのヨーロッパ　155
　11.4　ローカル化が進むヨーロッパ　157
　11.5　共通化をたどるヨーロッパ　158
　　　コラム　欧州共通通貨ユーロがもたらした光と影　160／文化の集積と発信を続けるヨーロッパ　161

さらなる学習のための参考文献　*163*
付録　統計資料　*168*
索　　引　*170*

1 総論—統合に向かうヨーロッパの地域性

ヨーロッパは今，EU（欧州連合）を中心にして統合に向かっている．EU の目標には地域の統合が掲げられており，国の枠組みを越えて一つの地域になることが最終ゴールとされている．しかし，その反面，EU がきわめて多様な地域からなっていることも事実であり，この多様性こそが EU の特性ともいえる．この章では，EU 域内における文化の多様性を指摘するとともに EU が経済的に著しい格差をかかえている点にも目を向ける．EU の成り立ちや拡大の過程，さらに EU が進める地域統合のシナリオにおいても，こうした文化的多様性や地域間の格差が大きな課題と結びついているからである．

1.1 ヨーロッパにおける EU の発展

現代のヨーロッパにおいて，EU は面積や人口はもちろん，政治・経済においてもその大部分を占める．EU は面積 437 万 6000 km^2，人口 5 億 970 万人（2018 年）である．さらに，17 兆 2652 億 6109 万ドルに達する GNI（国民総所得）は，アメリカ合衆国の 19 兆 6075 億 9800 万ドル（2017 年）に匹敵するまでに成長しており，世界経済においてきわめて重要な地域になっている．EU は今後も拡大の方針をとっていることから，その規模はますます大きくなることが見込まれている．

EU は単なる国家の連合体にとどまっていない．国家間の連携を強化することによって，一つのまとまりある地域になろうとしている．そのために経済統合と政治統合が大きな目標になっており，さまざまな政策がとられている．国を隔てる国境が，これまで果たしてきた障壁としての役割を弱めながら，EU はその全域における地域統合を最終的なゴールに定めているのである．

このような世界に類のない緊密な国家連合がヨーロッパに生まれたのには，もちろん理由があった．EU を構成している国々は，それぞれ独自の歴史的背景と固有の文化をもち，言語や宗教，価値観などを異とする人びとが互いに区別しあいながら形成されてきた．近代以降のヨーロッパの歴史をひもとけば，他者と区別することによって人びとがまとめられ，国家が形成されてきた経緯と，そのなかで政治や経済の力を競って国家間の対立が起こってきたことがわかる．ヨーロッパは，地域の文化によって特徴づけられた国家間の葛藤が常にくすぶり，支配と従属の関係を繰り返してきたところであった．

実際，19 世紀以降の産業化の過程で国家間の競争が激化したヨーロッパでは，国土と資源をめぐる対立が激化し，二度の大戦の舞台となった．戦火は全ヨーロッパに及び，多くの人命が失われ，国土は荒廃し経済は疲弊した．勝敗の区別なくヨーロッパ諸国は大きな打撃を受け，戦前まで保持していた世界的な影響力は，ヨーロッパを分断したアメリカ合衆国とソヴィエト連邦（ソ連）の二大勢力に譲らざるをえない状況へと陥った．

EU が成立するもとになった国家連携の体制は，こうした第二次世界大戦後のヨーロッパの情勢を経て生み出されてきた．アメリカ合衆国からの援助により復興を開始した西ヨーロッパでは，まず 1952 年に ECSC（欧州石炭鉄鋼共同体）が発足した．国家間の対立の原因となった特定の国による資源の独占をやめるため，フランスと西ドイツをはじめ，すでに関税同盟を結成していたベネルクス三国（オランダ，ベルギー，ルクセンブルク），そしてイタリアがこれに調印した．国家経済の原動力である製鉄業を支える石炭と鉄鉱石の共有をめざしたのは，第一次世界大戦後のベルサイユ体制の失敗を繰り返さないためであった．フランスのロレーヌ地方に産する良質の鉄鉱石とドイツのザール地方の炭田，ヨーロッパで最も重要な水路であるライン川の領有をめぐる争いにピ

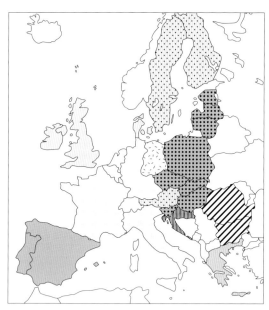

図 1.1 拡大してきた EU 加盟国
☐EC 成立時（1967 年），☐1973 年，▨1981 年，▦1986 年，▧1989 年，▦1995 年，▦2004 年，▨2007 年，▦2013 年.

写真 1.1 冷戦構造崩壊の象徴となったベルリンのブランデンブルク門（ドイツ，2010 年）

リオドを打つために，資源を共有する理念が生まれた．さらに 1958 年には貿易の自由化を推進する EEC（欧州経済共同体）が発足する．こうして西ヨーロッパでは大戦後の国家間連携の動きが軌道に乗っていった．以後，ヨーロッパは国家連合体の枠組みのなかに置かれてゆく（図 1.1）．

1967 年にこれらの組織は EC（欧州共同体）へと発展する．1973 年にはイギリス，アイルランドを迎え，さらに 1981 年にギリシャ，1986 年にスペインやポルトガルを加えて拡大する．東西冷戦構造が長期化したことも当時の EC 拡大にとって追い風となった．東西に分断されたヨーロッパの構造はしだいに固定化し，西側諸国における EC を軸にした国家間の連携構造が深化するなかで，ソ連の影響下に置かれた東ヨーロッパ諸国とは明らかに異なる地域構造をなすことになった．

しかし，1989 年に東ヨーロッパ諸国に起こった東欧革命は，大戦後のヨーロッパを特徴づけた東西分断を終わらせたと同時に，西ヨーロッパで発展してきた EC が全ヨーロッパに視野を広げた組織へと転換する契機ともなった（写真 1.1）．1992 年 2 月に調印されたマーストリヒト条約が 1993 年 11 月に発効したことにより EU が発足．それまでの EC による国家間関係をさらに強め，加盟国間の人やモノ，資本や情報の流通を自由化させ，政治的にも経済的にもまとまりある地域になることが目標とされた．さらに，1995 年に東西冷戦期に永世中立国をうたっていたオーストリアが加盟し，いわゆる EU 15 と呼ばれる西ヨーロッパ諸国の連携体制がほぼ完成した．

2004 年，かつての社会主義国である東ヨーロッパ諸国へと領域が広がったところで，EU は全ヨーロッパ的組織としての様相を強めることになる．EU が東西冷戦構造のなかで生まれた EEC を母体とする組織であることを踏まえると，これらの国々の EU 加盟はヨーロッパの戦後史の大きな転換点を意味するともいえよう．一つのヨーロッパが現実味を帯びた瞬間であった．しかしその反面，これを機に EU は後で述べるようなさまざまな問題をかかえることになる．

2007 年にルーマニアとブルガリア，さらに 2013 年にクロアチアの加盟を経た EU では現在，いわゆる西バルカン諸国（ボスニア・ヘルツェゴヴィナ，セルビア，モンテネグロ，コソヴォ，マケドニア，アルバニア）やトルコの加盟について議論が続けられており，将来はさらに拡大することが予想されている．その一方で，2015 年には国民投票によってイギリスの EU 離脱が決定され，離脱のための手続きが進められており，EU は発足以来，初めて加盟国を減らすことになった．統合を進める一方で，経済格差や移民・難民の流入の問題が露呈してきている．こうした EU の現状が

写真 1.2 シェンゲン協定調印の地に置かれた記念碑（ルクセンブルク，2000 年）

今後のヨーロッパのゆくえを大きく左右していくことは間違いないだろう．

1.2 EUによるヨーロッパの地域統合

EUは1993年に発足して以来，地域統合のシナリオを急速に進めてきた．とくに経済統合に力が入れられており，域内での国境を越えた物流が自由化され，国家間での関税が撤廃されているほか，1999年には共通通貨ユーロが導入され，経済活動の統合が進められている．またEU加盟国の出入国管理の一元化を進めるシェンゲン協定が1985年に調印され，これを実施する国の間では国境を越えた人の移動の自由化が実現している（写真1.2）．2018年現在，イギリス，アイルランド，ルーマニア，ブルガリア，キプロス，クロアチアを除くEU加盟22か国の間では，国境での検問が廃止されている．

このような地域統合を推進するEUの組織は，国家の連携とそれを包括する超国家的枠組みがきわめて注意深く設置されている．現在のEUの組織は，欧州理事会，閣僚理事会，欧州委員会，欧州議会，欧州司法裁判所，欧州中央銀行，欧州会計監査院によって構成されており，国家間の連携・協力に向けた業務を行っている．EUの本部はベルギーの首都ブリュッセルに置かれ，最高議決機関である閣僚理事会（Council of the European Union）において司法や財務，農業などの専門分野ごとに各国の閣僚からなる組織がEUの心臓部をなしている．これに加えて，年に2回開催される欧州理事会（European Council，欧州サミットとも呼ばれる）において加盟28か国の元首によりEUの最も大きな課題が議論され，新たな指針が決定されている．

また，これら理事会とともに欧州委員会（European Commission），欧州議会（European Parliament），欧州司法裁判所，欧州会計監査院が置かれている．欧州委員会は加盟各国から1名ずつ任命された計28名の委員によって構成されており，諸政策や非EU諸国との対外関係，サービス部門など多くの部局からなる行政執行機関である．欧州議会は，EU各地における選挙により選出された議員からなる議決機関であり，本会議場をフランス東部・アルザス地方の中心都市ストラスブールに置いている．議会はEUにおいて民意が反映される重要な場として設定されている．ただし，国によって意見が大きく異なることから議論に時間がかかり，迅速な決定を要するEUの運営にとって十分な役割を果たしていないのが実情であり，機能の拡充が望まれている．

このほか，欧州司法裁判所はルクセンブルクに置かれ，各加盟国から任命された28名の判事によって構成され，EU域内の法的秩序の遵守を任務としている．また，ドイツのフランクフルトに置かれた欧州中央銀行は，1999年に導入された共通通貨ユーロをめぐる金融政策を担当している．ルクセンブルクに設置されている欧州会計監査院は，EUの対外・安全保障政策などの監査がおもな役割である．

このようにEUには超国家的な機関が設置され，加盟国間の連携をめざす政策決定がなされている．とくに2009年12月に発効したリスボン条約によってその枠組みを新たにしている．たとえばEUに国際法人格が付与することによって，EU自体が他の主権国家と国際条約を結べるようになった．また，欧州理事会の常任議長とEU外交・安全保障政策上級代表というポストが新設され，EU対外活動庁が新たに設置された．いずれも国家における大統領，外務大臣，外務省に近い役割を演じることになり，あたかも一つの主権国家のような体裁をますます整えつつある．

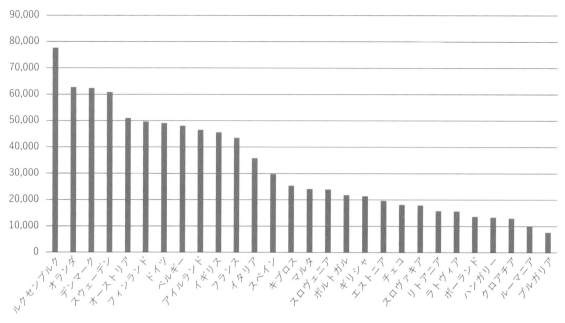

図 1.2 1人あたり GNI にみる EU 加盟国の経済格差（2014年．単位：ドル）
National Accounts Estimates of Main Aggregates より作成．

図 1.3 1人あたり GDP からみた EU 域内の経済格差（2014年）
▨ 125 以上，▦ 90〜124，■ 90 未満，□ データなし．
Eurostat より作成．

1.3 EU 域内の経済格差

EU は拡大とともにさまざまな地域を取り込んできた．その結果，経済水準が著しく異なる地域によって構成されるようになった．都市が集中し，高い人口密度と活発な経済活動を特徴とする地域では，住民の所得水準が高く，教育や福祉の充実，健康や安全な暮らしなど高い生活水準が確保されている．その一方で，そうした水準が全般的に低い地域も EU 域内には存在している．

EU 加盟国ごとにみると，たとえば1人あたり GNI はルクセンブルクを筆頭にしてデンマークやアイルランド，さらにイギリスやオランダなど北西ヨーロッパ諸国で高くなっている（図 1.2）．これに対して，ブルガリアやルーマニア，バルト三国など東ヨーロッパ諸国ではその水準はかなり低くなっている．

さらに小さな地域を単位にしてみてみると，地域間格差を仔細に確認することができる．図 1.3 は，EU の単位地域 NUTS-2 に基づく1人あたり GDP（国内総生産）の格差を示している．すべての単位地域の平均を 100 とした相対値で表しており，125 以上の高い地区がイギリス南部やデンマーク，ドイツ南部，イタリア北部などの諸地域にある．一方，90 以下の水準の低い地域は，2004年以降に EU に加盟した東ヨーロッパ諸国のほぼ全域をはじめ，ギリシャ，イタリア南部，イベリア半島南西部，フランス中央部や北アイルランドなどにみられる．

写真1.3 ロンドンの新しいビジネスセンター・ドックランズ（イギリス，2016年）

写真1.4 ハンガリー東部の経済停滞地域（ハンガリー，1999年）

このようなEU域内における経済の地域間格差は，空間的にみてかなり明瞭な中心・周辺構造によって理解することができる．すなわちイギリス南部からベネルクス三国を経てドイツ西部とフランス東部をたどりながらイタリア北部に達する地帯はブルーバナナ（青いバナナ，4.4.1項（p.54）および5.1節の図5.1（p.63）参照）と呼ばれ，EU域内で最も経済水準が高くなっている．そして，ここから距離が離れるにしたがってその水準は低くなる傾向をたどり，周辺地域の性格を帯びるようになる．実際，経済の発展をめざして導入が始まった共通通貨ユーロも，その流通は依然として経済先進諸国に限られている（写真1.3）．

こうした経済格差は，EU諸国の加盟の順番ともよく対応している．EUの母体となったEECがもともと北西ヨーロッパ諸国の間で誕生し，以後，そこを中心にして加盟国を増やしてきたが，それはまさしく中心地域で結成された国家連合が周辺地域への拡大を続けてきたものとみなすことができる．言い換えれば，加盟国を増やすたびにEUは経済水準の低い地域を取り込んできたのであり，結果としてEU域内の経済格差は広がる一方となった（写真1.4）．

EUがめざす地域統合は，経済水準が高く，それぞれの国内での地域間格差が小さい国々の間で企画・実現されてきたものである．しかし，EU拡大とともに経済水準の低い地域が加わりながらも統合のシナリオを継続しているために，結果として地域間の格差解消のための多額の補助金が経

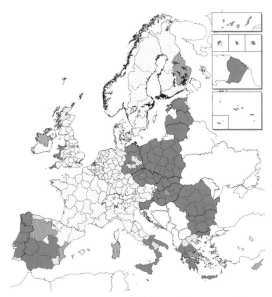

図1.4 EUにおける補助金交付地域（2007～2013年）
■補助金投入地域，▨段階的に廃止する地域，▦段階的に投入する地域，□補助金を投入しない地域．Eurostatより作成．

済水準の高い地域から低い地域へ流れ，労働力の移動がその逆の流動を生んでいる．図1.4はEUからの地域振興補助金の交付対象地域を示したものである．補助金が交付されるのは東ヨーロッパの新規加盟国をはじめ，南フランスやイベリア半島などであり，図1.4に示された経済水準の低い地域とよく対応しているのがわかる．

これらの補助金のおもな財源は加盟諸国の分担金であり，しかも各国の経済水準に応じた割合で定められているために，ドイツやフランス，イギリス，イタリアなどの国々が財源の多くを担う結果になっている．つまりEU域内において，経済

水準の高い国々が低い国々を支える構造が顕在化してきている．近年では，こうした他国への多額の支援が経済的な負担になっているとの不満や反発がドイツやオランダなどの市民の間で高まっており，経済格差はEUのゆくえを占うきわめて重要な課題になっている．

なお，こうした格差の問題と連動してEUの組織自体の問題も指摘されている．現在のEUにおける政策決定においては，閣僚理事会では各国代表の持ち票数が，また欧州議会では議員数が，それぞれおおむね各国の人口によって割り振られている．そのため人口の多いドイツやフランス，イギリスなどの意思が強く反映され，スロヴェニアやスロヴァキア，バルト三国のような人口規模の小さな国とのコントラストは大きい．人口規模の大きな国に経済先進諸国が多いことから，大国主義的な動きを警戒する中小規模の国も少なくない．地域間の格差をいかに克服するかはEU加盟国間の力関係とも連動しており，この問題は状況次第ではEUの存続を揺るがす可能性すら秘めている．

1.4　多様な文化地域からなるヨーロッパ

EU域内に文化的に多様な地域がみられる点にも注意したい．地域的な統合を進めるEUにおいて，その多様性こそがEUの特徴にもなっている．

EUは，現在24の公用語をもつ．オーストリアやベルギーなど一部の国を除けば，国名と一致する名の言語が公用語になっている．しかし，アイルランドやキプロスなど複数の言語が公用語になっている国もある．スペインやルーマニア，ラトヴィアなどはそれぞれカタルーニャ人とバスク人，ハンガリー人，ロシア人など多くの少数言語集団をかかえている．むしろヨーロッパには文化的に均一な国家などないといってよいだろう．

またEU域内ではおもにキリスト教が信仰されているが，地中海沿岸地域のカトリック，北西ヨーロッパのプロテスタント，東ヨーロッパの正教会など地域的にも多様である．そのほか多くの移民がイスラームを信仰しており，文化の多様性は増すばかりである．さらに国家の形態にも多様性がよく現れている．ヨーロッパの大半の国は共和国である．しかしその一方で，イギリスやデンマーク，オランダなど今なお王制をとっている国もある．またドイツやベルギーのように地方自治を尊重した連邦国家も存在している．

こうした多様性に満ちた空間としてのヨーロッパを，ここでは大きく3つの地域に区分してまとめておこう．

まず，古代ギリシャ・ローマの影響を受けた文化を共有する地中海沿岸地域があげられる．古代からヨーロッパの伝統を育んできた地中海沿岸地域に共通の文化的基盤は，コロッセウムや水道橋など古代ローマの史跡にその歴史をたどることができる．イタリア語やスペイン語などのラテン語派の言語を共有し，カトリック教会の伝統が強く維持されている．ブドウやオリーブの栽培は，夏に高温乾燥となる地中海性気候において発達した地中海式農業の代表的な農産物である．

北西ヨーロッパはドイツ語や英語，スウェーデン語などのゲルマン語派とプロテスタントの信仰で特徴づけられる．比較的湿潤な海洋性気候のもとで三圃式農業を起源とする混合農業が発達し，麦やジャガイモなどの畑作と豚の飼育を組み合わせた集約的な農業が営まれている．また牧草の栽培と乳牛の飼育に専門化し，ミルクやバター，チーズの生産を専門的に行う酪農も発達している．

これに対して東ヨーロッパでは，ポーランド語，チェコ語，スロヴェニア語などスラヴ語派の言語が広く用いられ，ルーマニアやブルガリア，ギリシャなど正教会が信仰されてきた．大陸性の気候下では北西ヨーロッパと同様，混合農業が行われてきたが生産性は低く，産業の発達は遅れた．大土地所有制や農奴制が近代にまで残り，自立農家の形成が遅れたこと，第二次世界大戦後に社会主義体制下に置かれ，農場の集団化が進められたため，長く生産性の低い農業で特徴づけられてきた．

しかし，ヨーロッパの地域区分はそれほど単純にはなしえない．たとえば東ヨーロッパでは，ポーランドでカトリックが信仰され，ルーマニアではラテン語派の言語が使われるほか，ハンガリーやフィンランド，エストニアのようにアジア系の

言語を用いる国もある．またスカンディナヴィア半島北部ではトナカイの遊牧がなされるなど，EU域内には多様な自然環境と伝統文化がみられる．

EUがこうした多様な地域からなっていることはアメリカ合衆国と大きく異なるところである．それは，EUには国や地域ごとに長く培われてきた文化があり，特定の言語や宗教によって国家が成り立ち，生活様式や価値観などの伝統文化が国の違いを顕在化させてきたという経緯に基づいている．ヨーロッパにみられる文化の地域的多様性は，EUを構成する多様な国家と密接に結びついているのである．

1.5 ヨーロッパへの地誌学的アプローチ

国家の連合体であるEUは，これまでの国家の枠組みを越えた地域間の連携を強めながら，統合を進めている．これは，国境によってそれぞれの国に分けられてきたヨーロッパから，国境を越えて相互に結びついたヨーロッパへの転換を意味している．その一方で，これまで国家に内包され，国内の一部としてとらえられてきた諸地域が，EUという大きな枠組みのなかで自己主張に乗り出している事実もある．

ヨーロッパを地誌学的に理解するうえで，このようなEUにおける地域の位置づけの変化を見逃してはならない．ヨーロッパはこれまで，ヨーロッパ全域を理解する一方で，個々の国を単位にした理解の方法が並行してなされてきた．しかし，EUによる地域統合が進むにつれて，EU全域とそれぞれの国家に加えて，国家を構成する諸地域の動向を明らかにすることもヨーロッパを理解するうえで重要であり，こうした異なる空間的スケールでの考察がヨーロッパの理解には不可欠になっている．

その一方で，ヨーロッパの諸地域は，そこに生じているさまざまな空間的諸現象に着目することによって素描できる．そこで以下，本書では，まずヨーロッパにおける人間の諸活動の基盤をなす地形や気候などの自然環境を示すことから始める．次いで食料供給のための農業と農村，多角化する工業地域の形成と発展，現代ヨーロッパの諸活動の舞台である都市の構造とその再生の動向，近年めざましい観光地域の形成と発展を論じてゆく．さらに，生活環境や社会福祉などヨーロッパの人びととの暮らし，ヨーロッパの諸地域を形成してきた近代国家，増加の一途をたどる移民と社会問題，統合するヨーロッパと国境地域，といったトピックを取り上げる．その際，いずれにおいてもできるだけ異なる空間スケールから地誌学的な検討をめざすことにする．また，世界のなかでのEUの位置づけを念頭に置きながら，ヨーロッパの地域的特徴を描き出すことを試みる．

ヨーロッパでは人口が集中し，経済活動が活発に行われており，これに連動して地域は激しい変化を遂げている．また，人やモノ，カネや情報などの移動も活発になされており，地域間の関係も密接であり，かつ大きく変化を遂げつつある．このような時間的変化をたどることも，ヨーロッパへの地誌的アプローチにおいては重要である．時間軸を念頭に置きながらヨーロッパの空間的特徴とその動態を論じるところから，ヨーロッパ地誌のあり方がみえてくるはずである．　　［加賀美雅弘］

引用・参考文献

加賀美雅弘ほか (2014)：ヨーロッパ学への招待―地理・歴史・政治からみたヨーロッパ　第二版．学文社．

加賀美雅弘・木村　汎編 (2007)：東ヨーロッパ・ロシア．朝倉書店．

坂田豊光 (2004)：欧州通貨統合のゆくえ―ユーロは生き残れるか．中公新書．

庄司克宏 (2007)：欧州連合―統治の論理とゆくえ．岩波新書．

ジョーダン＝ビチコフ, T. G.・ジョーダン, B. B. 著，山本正三ほか訳 (2005)：ヨーロッパ―文化地域の形成と構造．二宮書店．

髙橋　和ほか (2006)：拡大EU辞典．小学館．

竹中克行ほか編 (2010)：朝倉世界地理講座7　地中海ヨーロッパ．朝倉書店．

羽場久美子 (2016)：ヨーロッパの分断と統合―拡大EUのナショナリズムと境界線―包摂か排除か．中央公論社．

羽場久美子ほか編 (2006)：ヨーロッパの東方拡大．岩波書店．

村上直久編 (2009)：EU情報辞典．大修館書店．

脇阪紀行 (2006)：大欧州の時代―ブリュッセルからの報告．岩波新書．

コラム 1.1

トルコの EU 加盟は？

2018 年時点で 28 か国にまで膨れ上がった EU は，今後もマケドニアやセルビアなど東南ヨーロッパ諸国に拡大することが見込まれている．EU の拡大は，単に面積や人口の増加をもたらすばかりでなく，巨大な市場の拡大，EU の国際的な発言力の増大にもつながる．そうしたなかで常に話題になるのが，トルコ加盟のゆくえである．トルコは 1963 年に当時の EEC の準加盟国になって以来，加盟に関する条件の検討の渦中にあり続けてきた．しかし，半世紀以上が経った今もなお，依然として加盟基準が満たされていないという理由から，交渉は難航している．ここでは，トルコが加盟交渉を進めるうえで障害となっている問題点をいくつかあげてみよう．

1) 人権問題 トルコでは長らく伝統的な刑法が実施され，拷問をはじめ，離婚への刑罰や女性に不利な刑罰が設定されていた．近年，これらの廃止や男女同権を盛り込んだ刑法の改善が進められたが，依然として EU の水準には達していないとの声も少なくない．なお，国内に住む約 1400 万人ものクルド人に対してかつて行われた弾圧的な政策も批判の対象になっている．EU 加盟を視野に入れて，言語をはじめとする彼らの文化の推進や人権の尊重を強調する一方で，EU 加盟国からは今もなお改善の必要性が指摘されている．

2) アルメニア人虐殺問題 1915〜1923 年にオスマン帝国によって，国内に住む約 150 万人ものアルメニア人が虐殺された事実に対して，フランス政府がトルコにその責任を負うよう求めている．これはフランス国内に住む多くのアルメニア人の要求を受けたものであり，この主張をトルコ加盟の議論につなげるのが難しいことはフランス政府も承知済みである．しかし，こうしたフランスの動きが，EU 加盟諸国のトルコへのまなざしに少なからず影響していることもまた事実である．

3) キプロス問題 EU 加盟国であるキプロスは総人口約 118 万人（2016 年）．その約 80％を占めるギリシャ系が政権をもち続ける一方，約 18％のトルコ系住民が自身の権利を主張すべく，1983 年にトルコの支援を受けて北キプロス・トルコ共和国の独立を宣言．ここにはトルコ軍が進駐している．ただし，これを承認する国家はトルコ以外になく，事実上，トルコがキプロスの内政に干渉している状況にある．EU 加盟国であるキプロスを脅かす行為として，EU はトルコ軍の撤退と，キプロスへの干渉の停止を求めているが，トルコは依然としてトルコ系住民の支援を継続している．

このほか，トルコの加盟の是非をめぐってさまざまな見解が出されている．トルコがイスラムの国だから，という主張に根拠はない（写真 1.5）．すでにアルバニアのようなイスラムの国が加盟候補国になっているからだ．それより話題になるのはトルコの人口規模である．2018 年現在，トルコの人口は約 8192 万人，EU 最大の人口をかかえるドイツが 8229 万人である．しかし，ドイツの人口増加率が 0.2％で人口が横ばいなのに対して，トルコの人口増加率は 1.6％（いずれも 2010〜2018）となっている．トルコが EU に加盟すると，人口増加率をみる限り，近い将来，トルコがドイツを抜いて EU 最大の人口を擁する国になるのは確実である．国別の人口がなぜ問題なのか．それは，EU では最高議決機関である閣僚理事会において，加盟国ごとに人口規模に応じた持ち票が配分されているからである．現在，人口規模が大きなドイツ，フランス，イタリア，イギリスが 29 票をもち，最小規模のマルタが 3 票といった具合である．また欧州議会においても，人口規模に応じて議席の配分数が定められている．つまりトルコが EU 最大規模の人口をもつことは，強い発言力をもつことを意味している．はたしてトルコ主導の EU が世界戦略を打ち出せるのか？ もちろん，このことを正面きって取り上げる国はない．しかし，トルコの加盟が EU の性格を大きく変える可能性をもつ点に，加盟諸国が戸惑いを感じているのは確かなのである．

［加賀美雅弘］

写真 1.5 イスタンブールのバザール（トルコ，2015 年）

コラム 1.2

イギリスの EU 離脱

2016年6月に行われた国民投票の結果，イギリスは EU を離脱することが決まった（写真 1.6）．これまで拡大を続けてきた EU にとって経済大国イギリスの離脱がいかに大きな衝撃だったかは，投票結果が出てすぐ，対応を協議するために EU 首脳が会談を開いたことからも明らかである．EU を支える国の一つが離脱する知らせを聞いて，多くの人びとが EU 崩壊の悪夢を予感したに違いない．

2018年現在，どのようなかたちで離脱を完了させるのか，EU 首脳部とイギリスの間ではさまざまな駆け引きが展開されており，決着するまでにまだ時間がかかりそうである．イギリスはなぜ EU 離脱へと舵を切ったのか．ここでは，EU におけるイギリスの立場を踏まえながら，その理由を考えてみよう．

イギリスが離脱を決めた大きな理由の一つとして，EU 加盟国として多くの拠出金を負担しなければならない点があげられる．EU の拠出金とは EU の財政を支えるものであり，その多くは経済的な課題をかかえる東ヨーロッパ諸国などに投入されている．経済力のあるイギリスが出した資金がこれらの地域に補助金の名で流れている．この補助金の出どころは税金であり，本来は国民のための教育や福祉，生活環境整備などに充てられるものである．それが遠く東ヨーロッパの国々に投入されていることへの疑問や反発が高まり，EU を離脱すれば暮らし向きが良くなってゆくとの期待が投票結果を左右した．

もう一つの大きな理由には，増加の一途をたどる移民・難民受け入れの問題がある．イギリスには，多くの収入を得るために旧植民地の西インド諸島やインド，アフリカ諸国をはじめ，近年は東ヨーロッパからの移民も増加している．さらに 2015 年 9 月にシリアからの大量の難民が EU に流れ込んだことから，イギリス政府はその対応に追われるようになった．イギリス人の就業機会が奪われることへの危惧をはじめ，移民・難民に教育や職業訓練，住居手当などさまざまな公的支援がなされ，それが国民の教育や福祉や年金などサービスの低下につながるものと，イギリス国内には反移民，反 EU の動きが強まっている．

しかも EU 離脱の波に拍車をかけたのが，難民受け入れの割り当てである．2015 年 9 月以降の難民の大量流入に対して，EU が受け入れ難民数を各国の人口と経済水準に応じて割り当て負担の分担を求めた．これが人口の流入に敏感でシェンゲン協定を実施してこなかったイギリス国民にとって，大きな脅威になったことはいうまでもない．

ところで，このような国家連合がつくられた背景には，ヨーロッパに二度と戦争が起こらないような国家間のパワーバランスを保つ目的があり，その理念は EU にまで引き継がれている．しかし，イギリスは第二次世界大戦の戦勝国であり，国家間のバランスは切実な問題ではなく，島国ゆえに国境地域の安全と平和をめざすことにも積極的にはなれなかった．また，EU 加盟国間の強い経済的つながりだけでなく，旧植民地諸国との間でイギリス連邦という国家連合体を確保してきたこともイギリスの EU からの自立を求める主張を支えた．実際，イギリスは共通通貨ユーロを導入しないなど，EU のなかでも他の加盟国とは一定の距離を保ってきたのである．

現在，離脱交渉が続いているが，EU 離脱によってさまざまな変化が予想される．離脱後も共通市場をめぐってさまざまな駆け引きが続くだろう．EU 側では，第二のイギリスが現れないよう加盟国間により強い結束を求めてゆくだろう．今後も当分，EU から目が離せそうにない．

写真 1.6 国会議事堂として使われているロンドンのウェストミンスター宮殿（イギリス，2016 年）

［加賀美雅弘］

2 自然環境

　ヨーロッパの自然環境と聞いて，何をイメージするだろうか．一般に高緯度地域にもかかわらず比較的温暖であることや，植生はとくに北方に針葉樹林が多く比較的単調であること，一部の山岳には氷河があること，南ヨーロッパには火山が多いことがその特徴とされている．ここでは，ウラル山脈以西をヨーロッパとしてとらえ，日本と比べて，単調な植生といわれる理由や，起伏の少ないといわれる地形の成り立ちについてみてみよう．
　なお，自然環境においては，地形や地質，気候，植生，土壌といった各要素はそれぞれ独立して存在しているのではなく，相互に作用しながら存在している．そのため，アルプス山脈が植生分布に与える影響や，偏西風と土壌の関係といった各要素の相互作用をとらえ，自然環境を総合的に理解することをめざす．

2.1 地　　形

　ヨーロッパは，リアス海岸やフィヨルド，エスチュアリーやラグーン，さらには人工的な干拓地（ポルダー）まで含め，さまざまな海岸線を有していることから，「海岸大陸」と呼ばれることもある．モン・サンミシェルのようなトンボロ現象も海岸部の地形現象である．

　北ヨーロッパでは氷河が形成した地形が多く残っており，スカンディナヴィア半島西岸にはフィヨルドが入り込んでいる．一方，半島の東側にはフィヨルドはないが，フィンランドの低地にはモレーンが列をなし，18万か所以上の氷河湖が存在する湖沼景観が広がる．氷河の影響は，より南方のイギリス北部やドイツ北部にまで及び，モレーンや迷子石を残している．

　氷河地形が広がる一帯の南側には，バルト楯状地など安定陸塊の地質が浸食された地形がみられる．とくにこの一帯の景観を特徴づけるのは，イギリス南部，フランス，南ドイツに分布するケスタ地形であり，そのまま南方のアルプス山脈やピレネー山脈に向かって標高を上げていく．

　山脈の南側である地中海は，変動帯（新期造山帯）であることから，数多くの地震や火山が集中する．そのほか，火山や地震は，大西洋上にあるアイスランドにも多い．

　以上のように，ヨーロッパの地形を大雑把にみると，北方の氷河による地形，中央部のケスタやアルプス山脈，南部の火山といった地形がある．以下ではエリアごとの地形についてみていく．なお，地形について考えるときには，同じ岩石圏に属する地質構造にも触れる必要があるため，まず新期造山帯や古期造山帯といった内的営力と地形の話から始める．

2.1.1　内的営力によって形成された地形

　ヨーロッパの地形（地表面）を形づくる基礎は，ヨーロッパプレートであるが，より細かくいえばプレートの上にある地塊である．プレートの動きや各地殻の形成を理解することは，アルプス山脈やライン地溝帯の形成，スカンディナヴィア山脈の形成の理解へとつながっている（図2.1）．さらにヨーロッパ大陸の将来をイメージすることにもつながる．たとえば，現在のアフリカ大陸とヨーロッパ大陸の衝突はアルプス山脈を形成したのみならず，将来は，地中海を消滅させた後，さらなる山脈を形成すると考えられる．その山脈にはすでに研究者によって，「地中海山脈」という名称も考案されている（5000万年後の話であるが）．反対に，時間を巻き戻すと，もともと地中海はテティス海と呼ばれる海で，インド亜大陸とユーラシア大陸の間までつながる広範な海域であった．

　このように，地質およびプレートテクトニクスについては，空間的にも時間的にも非常に広いスケールで考える必要がある．プレートテクトニク

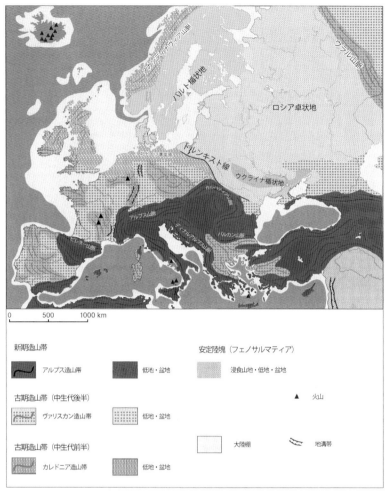

図 2.1 地形概観図
Glaser, R. (2013): Europas gesellschaftlicher Umgang mit Natur und Umwelt. In Gebhardt, H. *et al.*: *Europa: Eine Geographie*. pp.26-126, Springer Spektrum をもとに作成.

スに従って分類すると，ヨーロッパには安定陸塊，古期造山帯（2期に分かれる），新期造山帯に形成・造山運動を受けた4つの地帯に区分される．これら地帯構造は，北部の安定陸塊を核として，古期造山帯（カレドニア造山帯，ヴァリスカン造山帯）がそれを取り囲み，さらに南側から変動帯（アルプス造山帯）が接している様子がわかる（こうした説明モデルについては岩田（2013）を参照）．以下では，地帯構造の概要を述べる．

a. 安定陸塊

ヨーロッパ北部のバルト楯状地，ロシア卓状地，ウクライナ楯状地といった地殻は，まとめてフェノサルマティアと呼ばれ，先カンブリア時代（5億4000万年前より古い時代）に造山運動（プレート上部にある地殻の拡大成長）を受けた，非常に古い地殻（安定陸塊）である．先カンブリア時代には，生物の光合成により酸素と結合した鉄分が海底に沈下し，鉄鉱鉱床を形成した．これを含んだ地層が造山運動により隆起して陸化した．

バルト楯状地の乗るリソスフィア（地殻とマントル最上部）は250 km以上あり，ロシア（約120 km）や東ヨーロッパ（約150 km）と比べて非常に厚い．かつての氷床の厚さゆえに，氷河の融解以降，氷河性アイソスタシーリバウンドにより隆起している．

b. カレドニア造山帯

カレドニア造山帯とはスカンディナヴィア山脈からスコットランド，ウェールズへと連なる山々

（カレドニア山系）の地質的な連続帯をさす．フィヨルドは，カレドニア造山運動によってつくられた地質構造（断層や褶曲）と一致することが多く，カレドニア造山運動による地質構造を氷河がより彫り込んだものといえる．

プレートテクトニクス論によれば，これらの山々を構成する地塊が，安定陸塊であるフェノサルマティアと接触・衝突することで造山運動が起こり，カレドニア山系が形成された．カレドニア造山運動は約4億年前（古生代前半）である．

c．ヴァリスカン造山帯

ヴァリスカン造山帯（ヘルシニア造山帯）は，スペインから南イングランド，フランスの中央高地やアルモリカン褶曲帯，ドイツの中部山地を通る弧状の分布を示す地質的な連続体をさす．プレートテクトニクス論によれば，ヴァリスカン造山帯を構成する地殻は，安定陸塊やカレドニア造山帯と接触し，地殻変動（ヴァリスカン造山運動）を起こして形成されたエリアである．上記のカレドニア造山運動と比べるとより最近の約3億年前（古生代後半）の造山運動である．カレドニア造山帯とヴァリスカン造山帯はともに古期造山帯としてまとめられる．なお，ヴァリスカン造山帯という呼び方はおもにドイツで用いられ，それ以外ではヘルシニア造山帯と呼ばれる．ケスタの地層の傾斜にはヴァリスカン造山運動がとくに関係していると考えられる．

d．アルプス造山帯

アルプス造山帯はピレネー山脈，アルプス山脈，カルパチア山脈，ギリシャの火山島などからなり，約9000万年前以降のアルプス造山運動により形成された変動帯（新期造山帯）と呼ばれる地域である．これらの山々はアフリカプレートがヨーロッパプレートに衝突する衝突帯，沈み込み帯において形成されている．プレート同士の衝突は海底の地層を巻き込みながら褶曲構造を形成した．アフリカプレートがヨーロッパプレートの下へ沈み込んでいるギリシャでは火山弧が形成されている．

アルプスの南側には地中海が広がる．現在の地中海は，かつてテティス海と呼ばれた広い海域がプレートの移動により，狭められたものである．アルプスの山中の岩塩やアンモナイトなどの化石，ディナルアルプス山脈の石灰岩はテティス海に由来する．プレートの衝突あるいは沈み込みは現在も続いているため，いずれ地中海山脈が形成される可能性がある．なお，大西洋中央海嶺の広がる境界も変動帯であり，海嶺上のホットスポット（リソスフィアの下からマグマが発生し続ける地点）である火山島がアイスランドである．

アルプスの北側には，リマーニュ地溝帯やライン地溝帯などが地質構造的に連続しており，ノルウェーにまでいたる．これらはアルプス造山運動の影響を受けた地殻変動により形成されており，まとめてヨーロッパ新生代地溝システム（European cenozoic rift system）と呼ばれる．フランスやドイツの火山を引き起こした地殻変動でもある．

2.1.2 氷河がつくった北ヨーロッパの地形

スカンディナヴィア半島西岸のフィヨルドは，氷河による浸食で形成されたU字谷が，最終氷期以降の海面上昇によって沈水することで形成された．U字谷の谷壁は非常に急斜面であることから，滝がかかることが多い．フィヨルド湾内は非常に深く入り組んでいるが，現地の地質の褶曲構造や断層の方向と一致しているケースも多く，地質的な構造（古期造山運動による褶曲など）が地形の基礎であることが考えられる．これはリアス海岸にもあてはまる．

一方，スカンディナヴィア半島の東側にあるボスニア湾やバルト海に臨む一帯は，氷河によって浸食された緩やかな起伏の丘が続く円丘景観がみられるものの，広くは低地となっている．フィンランドの低地部には，大小さまざまな礫や砂を含んだ堆積物が残されている．氷床が拡大する際，氷の拡大する前方にある岩石や礫はあたかもブルドーザーで運ばれたかのように押されて移動する．氷河が拡大しきると，その先端には礫や砂の堆積物や，それらが丘状に連なったモレーンを形成する．氷河によって運ばれた礫には，人間よりも大きな巨礫もあり，迷子石と呼ばれる．迷子石は周辺の地質とは異なる岩石であるため，どこから来たのか不明であることからその名がついた．

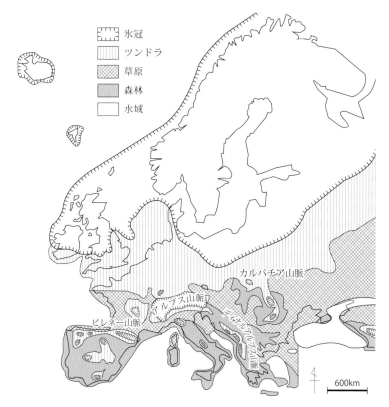

図 2.2 最終氷期（約 2 万年前）の氷床と植生の分布
Park, G. (2015)：*Die Geologie Europas*. WBG. をもとに作成.

たとえば，北ヨーロッパにあった花崗岩の岩が氷床に取り込まれ，氷床拡大の進行方向にあるイギリス北部や北ドイツ準平原まで運ばれたものもある．

最終氷期（7 万年前～1.7 万年前）に拡大したスカンディナヴィア大陸氷床は北ヨーロッパの大部分をすっぽりと覆っていた（図 2.2）．中心はボスニア湾南部あたりにあり，そこから同心円状に拡大した．偏西風が大西洋からの多くの水分をもたらした結果，この氷床は非常に厚く重いものとなった．厚く重い氷床が重力によって地面を押しつぶしたり動いたりすることで，氷床の底や末端には氷河地形が形成された．

a. 氷河性アイソスタシー

氷床がなくなった現在でも，その影響は続いている．スカンディナヴィア山脈の山体自体は，カレドニア造山運動で形成された古い時代の山脈である．しかし，この造山運動が終わった現在でも，スカンディナヴィア半島は継続的に隆起している（図 2.3）．2000 m 以上の厚さをもっていたと考えられるスカンディナヴィア氷床は，バルト地塊をマントルに深さ数百 m にわたって沈み込ませていた．

氷期が終わり，氷床の重しから解放された後，バルト地塊は氷河性アイソスタシー（氷河・氷床の影響による地塊の均衡化運動）により隆起している．ボスニア湾北部では現在，1 m/100 年の隆起速度である．これによりかつての海岸線は後退し，現在の標高 300 m あたりにまで後退していることが認められる．また，氷床による浸食で形成されたボスニア湾内の岩礁群も隆起している．たとえば世界遺産に登録されているクヴァルケン群島も隆起する島として知られる．

b. 氷期と氷河地形群

氷河あるいは氷床は，更新世（約 258 万年前～1 万年前）の気候変動において繰り返し訪れる氷期に形成される．最終氷期にはスカンディナヴィア氷床がイギリス北部や北ドイツ準平原まで広が

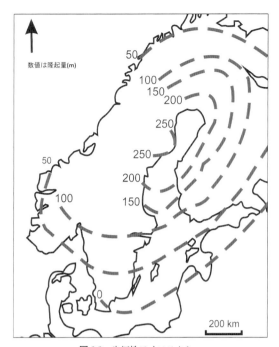
図 2.3 氷河性アイソスタシー
Park, G. (2015)：*Die Geologie Europas*. WBG.

っただけでなく，標高の高いアルプス山脈やコルシカ島，バルカン半島の山地では山岳氷河が発達した．また，最終氷期には現在と比較して-130 m ほど海水準が低かった．そのため，現在は海底となっている土地もかつては陸であった．たとえば漁場として知られるドッガーバンクなどの大陸棚は，氷期の海面低下期には陸化し，その後は海面上昇にともない約9000年前までは島であったが，現在では海面下のバンク（浅堆）となった．

氷河や氷床は氷河地形群（glacial series）と模式化される特有の地形景観を形成し（図 2.4），それはモレーン，ウアシュトロームタール，ザンダー，氷河湖などにより特徴づけられる．

氷河によって押しつぶされた地形または運搬・堆積された堆積物による地形をモレーンと呼ぶ．氷河が末端まで運んだ堆積物でできた高まりは，末端にあることからターミナルモレーンとも呼ばれる．ターミナルモレーンが何列も存在していれば，環境変動によって何度も氷期が訪れたことがわかる．一方，ターミナルモレーンの内側には，氷床の下敷きになり平坦になったグラウンドモレーンが存在する．このモレーンは平坦だが，大小さまざまな堆積物から構成される．ここには氷河湖が存在する．

ターミナルモレーンの前面には，ウアシュトロームタールと呼ばれる巨大な谷が存在する．この谷は氷河がとける際には大量の水が流れる大河川となる．氷河がとけきると広い谷地形だけが残される．北ドイツを北西向きに流れるエルベ川などは，ウアシュトロームタールを流れる河川である．

ターミナルモレーンからウアシュトロームタールに向けてザンダー（融氷河成扇状地，アウトウォッシュプレーン）が形成される．氷河のとけた融氷水は，氷に取り込んでいた砂などの堆積物をモレーンの丘から吐き出し，扇状地を形成する．なお，ターミナルモレーンが地形的に判別しにくい場合には，ザンダーの分布をつないでターミナルモレーンのあった場所を復元することもある．とくに北ドイツのターミナルモレーンはこの手法で特定されているものが少なくない．

その他，氷河地形群にはエスカーやケームといった地形も含まれる．これらの地形はスカンディナヴィア氷床付近のみならず，アルプス山脈北麓にも広がっている．

c. 周氷河環境とレス

氷河に覆われなかった地域では，冷気や風による影響が強く働く．氷河・氷床の周辺環境という意味の周氷河環境では，凍土層の発達や，凍結・融解による構造土（六角形を示すものなど）といった特徴的な土壌がみられる．また，植生が発達せず裸地が広がるが，裸地の上を吹く強い風は，地表面にある石や砂を巻き上げ運搬する．こうした風砂は偏西風に乗り，風下側の南方や東方に運ばれて風成砂丘を形成する．風成堆積物はレスと呼ばれ，風の作用により粒径が揃っているという特徴がある．

2.1.3 西・中央ヨーロッパの構造平野とテクトニクス

スカンディナヴィア大陸氷床の影響が及ばなかったエリアには，パリ盆地やガロンヌ盆地に代表されるケスタ地形が広がっている．ケスタ地形はイギリス南部やドイツにもあり，ドイツではその

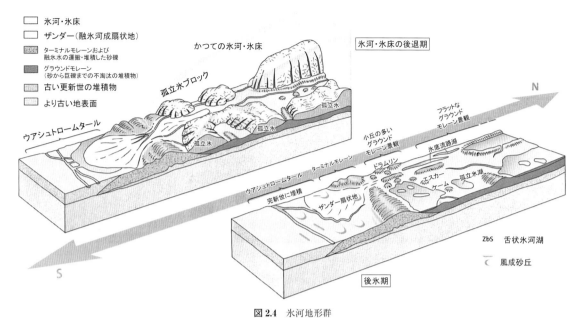

図 2.4 氷河地形群
Falk, G. and Scholliers, M. (2010)：*TERRA Physische Geographie*. Klett.

見た目から層階（階段状地層地形）とも呼ばれる．イギリスとフランスのケスタはドーヴァー海峡に，フランスとドイツはヴォージュ山脈やライン地溝帯により区切られている．ライン地溝帯では，スイス・アルプスのトーマ湖から流れるライン川が北流する．

　ケスタは，硬岩層と軟岩層が交互に重なりあった地質構造が，浸食によって硬岩層が残ることで形成される，非対称な斜面を特徴とする台地である．軟岩層が浸食により失われ，硬岩層だけが上方に取り残された残丘はメサと呼ばれる．ケスタを構成する地層は，かつて海底に堆積していた何層にもわたる地層（約 2 億 5000 万年前以降に堆積）であり，周辺山地（ヴォージュ山脈など）の隆起と中央部の沈降を受けてたわみ，傾いたものである．同様の地形は，イギリス南部やドイツ南西部，スペインでもみられる．スペインのメセタは，ピレネー山脈のある北東側が高くなっており，河川は南西方向に向かって流れる．なお，ヨーロッパでは一般に石灰岩がみられる地域が多いが，これはかつての温暖期に発達したサンゴ礁に由来する石灰岩が，地殻変動の結果，陸化したものと考えられる．

　ライン地溝帯は，長さ 300 km，幅 30〜50 km

写真 2.1 カイザーシュトゥール（ドイツ，2012 年）
人工改変された斜面でワイン用のブドウが栽培されている．

の沈降帯である．アルプス造山帯の影響を受けた地殻変動によって形成された（約 5000 万年前以降）と考えられる．谷底にはカイザーシュトゥール（556 m，写真 2.1）があるが，この山は浸食を受けた火山の残骸で，当時は地溝帯が東西に開き非常に大きな火山活動があった．その後，地殻変動が南北方向の横ずれ運動に変わり，カイザーシュトゥールの火山活動も終息に向かった．第四紀に入ると氷期・間氷期のサイクルにより，ライン川は，氷期にライン地溝帯の谷底を堆積物で埋めて平坦面（段丘面）を形成し，間氷期に下刻し段

丘面を刻む低地を形成した．こうして河岸段丘が発達した．

アルプス山脈は東西1000 kmにわたって広がる山脈で，標高4810 mの最高峰モンブランをはじめ，4000 m級の高山が広がる．アルプス造山運動により褶曲を受けた褶曲山地である．たとえば，ユングフラウ（4158 m）の岩壁であるアイガーは石灰岩であり，褶曲によりかつての海底にあった石灰岩や砂岩が押し上げられて形成されている．氷期になると氷河が発達し，カールやU字谷，モレーンなどといった地形を形成した．

カルパチア山脈はアルプス造山運動により形成された山脈で，アルプス山脈の東部の延長とみなせる．しかし，アルプス山脈より低く，最高峰はハイタトラ山地のゲルラホフスキイ（2663 m）である．標高が低いため氷河地形が局所的（ハイタトラ山地など）にのみ発達し，盆地や河川地形がより多くみられることや，火山列を含んでいるといった点で違いがみられる．地質的にみても，アルプスでは石灰岩などが広く分布するのに対してカルパチア山脈では少ない一方，アルプスで狭い分布しかみせない砂泥互層が広く分布しているといった違いもある．

ギリシャ方面へと連なるディナルアルプス山脈との間にはカルパチア盆地がある．この盆地は，カルパチア山脈やディナルアルプス山脈が形成される際，周囲から流れ込んだ堆積物が堆積して形成された沈降盆地である．アルプス造山運動によりカルパチア山脈など周囲の山々は隆起したのに対して，パンノニア平原あたりでは沈降しており，大量の土砂が流入し堆積している．そこでドナウ川は広い氾濫原を流れる蛇行河川となり，数多くの三日月湖を形成する．

2.1.4 南ヨーロッパの山脈と火山

アルプス以南の地形的特徴は，地中海とそれに面した半島や火山や，湾が入り組んだ複雑な海岸線である．リアス海岸の地形名の由来となったリアスは，イベリア半島の西海岸に位置する．イタリア半島にはアペニン山脈があるが火山はほとんど含まず，火山群はアペニン半島の西海岸に集中する．ディナルアルプス山脈ではカルスト地形がみられる．

地中海は変動帯に属すことから，基本的には火山活動や地震が活発であり，たとえば，イタリアのエトナ火山やギリシャのサントリニ島といった火山島が知られる．加えて，やや東方のカルパチア山脈中には古い火山が存在している．ただし，アペニン山脈やディナルアルプス山脈のように活動的な火山をもたないエリアもある．地中海エリアは，ヨーロッパプレートとアフリカプレートの境界で狭まっていることを基本とするが，細かくみると，地中海を構成する小さなマイクロプレートがそれぞれ独自の動きをみせており，衝突や沈み込み，横ずれなどさまざまなプレート境界の動きをみせる．

ディナルアルプス山脈は，テティス海（プレート運動で狭められる前の，広かった地中海）に存在した石灰岩が含まれる褶曲山脈である．変動帯として褶曲を受けており，石灰岩が広がる地帯では，カルスト地形が数多くみられる．

カルストは，もともとスロヴェニア西部に広がる河川と植生の乏しい石灰岩景観の名称が地形名となったものである．地表面付近の植物や微生物が供給する酸は，酸性風化により石灰岩を溶解し，地表にはカレン，ドリーネ，ポリエといった岩塊や凹地を形成する．これらの地形名はディナルアルプス一帯の地名に由来する．凹地の地下には空洞が広がり，天井部分が重さに耐えきれなくなり崩落することで，より大きな凹地が形成される．水は地下に広がった空洞に浸透するため地表面に大きな河川はないが，地下では複雑な地下水網を形成するとともに，鍾乳洞が発達する．スロヴェニアのカルストが広がる地域には，7000以上の洞窟が存在するといわれ，その最大のものが，21 kmにもわたり地下に洞窟が広がるポストイナであり，有数の観光地となっている．なお，石灰岩のみならず石膏や岩塩でも，カルスト地形は発達する．

2.2 火山と地震

ヨーロッパの火山といえば，イタリアのエトナ火山を思い浮かべる人が多いだろう．エトナ火山

は直径およそ40 km, 標高3340 mで富士山（直径およそ45 km, 標高3776 m）と似ており，ヨーロッパを代表する火山といえる．しかし，ヨーロッパの他の火山についてはどうだろうか．

火山の分布は，広がる境界，狭まる境界，ホットスポット起源の3つに分けることができる．広がる境界には，地溝帯と関係する火山が形成され，ヨーロッパではドイツ，フランス，イタリアでみられる（アフリカ大地溝帯のような地溝帯のホットスポット由来とも説明される）．アイスランドは，海底の広がる境界である北大西洋海嶺の上に存在しているが，ここはホットスポット由来でもある．ポルトガルのアソーレス諸島もホットスポットである．プレートの沈み込みによる火山はギリシャにある．

写真2.2　ドイツ・アイフェル国立公園にある，円形火口であるマール（Shutterstock）

2.2.1　ギリシャの沈み込み帯

ギリシャのエーゲ海には，カルデラをもつサントリニ島がある．この火山島は海底火山が数多くの噴火を繰り返しながら，約20万年前に海上に現れた．その後の噴火で中央部が陥没しカルデラが形成された．最近の噴火と陥没は3600年前，古代にエーゲ海で栄えたミノア文明を襲ったミノア噴火である．大規模な火砕流は津波を引き起こし，地中海沿岸に被害をもたらした．

北にあるヨーロッパプレートに対して，南からアフリカプレートが衝突し，クレタ島の南にあるヘレニック海溝で沈み込んでいる．そこから200 km北側にヘレニック火山弧が形成され，サントリニ火山やミロス島，コス島などがある．沈み込み帯の背後には，多島海であるエーゲ海が存在しているが，このエリアは背弧海盆（島弧の後側にある海底盆地）にあたる．

2.2.2　ドイツの地溝と火山

ルール地方の西部には，おもにスコリア丘（多孔質な火口噴出物による円錐型の丘）やマール（写真2.2）からなるアイフェル火山群がある．約1万3000年前に噴火したラーハゼー火山は，爆発的な噴火を起こしマールを形成し，また火山灰はスウェーデンやイタリアまで到達している．噴出した軽石は軽石流となり，10 km下流のライン川にまで到達している．ドイツ随一の火山地域としてよく知られ，ここで採水された炭酸ミネラルウォーターはゲロルシュタイナーという商品名で日本にも流通している．炭酸は，地下でマグマに溶けていたガスに由来する．

アイフェル火山群は，アルプス造山運動にともなって生じたライン地溝帯の影響を受けた火山群であるが，とくに約70万年前より活動を始めた新しい火山群である．アイフェル火山群は地下にある大陸ホットスポット起源と考えられている．

2.2.3　フランスの地溝と火山

フランス南部の中央高地にはシェヌデピュイ火山群がある．最高峰は，約1万1000年前に噴火した溶岩ドームのピュイドドーム（1464 m）である．大西洋から吹く湿った風はシェヌデピュイ火山群にあたり，1000 mm/年を超える雨を降らす．火山の噴出物からなる岩石や土壌は透水性が高く，多くの水が湧き出る名水の産地であり，その一つで採水されるのがミネラルウォーターのヴォルビックである．

フランスの火山群はドイツなどと同様，アルプス造山運動にともなう地殻変動で活動を始めた火山である．ここでは，中央高地を切るようにして走るリマーニュ地溝を形成した地殻変動（ECRS）と連動して火山活動が始まった．約400万年前〜25万年前にモンドール火山のように大型の複成火山でカルデラをもつものもある．その後，とくに10万年前以降はシェヌデピュイ火山群のような独立単性火山群の活動に移行した．シェヌデピュイ火山群はスコリア丘，マール，溶岩ドームか

らなり，比較的規模の小さな火山群である．中央高地の東部にあるブレイ地方には火山のマグマの通り道が残った火山岩頸が存在し，その上に建てられた礼拝堂サンミシェル・デギュイユが知られる．

最近の噴火は，シェヌデピュイ火山群の南に位置する，パヴァン湖（マール）を形成した6000年前の噴火である．今後の噴火の可能性もある．

2.2.4 イタリアの海盆と火山

イタリア半島は中央にアペニン山脈が存在し，日本のようにプレートの沈み込みによって形成された脊梁山脈のようにみえる．しかし，イタリアの火山はアペニン山脈中にはなく，西側の海岸部やティレニア海沖に火山が分布している．ここには，ポンペイを襲ったヴェスビオ火山や，富士山と似たサイズでヨーロッパ最大のエトナ火山，そもそもVolcanoの語源であるブルカン火山（カルデラ火山）やストロンボリ火山（間欠的に緩やかな噴火が起こる）がある．

イタリア半島のアペニン山脈は，100万年前まで存在したアドリア海側からの沈み込みで褶曲・隆起した山塊であるが，北側でプレート同士が衝突し沈み込みが停滞すると，その後は低平化した．

イタリア半島とサルディーニャ島，コルシカ島は徐々に離れつつあるが，これはティレニア海の海底が拡大しているためである．海底では拡大により海盆が形成されている．この広がる境界の影響を受けて活動している火山が，イタリアの火山の大多数と考えられている．しかし，シチリア島にあるエトナ火山については，他と比してとびぬけた噴出量であることなどから，ホットスポットの火山と考える説がある．

なお，一般的にプレート運動と火山には関係があるが，イタリアのあたりでは，ヨーロッパプレートとアフリカプレートの間に存在する複数のマイクロプレートが離れたり近づいたり，回転したりと非常に複雑な動きをみせており，一様ではない．地中海のマイクロプレートの動きは"Mediterranean"や"tectonics"などのキーワードで動画サイトを検索するとわかりやすいアニメーションがある．

2.2.5 アイスランドのホットスポットと海嶺

大西洋中央海嶺に位置するアイスランドは，広がる境界上にあり，ギャオと呼ばれる大地が広がる溝が存在している．1年に2cm程度東西方向に拡大している．温泉も有名で火山も多いが，ホットスポットに由来していると考えられている．ラキ火山は1783年に噴火し，世界的な気候の寒冷化を引き起こしたと考えられている．火山の噴火で出た溶岩が氷河や氷床と接触することで水蒸気爆発が起こると大災害となる．

アイスランドのホットスポットは，約5000万年前にグリーンランド東岸から南東に移動し，約3600万年前に大西洋中央海嶺と合体した．アイスランド島は，ホットスポットが供給するマグマにより海嶺上に形成された溶岩原といえる．マグマはどこからでも容易に割れ目をつくり流出できる（板状火道）．島の地溝帯は，海底の大西洋中央海嶺と連続しており，海嶺が海面上に出たものである．

また，現在も氷床が残存するが，氷床に覆われていることで特異な火山体が形成される．寒冷な最終氷期には1000mもの厚さをもつ氷床に覆われており，その氷底で噴火が起こると上部が平坦な火山体である氷底火山が形成される．そのなかでも平坦な上部をもつものは卓状火山と呼ばれる．

2.2.6 アソーレス諸島（ポルトガル）のホットスポットの火山

ポルトガルから西に1500kmほど離れた位置にあるアソーレス諸島は，全9島のうち，西の2島は北米プレート，7島はヨーロッパプレートに乗っており，大西洋中央海嶺をまたいでいるホットスポット起源の海洋火山島である．中央海嶺が1年におよそ1.6～1.8cm程度，広がっているため，海嶺を軸として，西の2島と東の7島は年々離れていっている．

2.2.7 カルパチア山脈のマグマ溜り

スロヴァキアからウクライナ，ルーマニアへと続くカルパチア山脈には，2000万年前頃から活動を開始した火山群が存在する．このあたりはかつて，海洋プレートが南西から北東方向に向けて移

動し，北東の東ヨーロッパ地塊に対して，下に沈み込んでいたため，火山列が形成された．その後もプレート運動は継続し，この火山列はドイツ・ポーランドの地塊と衝突し陸続きとなると沈み込みは停止し，火山活動は徐々に低下した．しかし，カルパチア山脈南部には，およそ1万年前という非常に最近，火砕流堆積物を噴出したチョマドル火山が存在する．その地下には，沈み込みの名残であるマグマ溜りの存在が考えられている．

2.3　ヨーロッパの気候

地理の教科書では，北大西洋海流の上を通る偏西風が温暖湿潤な空気を運ぶため，ヨーロッパは高緯度にあるが比較的温暖で湿潤な気候である，という記述から気候の学習が始まる．以下では気候（図2.5）を取り上げたうえで，土壌と植生についてみていくが，気候が植生に与える影響や，気候と植生と岩石（母岩・母材）の組み合わさった土壌生成について考える視点は，総合的な自然地理観として重要である．また，農業についても関連事項を記載する．

ヨーロッパは地中海から北極圏まで約3000 kmの南北幅をもつ．夏の日照時間は，地中海付近では14.5時間であるのに対して，北極圏では白夜となる．冬には，地中海では9.75時間の日照時間に対し，北極圏は極夜となる．これは，緯度によって太陽高度が異なり，つまり太陽光線の当たる量（入射量）が異なるためである．緯度による太陽エネルギーの入射量の違いに加えて，風や海流が気候に影響を与える．

ヨーロッパの上空の，極高圧帯と中緯度高圧帯の間を流れる偏西風は，南北両方の気圧帯が相互に影響しあうことを受け，蛇行している．極側に寒気が蓄積されると，低緯度側との温度差が大きくなり，大気の流れが不安定になる．この温度差を解消するために，偏西風が南北方向に大きく蛇行することになる．この蛇行が極側の冷気をヨーロッパにもたらし，寒波となる．

以下では南ヨーロッパの地中海性気候，西ヨーロッパの海洋性気候，東ヨーロッパの大陸性気候の区分に沿ってみていく．

2.3.1　地中海性気候

地中海性気候は緯度30〜40度に分布し，夏の乾燥と冬の降水で特徴づけられる．夏は，中緯度高圧帯であるアソーレス高気圧に覆われるため，晴れて乾燥する．スペインのアルメリアでの年降水量200 mmはヨーロッパの最少降雨といわれる．高気圧が卓越することで前線の影響が及ばなくなり，海陸風が発生しやすくなる．エーゲ海では，ギリシャ側の高気圧から吹き出し，トルコ側の低気圧に向いて吹く風をエテジアと呼ぶ．高気圧から時計回りに吹き出す強風の北風で，これが吹くと船の航行ができなくなる．

冬になるとアソーレス高気圧は南に退き，緯度による日射量の差が前線帯の活動を活発化させる．比較的暖かい地中海上の空気が，冷えた空気の層にぶつかり冬の雨をもたらす．海岸と内陸山地の温度差によって，たとえばバルカン半島のアドリア海沿岸では，山側から海側に向かってボラと呼ばれる強い北風が吹く．一方，同半島のディナルアルプス山脈南部では，南西から吹く風がティレニア海，アドリア海，イオニア海から湿った空気を集め，多量の降雨をもたらす．ヨーロッパ

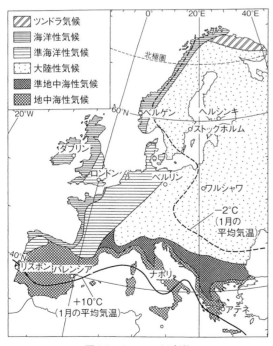

図2.5 ヨーロッパの気候
Derruau, M.（1971）：*L'Europe*, Hachetteをもとに作成.

の平均降水量が1300 mm/年であるのに対して，モンテネグロのツルクヴィツェ付近では平均4600 mm/年ほどで，多い年では8000 mm/年に達する．地中海性気候では，冬の降水量が多いため，結果的に，アルプス以北と年間降水量に大きな差はない．

地中海性気候下では，古くから地中海式農業が営まれてきた．これは，天水で栽培できるオリーブ，小麦，ブドウといった三大作物と，羊の移牧（産地の放牧場への移動）により特徴づけられる．高温と乾燥に見舞われる夏には，コルクガシやオリーブ樹など耐乾性の強い樹木が栽培されている．おおよそだが，地中海性気候の境界はオリーブの栽培限界とほぼ一致する．しかし，灌漑施設が普及すると，オレンジやレモン，トウモロコシやヒマワリの栽培が拡大した．

2.3.2 海洋性気候

地中海性気候と海洋性気候の間には明瞭な境界がみられず，連続的に移行する．基本的に偏西風の影響下にあり，一年を通して湿潤で，冬も比較的温和なエリアが海洋性気候である．緯度40〜60度の大西洋沿岸部に分布している．イングランドやアイルランドは冬でも4〜5℃と温暖であり，降水量はおよそ1200 mm/年である．ロンドンやパリの気温の年較差は他の地域に比べて小さく，13〜15℃である．とくにブルターニュ半島では気温の年較差が約10℃で温暖であるが，パリ盆地を経て東に進むと，徐々に年較差が大きくなり，大陸性気候に移行する．

スカンディナヴィア半島は，北極圏に含まれるエリアもあり，夏と冬の季節変化が大きい．冬は，全体的に寒冷な気候だが，ノルウェーには北大西洋海流の影響で不凍港もある．また，ノルウェー南部のフィヨルドのなかには，高い谷壁と凍結しない海水により周辺と比べて多少温暖になる環境を生かし，果樹園もある．夏は，スカンディナヴィア山脈の風下側にあたるスウェーデンではノルウェー側よりも晴天が多くなる．

農業については，大西洋沿岸地域において，かつて穀草式農業ともいわれた，毎年交錯する内畑と，放牧地との切替畑である外畑との組み合わせが特徴であった．しかし現在の土地利用は，より個別化され異なっている．内陸に向かうと，畑作物の栽培と家畜の飼育を組み合わせた混合農業が広い地域で行われている．これは，冬作として小麦やライ麦，夏作として大麦やテンサイ，ジャガイモなどを栽培し，おもに豚を飼育して肉を生産する農業である．もともと中世に始まった三圃式農業を起源としている．これは，年間を通して得られる水と，比較的温暖ながらも十分な日照量が得られにくい地域で生み出された農業である．

2.3.3 大陸性気候

大陸性気候は，冬の厳しい寒さが特徴である．冬季の大陸上空にはいち早く高気圧が発達するため，西からの湿った空気が入りにくくなる．アルザスあたりから夏の気温が上がりにくくなり，北ドイツあたりから明瞭に大陸性気候に切り替わる．東ヨーロッパからロシアにかけては高い山脈もなく，シベリア高気圧の影響を強く受ける．

一方，夏は気温と降水に恵まれる．気温は15〜20℃に達し，降水量は50〜100 mm/月程度であり，耕作可能な土地が広がる．チェルノーゼムなどの土壌に恵まれれば高い収穫量を得ることができるため，この地域でも，耕作と家畜の放牧を組み合わせた三圃式農業に由来する混合農業が行われてきた．ただし，東ヨーロッパ諸国では社会主義体制下に置かれたために，農地の集団化が進められ，きわめて規模の大きな農業経営が行われるようになった．

2.4 ヨーロッパの植生と土壌

2.4.1 植　生

ヨーロッパの植生は，基本的には気候に対応した空間分布をみせる（図2.6）．おおむね北からツンドラ，ボレアル，大西洋，地中海，中央ヨーロッパ・ステップのように植生帯区分が可能である．加えて，アルプスのハイデのように山地における標高に応じた植生や，海岸や湿原，河畔湿地といった局地的な水文環境に適応した植生では，気候区よりも地形や水文に大きな影響を受けた植生分布をみせる．

現在の植生は過去の環境変動への適応の結果を

図 2.6 ヨーロッパの植生分布
ジョーダン＝ビチコフ，T. G.・ジョーダン，B. B. 著，山本正三ほか訳（2005）：ヨーロッパ—文化地域の形成と構造．二宮書店を改変．

基礎としている．第四紀は氷期と間氷期の環境変動を繰り返してきた．氷期にはスカンディナヴィア氷床が拡大し，北ヨーロッパから北ドイツまでは一面氷の世界で無植生であった．氷床より南側は周氷河環境下で非常に寒冷であり，はるかアルプスまでツンドラが続いていた．そして，アルプス山脈には氷河が拡大していた．温暖な間氷期には植生が南から北上し回復するものの，再び氷期になると標高の高いアルプスやピレネーの山脈を越えられない植物は消滅する．たとえばイチョウはこうした第四紀の気候変動のなかで絶滅した．氷期が訪れるたびに植物が消滅した結果，ヨーロッパの森林樹種は非常に単調なものとなった．

森林を構成する樹種は30種類程度しかない．主として針葉樹はマツが2種類，トウヒ，モミ，カラマツがそれぞれ1種類ずつ，広葉樹はナラ2種類，ブナ1種類，カンバ3種類といった程度であり，スカンディナヴィア半島では針葉樹はマツ，トウヒが分布するというように，その場所の自然環境に応じて樹林が構成される．

さらに，紀元前5000年頃に人間による農耕が普及するとより大きな影響を受ける．とくにナラ，ブナなどの温帯性落葉樹林に覆われていた土地は広く開墾され，ドイツやフランスでは90％以上が失われた．ハンガリーのプスタの草原地帯は人間が野焼きと放牧を繰り返してできた景観である．しかし，民族移動や感染症拡大などで人口減少が起こると，森林は回復傾向をみせており，植生は気候に加え人為活動とのバランスで規定される．

a. ツンドラ

北極圏には，寒冷砂漠とツンドラ植生が広がる．寒冷砂漠はスピッツベルゲン島にのみ分布する．アイスランドやロシア北部では地衣類や蘚苔類といったツンドラ植生が広がる．また，エリアとしては極・亜極圏に含まれないが，高山植生はスカンディナヴィア山脈やアルプス山脈，ピレネー山脈などの標高の高いエリアに広がる．

b. ボレアル

ギリシャ神話の北風の神ボレアスに因んだボレアル（北方針葉樹林，亜寒帯針葉樹林）は北ヨーロッパに広がる．ロシアではタイガと呼ばれる．ボレアル地帯には，常緑の針葉樹に加え混合林の植生も含まれる．亜北極圏・海洋性ボレアルは，ノルウェー西岸のシラカバ林や，ロシア北部低地

のシラカバ，マツの疎林などをさしており，北極圏から北方針葉樹林への移行帯に位置する植生である．スカンディナヴィアやロシアには北方針葉樹林が広く分布しているが，気候条件や土壌条件により，モミ林・トウヒ林あるいはマツ林の優勢する林となる．マツ林は，養分の少ない砂質の土壌上に生育するケースが多く，南は東ヨーロッパのあたりにまで分布している（東ヨーロッパではナラ・カシ・マツ混合林を形成する．）．フィンランド低地からウラル山脈中部にかけては，北方針葉樹林から夏緑広葉樹林への移行帯であり，モミ林・トウヒ林と広葉樹による混合林が広がる．その他，針葉樹林は，シュヴァルツヴァルト東部やカルパチア山脈などの山地沿いに分布している．

c. 大西洋

海洋性気候の影響を強く受けた温暖湿潤な地域には，落葉広葉樹林や混合林が広がる（ネモラルバイオームと呼ばれる）．イベリア半島の北西部からウラル山脈南部までブナ林，ナラ・カシ林などが広く分布している．潜在自然植生としてはさらに広く，南はバルカン半島にまで広がると考えられる．天然のブナ林やナラ・カシ林は農地利用のためほぼすべて伐採されてしまった．たとえばドイツでは，非常に天然に近い状態の広葉樹は国土面積の19％しか残存していない．

d. 地中海

冬季少雨で特徴づけられる地中海沿岸では，葉が小さく硬いトキワガシやコルクガシといった常緑広葉樹の林や灌木が生育している．

e. 中央ヨーロッパ・ステップ

中央ヨーロッパの比較的降水のある地域では大陸性のフユボダイジュやヨーロッパナラが分布するが，南下するにつれて年降水量が低下し，乾燥が強まるにつれて森林ステップが広がる．おおむね年降水量が600 mmを下まわると，草原からなるステップが広がる．乾燥が300 mm以下になると，スティパやウシノケグサといったイネ科植物が広がるスティパステップとなり，さらに乾燥すると砂漠ステップとなる．

2.4.2 土 壌

ヨーロッパには，ポドゾルや森林土，チェルノーゼムといった土壌が分布することが知られる．土壌とは表層土壌のことであるが，岩石の風化した破砕物である母材と，植物の遺骸である有機物から構成される．気候や植生の分布帯に対応した土壌を成帯土壌（成帯性土壌），母材や水文環境の影響が強いものを間帯土壌（成帯内性土壌）という．

なお，日本の教科書に掲載されているポドゾル土や褐色森林土といった区分は，森林に特化した形態観察に基づく林野土壌分類に対応しているが，そのほかにも，土壌の生成プロセスに着目した土壌分類が存在する．そこでは，ラテライトがオキシソルと呼称されるように，土壌によっては異なった名称が用いられる．土壌は，母材（岩石圏），気候（大気圏），動物や植生（生物圏）の相互作用する領域に位置することを考えると，ポドゾル化作用などの土壌生成プロセスにより注目する必要があるといえる．

a. 成帯土壌

アルプス山脈やスカンディナヴィア山脈には，年間を通じて融解しない永久凍土層がある．また，ツンドラ植生下にはツンドラ土が分布する．

寒帯にはポドゾル土がみられる．ポドゾル（灰色の土の意味）は，寒冷湿潤な気候下の針葉樹林地帯において分布する灰色と赤色の層をもつ土壌である．地表面付近で微生物が分解する際に出す有機酸などが下方浸透し，アルミニウムや鉄が溶脱され，漂白層が形成される．灰を意味するポドゾルは漂白層に因んだ名称である．漂白層の下部には，溶脱されたアルミニウムや鉄が再析出した集積層が形成されるポドゾル化作用．なお，雨量があれば冷帯でなくともポドゾルは形成される．農業とのかかわりでは，強い酸性をともなうためライ麦やジャガイモを中心に栽培されてきたが，化学肥料により小麦の栽培も可能となっている．

温帯では，落葉カシ（英語ではオーク）やブナ，ニレなどを主とする落葉広葉樹林では，落葉が豊かな腐食層を形成してできる褐色森林土が形成される．有機分に富んだ土壌であるため，人は古代

から中世を通じて開墾を行い，現在の農業地帯の基礎を築いた．

半乾燥地帯の草原地帯では，チェルノーゼム（黒色土）が発達する．乾燥により草本の根の分解が進みにくく，有機物が蓄積する．また，降水量が少ないため，地下に浸透する水による溶脱が少なく，カルシウムやマグネシウムが土壌中に残る．レスを母材とすることも多い．土壌生物が安定した団粒構造をつくることで農業に適した土壌となっている．この肥沃な土壌では，小麦やダイコン，ヒマワリなどが栽培され高い収穫量を得ていた．

b. 間帯土壌

テラロッサは，赤い土を意味するイタリア語で，おもに地中海沿岸に分布する石灰岩が化学的風化を受けた土壌である．石灰岩のカルシウムが溶脱される一方，鉄やアルミニウムが残り，赤い粘土質土壌をつくる．腐食層が薄いため耕作に適さないとされる．過去の温暖な間氷期に形成された古土壌としても分布している．

c. その他

土壌区分には当てはまらないが，土と関連するものにハイデ，泥炭地，レスがある．痩せた土地といわれるハイデ（独語）やヒース（英語）は，砂質の表層土のみをさすのではなく，ヘザー（ヒース）など野草の群生を含んだ景観をさす．

泥炭地はヨーロッパに多くみられる．ミズゴケやヨシなどが茂る湿地帯では，植物遺体が水中で分解されずに長年堆積していくことで，泥炭が形成される．また，谷などの排水性の悪い地形部にも泥炭は形成される．北ヨーロッパにある湿地帯の一部は，氷期の氷河の移動や重量によって平坦化されたことで形成された低平地である．有機分が多い土壌であるヒストソル（Histosole）に含まれる．

レスは，母材の一種であるが，風成堆積物であるため，偏西風の影響下の北緯45～55度に帯状に分布している．これは，氷期の周氷河環境下で植生がなかった土地に強風が吹き，巻き上げられた砂やシルトが偏西風で運ばれたためである．砂・シルトには，氷河によって浸食されたイギリスや北ドイツの石灰岩などが含まれる．風で運ばれること（風成作用）により淘汰され，粒径が揃った母材であるため保水力，通気性に優れる．ウクライナのチェルノーゼムをはじめ，広くヨーロッパの土壌の母材となっている．環境変動によって氷期が訪れるたびにレスが運ばれてくるため，厚いレス層が形成される．最終氷期に堆積したレス層は場所にもよるが，表層の約40 cmといわれる．

[山本隆太]

引用・参考文献

岩田修二（2013）：高校地理教科書の「造山帯」を改訂するための提案．*E-jounal Geo*, **8**：153-164.
岩田修二（2018）：統合的自然地理学．東京大学出版会．
小池一之（2017）：内的営力のつくる地形．小池一之ほか編：自然地理学事典．pp.228-231，朝倉書店．
小泉武栄（2017）：亜寒帯林，ツンドラ，氷雪帯．小池一之ほか編：自然地理学事典．pp.344-345，朝倉書店．
小山真人（1997）：ヨーロッパ火山紀行．筑摩書房．
貝塚爽平（1997）：世界の地形．東京大学出版会．
ジョーダン＝ビチコフ，T. G.・ジョーダン，B. B. 著，山本正三ほか訳（2005）ヨーロッパ—文化地域の形成と構造．二宮書店．
辻野 亮（2018）：森林の変貌．中静 透・菊沢喜八郎編：森林の変化と人類．pp.17-67，共立出版．
手塚 章（2011）：自然環境と伝統的農業．加賀美雅弘編：世界地誌シリーズ3 EU. pp.9-21，朝倉書店．
水野一晴（2018）：世界がわかる地理学入門．筑摩書房．
守屋以智雄（1997）：イタリア半島の火山．貝塚爽平編：世界の地形．pp.76-90，東京大学出版会．
守屋以智雄（2012）：世界の火山地形．東京大学出版会．
Glaser, R. (2013)：Europas gesellschaftlicher Umgang mit Natur und Umwelt, In Gebhardt, H. *et al*. eds.：*Europa：Eine Geographie*. pp.26-126, Springer Spektrum.
Park, G. (2015)：*Die Geologie Europas*. WBG.
Zech, W. *et al*. (2014)：*Böden der Welt：Ein Bildatlas*. 2. Auflage. Springer Spektrum.

> コラム 2.1

迷子石と人間の関係

北ドイツなどかつての氷床縁には迷子石が点在している．スカンディナヴィア氷床により北欧から運ばれた迷子石は，その巨大なサイズや，周辺の地質とは明らかに異なる鉱物であることから注目されてきた．中世では，巨人が運んできたという説や，旧約聖書に記されたノアの洪水により運ばれた説（洪積台地の「洪積」によるものという説）が広がっていたが，19世紀以降は，迷子石は過去の氷河の拡大方向を特定するための科学的な指標として用いられるようになった．

迷子石はスカンディナヴィア半島で産出される岩石で，花崗岩であることが多い．写真2.3は，ハンブルクのエルベ川河畔に置かれた迷子石（80 m^3，217 t）．「スウェーデンおじさん（Der Alte Schwede）」と名づけられた花崗岩の迷子石は，スウェーデン南部のスモーランド地方からハンブルクまで，約700 kmの距離を氷床によって運ばれてきて，エルベ川の川底に沈んでいた．運ばれた時期については，約40万年前（エルスター氷期）か約13万年前（ザーレ氷期）のスカンディナヴィアからの氷床拡大によって運ばれたと考えられている．

北ドイツに散在する迷子石については，新石器時代のおよそ5000年前から人間によって利用されてきた．まずは迷子石をいくつか組み上げることで石塚を構築し，墓地や記念碑とする巨石記念物・石塚墳墓文化が築かれた．

石塚は北ドイツのみならずオランダやポーランド，スカンディナヴィアにも広く分布しており，各地の都市の紋章のモチーフとして採用されている（Hünengrabとも呼ばれる）．迷子石単体および石塚の異様な存在感は，画家カスパー・ダーヴィト・フリードリヒの作品に描かれるなど，ロマン主義の時代には魅惑的なモチーフの1つとして取り上げられた．ベルリンの旧博物館前には花崗岩の巨大なシャーレがあるが，これは建築家シンケル（1781-1841年）のアイデアにより，ブランデンブルク地方で見つかった約750 tの迷子石を運んだうえで，彫ってつくられたものである．先カンブリアの花崗岩は当時の技術では非常に硬く加工が難しかったが，それゆえフリードリヒ・ヴィルヘルム3世の慎重さ，堅実さを象徴するものとされた．

19世紀後半に入ると迷子石解体の時代に入る．迷子石の「古来よりそこに存在する」という性質が，産業化した社会において「自然的」で「生来ドイツ的」なものとしてみなされるようになり，それが政治性を帯びた結果，戦勝記念碑の石材としての需要が高まった．またそれとは別に，場所によっては迷子石は安価な石材としてみなされ，道路の舗装石材へと姿を変えてしまった．とくに地方においては，土地を開墾するにあたって邪魔な存在でもあった．

現在でも，建築物の基礎工事の最中に地下から出てくることのある迷子石だが，自然観光の一環として迷子石公園（Findlingsgarten）として説明板が設置されたり，ジオパークやジオトープ（Geotop）において教育および観光利用されたりと，現代の人びとに過去の氷床の痕跡を伝えている．もっとも，その意味では，アメリカのニューヨーク・セントラルパークの迷子石が一番よく知られているかもしれない．　　　　　　　　［山本隆太］

写真 2.3 ハンブルク，エルベ川河畔の迷子石（ドイツ，2005年）

コラム 2.2

ヨーロッパの自然災害と対策—洪水

　ヨーロッパの大河川はしばしば洪水に見舞われる．近年のドイツ国内では1993年から3年連続してライン川，ザーレ川で洪水が発生し，1997年に起きたオーデル川の洪水では，上流のポーランドやチェコで大きな被害が出た．こうした1990年代の洪水被災経験を踏まえ，ドイツでは水管理法が改正され，水害の防止からリスクマネージメントへと防災意識が転換しはじめていた．そんな最中の2002年8月，ドイツからルーマニアまで広く中央ヨーロッパを巻き込んだ洪水が発生し，甚大な被害を出した．この2002年の洪水はその後の洪水対策の転機となった点で，従来の洪水とは大きく異なる．

　2002年の洪水では37名が亡くなり，巨大な経済的損失（211億ユーロ）を出した．ドイツ単独では，自然災害として過去最大の約116億ユーロの経済的損失を出した．

　当時の気圧配置はVb型天候（"Fünf"-b）と呼ばれるもので，アドリア海上の比較的暖かく湿った空気が北東方向に次々に運ばれ，冷たい西風とぶつかることで長期の降雨となり，かつズデーテン山脈やエルツ山脈の地形性降雨により強雨となる．この気象条件になる確率は低い（4%以下の発生確率，DWD, 2003）ものの，洪水を引き起こしやすい．過去には1897年や1927年などに，エルベ川の大洪水を引き起こしている．2002年夏は4日ほど強雨が続き，平年の2〜4倍の降水量があった．また，エルツ山脈のZinnwald-Georgenfeldでは312mmというドイツ観測史上最大の24時間降水量を記録した．

　こうした気象状況に加えて，堤防整備や情報網といった社会インフラにも課題があった．エルベ川は国際河川であることに加え，ドイツ国内の河川管理は流域の各州が管理することになっていた．そのため，1950年代以降に整備が進んだ堤防施設も形状や材質がまちまちで管理状況にばらつきがあった．加えて，1954年や1974年の大雨では洪水を回避できたため，設備更新は進まず災害意識も高まらなかった．

　2002年の洪水以降は，自治体の地域計画においても防災が考慮されるようになった．河川敷に土地利用規制をかけ，河川の氾濫域を確実に設定することが決められた．また，農耕地は遊水機能をもたせるため洪水時には浸水域とする一方，都市部など人口密集地は堤防で囲むという治水対策が進められることとなった．

　2013年に起こった大雨では，降水量が多くの場所で過去60年間で最大の規模となり洪水による被害が発生したものの，被害額は2002年の半分に抑制された（60億ユーロ）．この背景には堤防補強などの防災対策とともに，洪水被害者の防災意識の向上とそれによる防災対策投資があると考えられている（Kuhlicke, 2018）．

　2002年夏では，事前の情報により住民避難は大規模かつ円滑に行われたものの，より早期からの気象情報提供という改善も指摘された．現在では，ドイツ気象庁（Deutscher Wetterdienst）は，警報システムを以下のように構築している．すなわち，最大5日前から2日前までは初期警戒情報，2日前から12時間前までは事前警戒情報，そして遅くとも2時間前までに気象警報を出す，というものである（表2.1）．そこでは直感的にわかりにくい量的な表現ではなく，口語に近い表現が意図的に用いられている．

　それでは，日本の防災対策はどうであろうか．たとえば，日本では国土の約10%にあたる氾濫想

表 2.1　ドイツ気象庁の警報3レベル（DWD）

イベント発生 までの時間	5〜2日前	2日〜12時間前	2時間前
区　　分	初期警戒情報	事前警戒情報	気象警報
事　　例	週間天気・警戒気象	危険情報提供	官庁による気象警報
対象スケール	ドイツ全土レベル	州レベル	自治体レベル

DWD：Deutscher Wetterdienst（2017）：*Die Wetterwarnungen des Deutschen Wetterdienstes* をもとに作成．

定区域に人口の約50%と資産の約75%が集中するため，ヨーロッパの氾濫域に関する土地利用規制を直接的に適用することは困難である．災害情報については，国土交通省や気象庁はハザードマップや予報・警報といった防災情報を次々と公開しているが，市民の防災リテラシーが追いついていないという指摘もある．

ヨーロッパと日本の自然環境と災害対策について比較することで，自然の特性と社会の脆弱性を理解し，日本や生活圏の防災を考え直すきっかけにしたい．

[山本隆太]

参考文献
2002年ヨーロッパ水害調査団 (2003)：2002年ヨーロッパ水害調査―概要報告書 10.
DWD：Deutscher Wetterdienst (2017)：Die Wetterwarnungen des Deutschen Wetterdienstes.
European Environment Agency (2018)：Floods.
Kuhlicke, C. (2018)：Multiple Hochwassererfahrung und die Resilienz von Haushalten. Geographische Rundschau 7/8：26-29.

コラム 2.3

ヨーロッパの自然災害と対策―気候変動

2018年の春から秋にかけ，北半球の世界各地では例年と異なる極端な大雨や干ばつなどの気象災害に見舞われた．ヨーロッパでは，スカンディナヴィア半島北部（ソダンキュラ）の5月平均気温が10.2℃と例年よりも4.2℃も高かったことに始まり，北極圏からヨーロッパ南部にかけてヨーロッパ全土が異常高温にさらされた．8月のスペインとポルトガルではヨーロッパ史上最高気温の48℃（1977年ギリシャ）に迫る46℃に達し，高温乾燥で森林火災が多発したほか，フランスでは猛暑を受けて原子炉を停止した．

また，中央ヨーロッパでは少雨，干ばつが発生した．ドイツ北東部のポツダムでは，8～9月の降水量が合計30 mmと例年の3割に満たず，6～8月の3か月降水量は，1881年以降で2番目に少ない年となった．干ばつによる水不足でエルベ川やライン川の水位が低下し，船舶の航行が条件付きや不可能となった．

一方，南ヨーロッパでは異常多雨に見舞われた．ギリシャ西部のカラマタでは5～6月の2か月降水量が例年の3.5倍以上となる122 mmを記録した．秋には，イタリア北部（ベッルーノ）では集中豪雨と強風（風速50 m/秒）により，斜面崩壊や樹木が数万本倒れる被害が出たほか，もともと低地のヴェネチアのみならず，シチリア島などイタリア全土で洪水が発生した．

これらの極端な気象に共通しているのは，ブロッキング高気圧と偏西風（ジェットストリーム）の蛇行が関係しているということである（図2.7）．

2018年の夏の干ばつは，北欧に高気圧が停滞したことが関係する（図2.7b）．通常，高気圧は数日～10日程度で減衰するが，気象条件が整うと高気圧にエネルギーが供給され続けるため，減衰せず持続することになる．1か月以上も同じ場所に停滞するようなブロッキング高気圧があると晴天が続く．加えて，高気圧を回避するように偏西風が大きく蛇行してしまい，南から高温の空気を北にもたらすことになる．その結果，異常高温と干ばつが引き起こされる．最大7万人の死者を出し，「1万年に一度」ともいわれた2003年の熱波も，ブロッキング高気圧がヨーロッパ上空に停滞していた．

他方，異常多雨は低気圧によってもたらされる．2018年，春はスペイン上空に低気圧が停滞し，湿った空気を南ヨーロッパに供給し続けた結果，大雨をもたらした（図2.7a）．また，秋はイタリアとフランスの国境地帯の上空に低気圧が発生し，暴風雨を引き起こす非常に強い低気圧へと発達した後，蛇行した偏西風により北へと運ばれ降雨をもたらした（図2.7c）．

こうした極端な気象現象は，気候温暖化とただちに結びつけることはできず，自然現象としての環境変動によっても生じうるものである．IPCC（気候変動に関する政府間パネル）は，最近数十年間に起こった気温上昇はおもに人為的な化石燃料の燃焼によると結論づけているが，気温上昇は極端な気象の発生確率を高めると考えられ，たとえば，上記の2003年のような熱波が起こる確率は2倍に

まで高まっていることが指摘されている.

　気候変動に対しEUは,第7次環境行動計画（2014〜2020年）で循環型経済とグリーン経済を打ち出したが,気候変動対策を課題視するとともに,2050年までの低炭素経済へのロードマップの更新を命じた.排出量削減のため,ドイツでは2018年12月23日に石炭採掘を終えた.さらに,大気中から二酸化炭素を捕集し貯留するカーボンマイナス技術に注目が集まっている.ヨーロッパ学術科学諮問会議はパリ協定の達成に向けたカーボンマイナス技術の可能性を提起するなど,ヨーロッパは気候変動対策をリードする姿勢を示している.

[山本隆太]

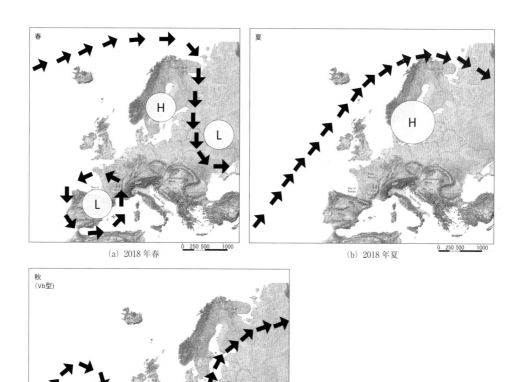

図2.7　ヨーロッパの気圧配置と偏西風
気象庁（2018）：2018年（平成30年）の世界の主な異常気象・気象災害（速報）.

3 農業・農村

ヨーロッパにおいて農業・農村は，EU 政策の中心として長らく位置づけられてきた．食糧の確保と，農産物や加工品の輸出入は，ヨーロッパの貿易において重要な関心事であり，またグローバル化以降は自由化圧力と国際交渉のなかで政治的な力を EU は行使してきた．なかでも，近年世界の農業政策で標準化している農村の景観や環境の保護は，零細・小規模経営の卓越する EU がリードしてきた政策のあり方である．本章では，国際的な農業・農村を取り巻く環境変化のなかで，ヨーロッパの農業はどのような立ち位置にあり，農業・農村はどのように変化してきたのかを理解するために，EU の農業・農村に焦点を当てる．とりわけ，EU における農業地域の特徴，食糧生産，企業の展開，政策の変化，そして農村の新しい動きに注目してみていきたい．

3.1 EU の農業・農村地域

ヨーロッパの農業は，EU 政策や世界の農業貿易において重要な地位を占めてきた．EU 全体の農家戸数は約 1080 万戸であり，彼らは EU 国土全域の 43% にあたる 1 億 7400 万 ha の農地を管理している（Eurostat 2013 年統計）．EU の農業労働力人口は 2200 万人であり，そのうち 4 分の 3 は家族労働力である．EU の農家の大半は小規模経営であり，2 ha 以下の小規模農家が全体の 45% を占めるが，彼らが保有する農地は全体の 2.5% にすぎない．一方，全体の 3.1%（33.6 万戸）でしかない 100 ha を超える大規模経営は，EU 全体の 50.1% の農地を保有しており，少数の大規模経営への寡占化が進行している．フランスの社会学者アンリ・モンドラス（Henri Mendras）による「ヨーロッパ農民の終焉」という有名な一節にあるとおり，EU における農業人口の割合は大きく減少し，2014 年では生産年齢人口の 6% を占めるにすぎない．そして，農業の企業化や大規模化は，家族外労働力や季節的労働力の割合を高め，ヨーロッパの伝統的な家族農業の形態は大きく変貌しつつある．

3.1.1 農業・農村の地域差
a. 経営規模と労働力

EU 内でも農業の特徴には大きな地域差がある．ここでは Eurostat（2013 年）の農業統計から EU 域内における傾向をみたい（表 3.1）．まず，EU の農家数全体の 33.5%（363 万戸）はルーマニアが占め，次いでポーランドが 13.2%，イタリアが 9.3% となっており，この 3 か国で EU 全体の農家の半数以上を占める．しかし，この 3 か国が EU 全体に占める農業産出額は 23.3% にすぎず，なかでもルーマニアでは 2 ha に満たない小規模農家が全体の 73%（266 万戸）と大半である．これは，ルーマニアにおける独裁政権崩壊後の民主化の際に，国有化農地が家族農業に細分化して返還されたことが原因である．

EU 全体の農家の 83.5% は年間産出額が 2 万 5000 ユーロを下まわる小規模経営である．そして，年間産出額 2 万 5000～10 万ユーロの中規模経営は全体の 10.2%，10 万ユーロ以上の大規模経営は 7.3% である．小規模経営の割合が国内で 90% 以上を超えるのは，ブルガリア，リトアニア，キプロス，ルーマニアなど東ヨーロッパ諸国に多く，反対に小規模経営が半数以下である国は，イギリス，デンマーク，フランス，ドイツ，ベネルクス三国，ベルギーなど北西ヨーロッパに多い．この背景としては，比較的早い段階から農業の工業化や規模拡大に取り組んだ西ヨーロッパでは大規模経営が卓越し，一方で経済の停滞が続き，伝統的農業からの脱却に遅れた東ヨーロッパでは小規模農業が依然として多いことがあげられる．

経済規模で農業をみた場合，とくに大規模経営

表3.1 EUにおける農業と生産にかかわる地域差（2013年）

	農家戸数 （千戸）	農地面積 （千ha）	家畜単位量 （千LSU）	農業労働力 （千AWU）	標準産出額 （百万ユーロ）	農家の平均 面積（ha）	農家1戸あた りの産出額 （千ユーロ）
オランダ	68	1,848	6,602	153	20,498	27	304
デンマーク	39	2,619	4,133	55	9,580	68	247
ベルギー	38	1,308	3,584	57	8,407	35	222
チェコ	26	3,492	1,728	105	4,447	133	169
ドイツ	285	16,700	18,407	523	46,252	59	162
フランス	472	27,739	21,871	725	56,914	59	121
イギリス	185	17,096	13,282	170	21,937	92	119
イタリア	1,010	12,099	9,374	817	43,767	12	43
スペイン	965	23,300	14,502	814	35,979	24	37
ポーランド	1,429	14,410	9,165	1,919	21,798	10	15
ルーマニア	3,630	13,056	4,975	1,553	11,990	4	3
EU 28か国	10,841	174,351	130,320	9,345	331,568	16	31

LSU（livestock units）は，さまざまな異なる家畜を必要な飼養量から平均化した単位である．
1AWU（annual work unit）は，フルタイム労働者1人による1年間の労働投下を示す．Eurostatをもとに作成．

の集中がみられるのは西ヨーロッパでも農業の工業化を進めたオランダやデンマーク，ベルギーやドイツなどである．より地域的な偏りでみると，フランスのボース平野やブルターニュ地域，ドイツ北部や，イギリス南東部などの競争力の高い生産地域のほか，肥沃な大地が広がるチェコのプラハ近郊地域などで大規模経営がとくに集中する．なかでも20 haを超える農家が半数以上を占める国は，ベルギー（54.2％），ドイツ（55％），デンマーク（55.5％），フランス（57.2％），アイルランド（57.3％），イギリス（61.3％），フィンランド（62.4％），ルクセンブルク（66.3％）である．

一方，EUでは日本と同様に農業従事者の高齢化が進行している．EU全体の農業経営者（農場主）のうち，35歳以下の占める割合はわずか6％である．一方，55歳以上の農業経営者の割合は55.8％（600万人）であり，とくに小規模経営の多い東ヨーロッパ諸国や，西ヨーロッパのなかでも農業の工業化に遅れたポルトガル，イタリア，ギリシャなどで高齢化が深刻である．

b. 農地と営農タイプ

EU全体の農地の内訳は，耕種農業に使われる耕地は59.8％，牧草地や永年草地が34.2％，果樹やオリーブ，ワインなどの永年作物が5.9％，そして家庭菜園が0.2％である．世界比でみると，牧草地の割合が低い一方，耕地面積の割合が高く，果樹園などの永年作物地の割合も比較的高いのが特徴である．EUの農地がおもに集積しているのはフランス（15.9％），スペイン（13.4％），イギリス（9.8％），ドイツ（9.6％）であり，この4か国でEUの約半分（48.7％）の農地を管理していることになる．農地の利用は，EU加盟国のうち22か国で耕作地が中心的となっているのに対し，イギリスやアイルランド，ギリシャやスロヴェニアなどでは畜産が盛んであることから牧草地の割合が高くなる．一方，永年作物の割合がとくに高いのは地中海沿岸国であり，農地の約20％以上ととくに高い割合を示すのはギリシャ，ポルトガル，キプロスである．

EU 28か国の農家の営農タイプは，耕種農業（穀物や野菜など）が29.6％，永年作物（ワイン用ブドウ，果樹など）が17.4％，そして畜産（耕種混合も含む）が44.7％となっており，畜産が重要な地位を占め，農業総産出額でみてもEU全体に占める畜産の割合は42.5％（2014年）にのぼる．畑作を主とするヨーロッパの耕種農業は，長い間ヨーロッパ農業の根幹をなしてきたが，小規模農家の淘汰と大規模農家への集約，第三世界やBRICSでの生産拡大の影響を受け，より高付加価値化が望める畜産の割合がEU全体で増加しつつある．一方，永年作物である耐乾性樹木のオリーブやブドウ，かんきつ類やコルクガシ生産などに代表される地中海式農業は，耕種農業よりも高付加価値化が望めるため，アドリア海の沿岸や北ア

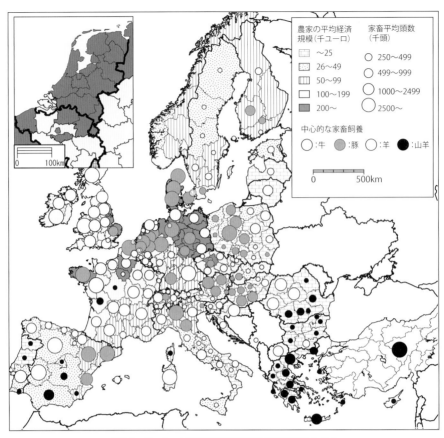

図 3.1 ヨーロッパにおける経営規模と畜産経営タイプ
Eurostat 2017 をもとに作成.

フリカを含む地中海沿岸地域で広くみられる.

畜産の生産地域は，肉用家畜の飼養に麦類や飼料用作物の耕種農業を組み合わせた混合農業地域（スペインの内陸部や，ドイツ北部，イタリア北部，ポーランドなど）と，国土が狭小かつ湿地が多く穀物栽培に適さないデンマークやオランダ，大陸氷河の影響で土地が痩せている北海・バルト海沿岸諸国の酪農地域とに分かれる．LSU（家畜単位）から畜産の内訳をみると，全家畜単位のおよそ半数にあたる 48.3% が牛であり，豚が 29.1%，家禽が 15.3% となっている．また EU 全体の半数以上（52.2%）の家畜は，混合農業の卓越するフランス，ドイツ，スペイン，そして酪農が盛んなイギリスの 4 か国によって飼養される．

畜産にかかわる統計（Eurostat, 2015）をみると，畜産が盛んな 4 か国のうち，豚の飼養はソーセージやハムの生産が盛んなドイツとスペインに集中し，牛の飼養はチーズ生産が盛んなベルギー，フランス，オランダに集中している（図 3.1）．また，乳牛による生乳生産が盛んな国はフランスとドイツであり，EU 全体の生乳生産の 20.3% をフランスが，16.1% をドイツが担っている．一方，地中海に近い地域やヨーロッパ南東部など乾燥している地域では気候的に牧草地に適さず，乳牛の割合が低い．

山羊や羊は乾燥や寒さに強いことから，山間地域や乾燥地域，畜産条件の厳しい場所で飼養される．なかでも羊は山地と乾燥地域を擁するブルガリア，ギリシャ，キプロス，ルーマニア，イギリスで多く，山羊は山地の多いルーマニアとスロヴァキアで多い．

c. EU 農業の中心と周縁

グローバル化の進展が EU 農業生産や農業貿易に大きな影響を与えるなか，依然として EU 域内の農業の地域差は歴然としている．農業の中心を担っているのはフランス北部や，ドイツ北西部，

パリやロンドンの近郊農業地帯やベネルクス三国である。これらの農業の中心性は古くから形成されたもので，たとえばロンドン近郊の農業地域は18世紀に，デンマークの農業は19世紀に形成というように数世紀にわたってきたものもある．

大規模な農業地域に対し，生産性の向上が遅れ，小規模で粗放性の高い農業が卓越してきたのが地中海沿岸地域である．半島特有の複雑な地形や乾燥した土壌，繁茂する樹木や雨量の少ない気候条件は，規模拡大型農業の阻害要因となってきた．また，ワイン用のブドウやその他果樹生産を基礎とする地中海の農業形態が，耕種農業や畜産に比して生産性を飛躍的に向上させるのに適さないという要因もある．そのため，地中海沿岸地域では，ヨーロッパ北部に比して農家数の減少がこの200年間でより早い速度で進展してきた．

EU農業の中心と周縁は，ヨーロッパ北部と東ヨーロッパとの地域差にも現れる．東ヨーロッパ諸国では，1990年以降，社会主義時代の公営農場と農業生産共同組合が民有化され，法人農業経営や農業協同組合が形成された．しかし，東ヨーロッパ諸国の民営化への投資は十分とはいえず，農業生産の近代化や生産性の向上，農業所得の改善はうまく進んでいない．民営化によって近代的な大規模経営も生まれた一方，チェコなど一部を除いて小規模な零細農が依然として多くを占めている．

3.1.2　EU農村の諸類型

EUの農村は，多様な諸国にさまざまな形態で分布しているが，農業への比重の度合いや人口動態，その地理的位置などからいくつかのタイプに大きく分類することができる（Diry, 2000）．

EU農村における第1の類型は「農業的農村」である．これらの地域は，農地の開拓が全体に完了しており，農業従事者が他産業従事者よりも卓越し，農産物加工や農業関連サービス，都市を結ぶネットワークが卓越している農村を指す．たとえば，かんきつ栽培の盛んなスペインのヴァレンシアやオリーブ栽培の盛んなイタリアのアドリア海沿岸，酪農の盛んなフランスのブルターニュ地方などである．一方，生産主義への偏重と機械化による規模拡大によって，地域の人口密度は低下し（たとえば，10人/km²以下），そのことが逆に農業とその流通を結ぶネットワークの維持を困難にさせている地域もある（スペインのカスティーリャ地方，フランスのシャンパーニュの乾燥地域など）．一方で，地中海沿岸のセグラ川流域のウエルタ（豊かな灌漑耕地）など，一部地域では依然として機械化が困難なため，人間の手による農業が重要な地域もある．

第2の類型は，どの地方にも存在しうる「条件不利農村」である．これらの地域では地形や気候が厳しく農業に不利な条件下にあることから農業に高いコストがかかるうえ，主たる産業の不在から経済的な困難性をかかえ，人口の流出や高齢化が進行している．人工減少に拍車をかけているのは，商業やサービスの不足であり，生活を営むうえで十分な環境下にないことが要因である．こうした地域に対して，EU諸国ではさまざまな政策的支援が行われてきたが，根本的な状況は改善せず，それぞれの地域の潜在的な発展可能性を生かしきれていない．こうした農村は，スペイン中南部やポルトガルの農村，イタリア南部やギリシャの農村のほか，東ヨーロッパの多くの農村が該当する．また，ヨーロッパの山間地域に位置する農村でも，スキーや山岳リゾートなどの観光地を有していない地域の多くが条件不利地域といえる．

第3の類型は，都市変化の影響を強く受ける都市郊外やその周縁に位置する「都市近郊農村」である．都市近郊農村は，都市住民からの田園的で良好なイメージと安価な住宅用地の存在によって，若年層のカップルや子ども世帯を中心に移住者が増加し，大きく変貌を遂げてきた場所である．人口の増加は，住宅の乱立地とスプロール化を招き，古い農村家屋群の脇に，単調で統一性のない住宅群が隣接することもしばしばである（写真3.1）．また，古くからの農村住民と新しい価値観をもった新住民との間では，価値観の相違から，相互の合意がうまくとれない事態も生じている．農村近郊における開発に対し，ヨーロッパ各国は農地や森林，農村景観を保護するため，政策によって乱開発を規制している．こうした都市近郊農

写真 3.1　ジュラ県都市近郊農村の新住宅地
（フランス，2017 年）

村には 2 パターンがある．一つは無秩序な都市化の影響を積極的に規制する地域である．ロンドン盆地やイル・ド・フランス地域など，大きな生産地域に接する農村では，農家は土地を農業生産の場としてとらえており，都市化による農地への転用をなるべくさせないようにしている．一方，農業に競争力がない脆弱な地域では，地主による農地の転用や売却が進み，都市化による悪影響によって農村の荒廃が進展している．

　第 4 の類型は，都市近郊よりも縁辺に位置しているが，人口が増加している「活気ある農村」である．これら農村では都市から遠く離れているものの，工業やサービス産業などの雇用機会を有し，観光客を惹きつける美しい村や，魅力あるローカル性をもつ農村である．こうした場所では，農業が依然として地域において重要な役割を果たし，農村人口も維持されている．活気ある農村は，スイスの山岳観光地域の周辺農村，中央イタリアやドイツ・バイエルンの農村，フランス西部の農村などでみられる．これら農村は，良好なイメージやそれにともなう移住者の誘引，あるいは雇用の創出などに成功している地域であり，ヨーロッパ南部や一部の山間地域の農村でも独自の取り組みがみられる．

3.2　拡充する食糧生産

3.2.1　EU の食糧・食品生産

a．EU の食糧生産と貿易

　EU は，世界有数の食糧生産地帯であり，アメリカ合衆国とともに世界の農業貿易の一大拠点をなしている．EU の農業貿易の輸出量は，アメリカ合衆国に次いで世界第 2 位であり，輸入量においては世界第 1 位である．EU においてとくに高いシェアを誇るのは畜産であり，世界の約 2 割の生産シェアを有している．また，EU の小麦生産は，アメリカ合衆国，カナダ，オーストラリア，アルゼンチンとともに世界の五大輸出国の一つであり，1970 年代より世界の穀物市場における価格相場の中心を構成してきた．

　EU における農業貿易は，輸出が伸長した 2010 年まで貿易赤字が長く続いていた．これは，トウモロコシや油糧種子，家禽肉や豚肉の生産がアメリカ合衆国などの巨大生産国に劣ること，そしてコーヒーやカカオ，フルーツなど亜熱帯性の原料を輸入に頼っている点があげられる．しかし，近年ではアメリカ合衆国やロシア，スイス，日本など高付加価値産品の購買力のある先進国を中心とした貿易により，黒字を維持している．

　一方で，EU の農業貿易のもう一つの特徴は，第三世界との関係である．第三世界からの全農業輸出の 25％ は EU 向けであり（アメリカ合衆国は 12％），とりわけアフリカを中心とする後発開発途上国の全農業輸出の 75％ を EU が占めている（Charvet, 2009）．アフリカやカリブ海諸国，太平洋地域において，ヨーロッパが古くから多くの植民地を有していたことが現在の農業貿易との関係性から読み取れる．

　世界の農産物貿易を輸出量でみると，アメリカ合衆国やブラジルが穀物などの原料輸出の割合が約 40％ 近くを占めるのに対し，EU は 8％ にすぎない．しかし，半一次加工品である小麦や砂糖，畜産動物になるとその割合は 25％ となり，さらに乳製品や食肉，ワインや食品などの加工品輸出になるとその割合は全体の 65％ を超える（Charvet, 2009）．とはいえ，農業分野における競争力は，生産量や生産額でのみ測られるものではなく，市場における支配と影響力の高さも重要な指標である．西ヨーロッパは，世界全体に農産物や加工品を輸出するネットワークとノウハウを長年にわたって蓄積してきた．その代表的な存在ともいえる

のがワインである．

EUは世界のワイン市場の中心的存在である．世界のワイン畑の約半分はヨーロッパにあり，その生産量は175億ℓと世界の総生産量の約50％を占める（Adoumié, 2013）．ヨーロッパのワイン生産販売額は，フランス，イタリア，スペインの3か国でヨーロッパ全体の40％以上を担っている．なかでも，フランスとイタリアは，世界でも有数の高品質ワインの輸出国であり，ボルドーやシャンパーニュ，キャンティのような著名な産地を輩出してきた．また，これら地域におけるブドウ栽培やワイン醸造の技術は，世界の醸造業者の手本となっている．一方で，ワイン生産は熾烈なグローバル競争にもさらされており，たとえば高品質ワイン産地であるボルドーの主要品種カヴェルネ・ソーヴィニヨンは，今やカリフォルニアやチリ，南アフリカでも栽培されている．とくに，近年では南アフリカやオーストラリアにおいてワイン生産の伸長が著しい．こうしたグローバル化にともなって，国際的なワインに関する規格化が進行しており，ヨーロッパで伝統的に営まれてきたそれぞれの土地特有の伝統的なワイン生産のあり方を脅かしているという問題も指摘されている．

その他の食糧生産では，スペインのアンダルシアやヴァレンシアのウエルタに代表される，EU域内の需要に向けた野菜と果実の一大生産拠点のほか，ドイツやデンマークにおける牛肉や生乳の大規模生産があげられよう．いずれもこうした高い生産性と競争力の背景には，強固な生産・流通のネットワークが存在する．とりわけ，生産物の輸送ルートは重要であり，ロンドンからミラノにかけての南北ルートに，西ヨーロッパ諸国の首都を結ぶ円環ルート，そしてロッテルダム港と三大空港（ロンドン，パリ，フランクフルト）の相互リンクが農産物輸送の大動脈となっている．農産物輸送には基本的にトラックなどによる陸路運輸が用いられるが，小麦のように現在も船舶による河川輸送が広く行われているものから，ワインのように飛行機による航空運輸を特徴とするものもある．

b. 食品・農業企業の寡占化

ヨーロッパの食糧・農業生産においては，国家やEUなど公的な存在のみならず，私企業つまり国際的なヨーロッパ企業も深く関与している（Adoumié, 2013）．なかでも，ヨーロッパの巨大な農産物・食品加工の生産を担っているのが，食品・農業産業（飲料含む）である．2017年の世界の食品・飲料企業のトップランキングをみると，上位30位以内のうち10社をヨーロッパ企業が占めている（表3.2）．また，ヨーロッパではわずか1％にすぎない巨大企業が，食品・農業関連産業の50％以上の売上シェアと40％の雇用を独占しており，大企業による寡占化が著しい業界といえる（Carroué et. al., 2009）．

EUには30万社の食品・農業関連の企業があり，そのうち26万社が経済的中心を構成するEU15に集中している（Charvet, 2009）．多くの企業は従業員20人以下の中小企業であり，その割合は92％にのぼる．一方，一部の大企業はドイツ，フランス，イギリス，イタリアに集中して

表3.2　ヨーロッパの食品・飲料業界上位10社（2017年）

世界順位	社名	本社所在地	売上（百万ドル）
1	ネスレ	スイス	72,245
4	アンハイザー・ブッシュ・インベブ（バドワイザーなど）	ベルギー	47,063
11	ユニリーバ（生活用品含む）	イギリスオランダ	29,070
12	ダノン（ヨーグルト，シリアルなど）	フランス	28,545
14	SABミラー（4に買収）	イギリス	26,177
15	ハイネケン（ビール）	オランダ	26,000
16	ラクタリス（乳製品）	フランス	22,240
23	ディアゴ（酒造）	イギリス	15,900
24	ロイヤル・フリースランド・カンピーナ（乳製品）	オランダ	15,320
28	アーラ・フーズ（乳製品）	デンマーク	14,330

Food Engeneering統計をもとに作成．

写真 3.2　ベルグループ発祥の工場（フランス，2017 年）

写真 3.3　山村ロックフォールにあるソシエテ本社（フランス，2018 年）

おり，これら 4 か国の食品・農業企業の生産額は，全体の約 6 割を占める．食品・農業産業を生産額でみると，EU が 8.7 兆円なのに対し，アメリカ合衆国は 5 兆円，日本は 2 兆円，中国は 1.7 兆円である（Hatem and Pouch, 2008）．そして，ヨーロッパの食品流通の 50% 以上（フランスでは 75% 以上）の消費流通を独占しているのが，巨大チェーンや大型スーパーである．彼らは食品・飲料業界において大きな権力をもっており，たとえばヨーロッパ全体に多数の店舗を有し，世界第 2 位の食品チェーンであるカルフール社（フランス）はその典型例である．

しかし，農業関連企業のスケールは，ミクロなものからマクロなものまでさまざまである．たとえば，冷凍野菜で著名なフランスのボンデュエル社は，ノール・パドカレやピカルディー地域において常時数百以上の農家と契約をし，地元に雇用を生み出している．また，チーズを例にとると，日本のスーパーでもしばしば目にするベルキューブのベル社（写真 3.2）のほか，ブルーチーズのソシエテ社（写真 3.3）などは，ローカルな地域から世界へと展開した企業である．

こうした食品関連企業のトップに君臨するヨーロッパの巨大企業の例としては，フランスのダノン社，英蘭合弁のユニリーバ社，そしてスイスのネスレ社など，トランスナショナルな経営展開をしている企業がある．フランスのダノン社は，ヨーグルト生産を中心として，世界 120 か国に約 9 万人の労働者を雇用する乳製品加工企業である．

一方，プランテーションでのパーム油の生産を背景にマーガリンや石鹸を得意としていたユニリーバは，リプトンやクノールといった食品ブランドの買収に加え，ダヴやアックスなどの日用品ブランドへの展開など経営を多角化させながら巨大企業へと成長している．

他方，企業と農業との関係では，多国籍企業による農地買収と農業経営が進展している．たとえば，東ヨーロッパや旧ソ連の国家では外資系企業の進出がめだっており，チェルノーゼムを基礎とする肥沃な土地が広がるウクライナでは，アメリカ合衆国のモルガン・スタンレー社やフランスのアグロ・ジェネレーション社によって，集団農業コルホーズの元農地 10 万 ha 近くが穀物生産の場として戦略的に利用されている．

3.2.2　農業における過剰生産と EU 政策

現在，世界有数の食糧生産基地となった EU であるが，拡大を続けてきた食糧生産の裏には CAP（共通農業政策）による増産政策，そしてそれにともなう農産品の過剰生産問題を経てきた経緯がある．

もともとヨーロッパは，1960 年まで肥沃で広大な農地と恵まれた気候条件にもかかわらず，砂糖以外の農産品はすべて輸入に頼っていた．これは，ヨーロッパ全体の農業が小規模零細かつ，伝統的農業形態に基づく遅れた農業経営を基礎としていたことにある．こうした状況を打開するため，農業の構造改革と大規模化，そして食糧の増産をめざした CAP は，1957 年のローマ条約の締結と翌

年のEECの発足以降，最も重要な政策であり続けてきた．そのため，EECの総予算に占めるCAPの割合は大きく，1962〜1972年で69.5％，1973〜1980年で75.5％，1981〜1983年で65％に及んできた（Carroué et. al., 2009）．そしてEECにおけるCAPの目的は，生産主義に基づく域内の食料自給率の向上，農家数の30〜50％削減による構造改革，農家の生活水準の保証と公平化，そして農産物の市場価格の安定化であった．

CAPによる改革は急速に進み，1950年から1990年にかけて，ECおよびEU15か国の農業人口は2000万人減少し，うち1987〜1997年の減少分が29％である（それぞれポルトガル−47％，ドイツ−36％，フランス−34％の減少）．また，EC/EUにおける農業の生産年齢人口に占める割合は，1970年に13.5％であったものが，1997年には5％にまで減少し，約30年間で小規模家族経営の脱農化が進行した．一方，EC/EUの農業生産性は，技術革新（肥料，農薬，殺虫剤，除草剤，種子，家畜品種などの改良）や機械化，規模拡大によって，1950年から1990年にかけて約5倍（毎年5.6％増）となった（Carroué et. al., 2009）．

構造改革や生産性の向上，ECによる農産物の価格支持や政策的な補助金によって，1970年代には牛乳や穀物，牛肉やワインにおいて生産過剰が生じるようになった．これは，生産性や自給率の向上をめざして手厚い保護政策を続けた結果，ほとんどの農産品で自給率目標を達成した反面，需要以上の農業生産を招いたということである．これに対するECの生産過剰への対応としてさまざまな生産抑制政策が実施され，その代表的なものは乳量割当制（1984年），穀物価格支持の削減（1986年），菜種・ヒマワリ・穀物の生産制限（1988年），休耕義務の導入（1989年）である．このEC/EUにおける食糧増産と過剰生産，そしてその背景としての農業保護政策の関係性は，現在のEU農業が矛盾を内包しているといわれる所以である．そして，グローバル化が進展し，自由貿易の推進がWTO（世界貿易機関）によって強化されるようになった1990年代以降，EUの農業政策は環境保護の重点化へと展開することとなる．

3.3 条件不利地域の農業

3.3.1 EUの条件不利地域

a. 農業条件の地理的不均衡

多様な地域性を有するヨーロッパの農業は，気候や地形など自然的な要因に大きく規定されている．その自然的条件は，農業に適する地域と適さない地域とで格差を有しており，また自然的な制約は産業の流出や人口の減少をもたらし，問題地域を生んでいる．EUにおいてこうした地域は「条件不利地域（less favoured area）」と呼ばれ，1975年よりECによって政策的支援が行われてきた．一方，ECによる条件不利地域政策はヨーロッパで初めての試みではなく，オーストリアやスイスでは第二次世界大戦前から，フランスでは1972年から条件に恵まれない地域を支援する独自の国土政策が導入されていた．こうした条件不利地域の地理的範囲はすなわち補助金による助成対象地区になるため，その区域の設定には政治的な力が働いてきた．よって，EUによる条件不利地域の範囲は常に議論の余地があるといわれ，またその範囲は時代によって変化してきた．全体的には，条件不利地域への指定範囲は徐々に拡大傾向にある．

条件不利地域を考えるうえで，まず条件に有利な場所とは具体的にどこなのかを押さえたい．農業条件に恵まれている地域とは，強い農業競争力があり，地域的不均衡を是正する補助金を受給していない地域が該当し，前述したパリ盆地，ロンドン盆地，ベルギー，オランダのほか，フランス北西部やデンマークがあげられる．これにさらにつけ加えると，ドイツのザクセン州やチューリンゲン州の平野部，バイエルン州の台地部なども条件に恵まれた地域である．一方，これら地域にはやや劣るが，やはり営農環境として恵まれているのが，フランスのプロヴァンスやラングドック・ルシヨン地域やポルトガルの大西洋沿岸地域，イタリアのアドリア海沿岸地域などである．

これら条件に恵まれた地域に対し，条件が不利であるとされる最も典型的な場所は山間地域である．山間地域の農業はさまざまな困難性をかかえ

ている．標高の高い土地や傾斜状の土地は農業の生産性を阻害し，とくに傾斜は山間地域の輸送や営農の効率性を阻害する主要因である．EUにおける山間地域の条件不利地域は，ヴォージュ，ジュラ，アルプスといった山岳地帯のほか，スペインやポルトガルの高地，ギリシャやスカンディナヴィアの山間部が該当する．しかし，こうした地域では受動的に政策補助金を受け取るだけでは，地域の存続は困難である．そのため，一部の地域では，山間地域の牧歌的で素朴な良好イメージを利用して，農村観光とともに新たな市場やニーズにあわせて高付加価値化を行っており，たとえば，スイスのグリュイエールやエメンタールのようなアルプスにおけるチーズ生産などが良い例といえる．

そのほか，山間地域のみならず，湿度，乾燥などが極端で土壌の質に恵まれない場所や人口減少が顕著な場所も条件不利地域とされ，イギリスの高原地帯やアイルランドの中北部，イベリア半島やサルディーニャ島の高原部が該当する．こうした地域は，EU政策によって十分な保護がされてこなかったため，それぞれの国家による独自の政策をあわせて農業経営や農村に政策的支援が行われている．

b. フランスの条件不利地域

EU条件不利地域の具体例として，5つの山間地域をかかえるフランスを事例にみてみよう．フランスにおける条件不利地域は，山間地域と非山間地域に分かれる．後者は単純条件不利地域と呼ばれ，平地に位置することから，山間地域に比して相対的に恵まれた条件下にある．一方，前者の山間地域は経済・社会的にさまざまな問題をかかえており，フランス条件不利地域問題の根幹をなす．これらは標高の高い順に「高山地帯」「山間地帯」「山麓地帯」に分けられる（図3.2）．この3つの分類のなかで最も広い面積をもつのが，フランス国土の約22％を占めている山間地帯であり，これらはとくにフランス南部と東部に集中して分布している．一方，単純条件不利地域の多くは山麓地帯の周辺にあり，市場や都市から遠隔に位置することから，他の平坦地域に比べて営農条

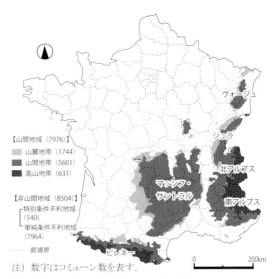

図3.2　フランスの条件不利地域
D.G.F.A.R.（林業・農村事業局）（2007）をもとに作成．

件に恵まれない場所である．これら条件不利地域をフランスの最小行政単位であるコミューンの数からみてみると，条件不利地域の山間地域に属する7976のコミューンのうち，1744が山麓地帯に，5601が山間地帯に，631が高山地帯に属している．一方，単純条件不利地域には8504のコミューンが属している．

条件不利地域の農業の特徴は，農業の生産性に顕著に表れる．まず条件不利地域と非条件不利地域を比較すると，MBS（生産粗利益）は，非条件不利地域で84ユーロを示すのに対して，条件不利地域では34～63ユーロと生産粗利益の値が低い．また，可処分所得に占める補助金の割合は，非条件不利地域で平均39％であるのに対し，条件不利地域の山間地域で63％と高い．農地をみると，平坦地域の平均は81haであるのに対し山間地域は59ha，生産粗利益は平坦地域の63ユーロに比して山間地域は37ユーロである（市川，2012）．また，山間地域相互間でも差異があり，生産粗利益でみるとマッシフ・サントラルとピレネーにおいて低い値を示しているのに対し，ヴォージュや南アルプスでは高い．一方，農地面積と労働時間の関係でみると，ヴォージュの農地面積が35haで労働時間指標2.08，同様に北アルプスではそれぞれ56ha，1.98と面積あたりの労働時

間が長いのに対して，マッシフ・サントラルでは農地面積が62 haで労働時間指標1.49，同様にジュラでは60 haで1.49と面積あたりの労働時間が短く，粗放的な農業が行われている．

3.3.2 粗放的農業の持続性

条件不利地域における農業を発展させるには，以下のような3つの選択肢が考えられる．それは，経営の統合によって大規模化する方法，加工などを通じて生産品の高付加価値化をはかる方法，そして生産の粗放化による環境負荷のかからない持続的農業を選択する方法である．一般的には前者の2つが取り上げられるが，ヨーロッパの農業政策は環境負荷の低減と生産の粗放化を進めており，これらを実現する農家に補助金を増額する方針になっている．生産の粗放化とは，面積あたりの家畜の飼養頭数を少なくし，負荷がかかる集約的な土地利用を和らげることである．粗放化農業は，収益性と利潤を大きくもたらしうるが，そのためには3つの条件があり，1つは農家が農業技術とノウハウをしっかりと有すること，2つ目は耕地面積を十分に有すること，そして労働力と高い生産性を有することが必要である（Diry, 2000）．

こうした条件不利地域に適応した粗放的農業の事例として，スコットランドのハイランド高地の羊飼養をあげることができる．北方に位置するハイランド高地は，ヨーロッパでも緯度が高く，痩せた土壌と低温で高い湿度が卓越し，荒れ地に広がる牧草地は栄養素に乏しい場所である．しかし，この地方には大規模な土地を経営する農場主がいくつも存在し，羊の粗放的飼養が行われてきた．これらは，かつての貴族階級の大家族による支配経営によって担われており，わずか15件の農場主によって50万haを超す農地が管理されている．標高500〜600 mの地帯で，羊の群れは放し飼いにされ，1 haあたりに羊1〜2頭という粗放畜産である．彼らが飼養する羊は，低地部のローランド地方の農家によって肥育され，付加価値をつけたうえで都市部へと輸送される．また，スコットランドでは1940年代より条件不利地域への畜産補助金が支払われており，その後CAPへと補助政策が引き継がれるまで粗放的畜産を保護してきたことも背景にある．

そのほかの地域では，スペイン・カスティーリャ地方の穀物栽培や，フランス・リムーザン地方の子牛飼養も粗放的農業の好例である．リムーザン地方では，ボカージュ（囲い地）景観に広がる天然の牧草地が特徴であり，肉用子牛の飼養が有名である．簡単な手入れを除き自然そのままの牧草地を用い，ていねいに6〜18か月かけて肥育する子牛畜産の組み合わせは，痩せた土地と恵まれない自然条件下にありながら，ローカルな地域性と高付加価値化によってうまく農業を維持している例である．

1990年代になり，CAPは増産政策から生産抑制政策へと転換し，粗放的な農業がとくに推進されるようになる．なかでも，1992年のCAP価格では環境配慮が政策に盛り込まれ，家畜の飼養密度の粗放化や，牧草地を天然の草地として維持することが推奨され，これらを満たす経営に補助金を付与することで粗放化を促した．一方で，農業の粗放化は農地あたりの労働力を減らすこととも同意義であり，農業政策が粗放化へ転換していくことは，農村や条件不利地域の人口減少を結果的にさらに加速させるという指摘もある．

3.4 現代EU農業・農村の変容

3.4.1 EU農業政策の変容と環境

EU農業・農村を大きく規定しているのはEU農業政策（CAP）である．グローバル化が進展した1990年代以降，CAPは生産過剰や貿易自由化交渉（GATTやWTO）への対応を重要課題として位置づけてきた．しかし，生産過剰が解消され，国際交渉が停滞している今日では，農業の環境保全的機能への対応強化，新規加盟国を含む直接支払いの価格是正へと課題が移行してきた．

CAPの予算推移をみてみよう．かつて，重要な大きな割合を占めていた農産物の価格支持は，1990年代初頭をピークに大きく減少し，代わって農家への直接支払いが増加している（図3.3）．直接支払いとは，農産物ではなく農家の所得へと補助金が支払われるもので，生産の増加を抑制する効果がある．1992年のCAP改革で導入された

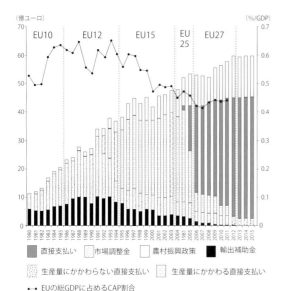

図 3.3 CAP（共通農業政策）の推移と対 GDP 割合（1980〜2015 年）
European Commision 2018 年データをもとに作成．

直接支払いは，2003 年から環境遵守事項が義務化され，環境に配慮した農業を行うことが農家の補助金受給の必須条件となった．環境に配慮した農業とは，生産の粗放化や作物の多様化，永年牧草地の維持，生態系重点地域の確保などをさす．CAP における環境配慮の重点化は，しだいに強化される傾向にあり，直接支払い総額の約 30％は環境に配慮した農業に使用されている．

CAP の政策は，第 1 の柱と第 2 の柱と呼ばれる 2 分野で実施される．第 1 の柱は，直接支払いと市場政策で構成されており，金額の大半は直接支払いに使用され，市場政策は大幅な価格低下などの緊急事態にのみ使われる（安藤，2011）．一方，第 2 の柱は，農村振興政策である．農村振興政策は農業のみならず，農村の雇用や地域発展など幅広い分野を保護する政策で，現在の CAP における重要なウェイトを占めている．農村振興政策の特徴は，財源が EU と加盟国（および農業者）の共同拠出に基づいていることであり，各加盟国は独自にプログラムを策定することができる．しかし，プログラムの策定と運営は行政負担が大きく，東ヨーロッパなどの新規加盟国では豊富な農村振興予算の割り当ての一方で，予算が十分に消化されていないという問題が起きている（平澤，2014）．

新規加盟国が EU に加入する際は，段階的に CAP へと統合する方法がとられる．新規加盟国にはまず市場政策が導入され，加盟前に行われていた政策支援は EU の農村振興政策に移行され，直接支払いは数年かけて段階的に導入される．一方で，新規加盟国の直接支払いの金額水準は低く設定されていることから彼らの不満は大きく，直接支払いにおいては西ヨーロッパに重点が置かれている．

今後の農業・農村政策の展開は，環境的側面がさらに重視されていくことが考えられる．また，CAP の 2013 年改革では第 1 の柱と第 2 の柱との間の財源移転が可能となり，各加盟国における独自の地域政策や農村振興プログラムの重要性がさらに増している．EU 予算の大きな割合を占めてきた CAP は，EU 財政全体が削減されるなかであらためてその意義が問われている．

3.4.2 農業の生産主義とオルタナティブの模索

生産主義から生産抑制，そして環境重視へと変遷してきた農業・農村政策の一方で，グローバル競争の激化によって，ヨーロッパではいまだ生産主義的な農業が続けられているといわれている．しかし，生産性を追求する農業のあり方は，化学肥料や農薬の多投を促進させ，さまざまな環境や社会への問題を引き起こしている．たとえば，家畜の集約的農業が盛んなブルターニュ地方では，肥料や高密度の飼養で生産性を追求した工業的畜産によって，海岸部や水路の汚染が問題となった．また，1996 年にイギリスに端を発した狂牛病による BSE 問題は，生産性の高いアメリカ合衆国やブラジル，アルゼンチンなどとの産地競合がもたらした結果であり，輸入圧力と価格競争によって，ヨーロッパ農家が大豆の代わりに禁止されていた飼料を用いたことが原因である（Adoumié, 2013）．

こうしたグローバル化がもたらす弊害に対して，反グローバル主義ではなく，オルタナティブなグローバル化の推進を掲げるアルテルモンディアリスト（altermondialiste）と呼ばれる人びとの活動がヨーロッパでは盛んとなっている．その

代表的な例が，生産主義に基づく農業や企業活動がもたらした矛盾を問題視し，告発する運動である．それは，フランス人ジャーナリストのマリー＝モニク・ロバン（Marie-Monique Robin）による「モンサントの不自然な食べもの」（2008年）や「ノートル・ポワゾン・コティディアン」(2010年）での食と社会への批判ドキュメンタリー，あるいはスイスの社会学者ジャン・ジグレール（Jean Ziegler）によるローカルを覆いつくすネスレのグローバル戦略に対する批判などに表れている．同様に企業や組織への批判運動は，ドイツや北欧など北ヨーロッパの環境保護団体によっても行われ，とくにグローバルな食に関連する大企業にその対象が向けられてきた．しかし，一部の識者からは，こうした批判運動そのものが企業の自己宣伝へと吸収されているという指摘もされている．

生産主義に対する異議申し立ては，ローカルな主体による新しい農業のあり方の模索としても登場している．たとえば，フランスにおけるアマップ（AMAP）の登場やベルリン近郊農村における有機農業の活性化がその良い例である．なかでもフランスのアマップは，有機農業や有機酪農を行う農家とローカルな消費者を結ぶ新たな取り組みであり，注目に値する．アマップでは，消費者は契約を結んだ生産者に半年から1年の代金を前払いし，週に一度その季節にとれる収穫物を消費者がとりに行くという仕組みであり，国の政策的支援はないが，現在ではフランス全土に1600以上のアマップ組織が展開し，20万人以上が利用している．

有機農業に関する新しい取り組みは，西ヨーロッパでもとくに大都市の近郊農村において盛んとなってきた．これは，都市住民による農村の自然や環境，大量消費に代わる新しい食のあり方への関心が背景にあるといわれている．こうした消費者意識の変化と有機農業やローカルな農業生産のあり方は，相互の連携と食に対するコストに見合う対価とのバランスが持続性への鍵となるであろう．

3.4.3 農村の変容—農村に向かう人びと

変容する農業や政策の一方で，ヨーロッパでは農村も大きく変容している．なかでも注目されるのは，西ヨーロッパを中心とする農村への人口回帰である．19世紀以降，産業革命を契機にヨーロッパの農村は1980年代にかけて大きな人口減少を経験してきた．人口減少の最初の段階は，産業化による農村手工業の衰退を起点とした若年層の流出，そしてそれにともなう人口の高齢化と独身者の拡大である．ヨーロッパ農村の人口減少はまずフランスで始まり，フランス革命前夜の1846年を境に農村から人が流出しはじめた．そのほかの地中海沿岸やヨーロッパの中央部の国家では20世紀前半をピークに，農村から人口が流出しはじめた．とくに，第二次世界大戦後の復興期から1990年代にかけては，都市化と工業化の急速な進展によってヨーロッパ農村から最も人口が減少した時代であり，たとえばスペインでは400万人の人口が農村から都市部へと移動したとされる（Diry, 2000）．

しかし，ヨーロッパの多くの国では，1990年代頃より農村の人口動態は再び増加へと転じている．19世紀より，都市は魅力ある場所として人口を惹きつけてきたが，今日では治安や騒音，環境汚染の問題が住まう場所としての魅力を奪ってきた．さらに，都市中心部における地価や家賃の高騰，そして市民のモビリティの増大は，都市からの農村への人口流出を促した．反対に，ネガティブなイメージによって長らく不利益を被ってきた農村は，都市に対比する存在として，良好なイメージのまなざしを向けられるようになった．この背景には，ヨーロッパ先進諸国における生活スタイルの変容があり，古い農村家屋を修復し，広い芝地と美しい庭を備えた農村居住のあり方は，社会階級を問わずに理想とする生活の一つとなったことがあげられる．

農村への人口回帰は，都市へと通勤可能な地理的位置にある都市近郊農村においてとくにみられ，ドイツやイギリス，フランスなどヨーロッパ先進国を中心に進展している．たとえばイタリアでは，農村への人口移動が顕著となった1981〜

1991年の期間で，25の主要都市から約124万人の都市人口が移動している．また，スイスは大多数の農村がいずれかの都市の近接下にあり，農村と都市との人口移動が活発にみられる典型例である．ヨーロッパの農村への人口移動では，全体の約4分の3が同じ地方の都市部から定着するといわれており，人びとは住み慣れた土地のなかから良い住環境として農村を選択している．そして，受け入れ側である移住先の町村は，大半のケースで移住者の流入を好意的に受け止めており，新たな住宅用地の整備や古い建物の手入れ，空き家の活用などを推進している（Diry, 2000）．

一方，こうした農村の人口回帰は，都市から離れた遠隔地農村の一部でもみられる．とくに，職場への通勤を必要としないリタイア世代は，移動手段さえあれば遠隔地農村でも居住可能であり，小さな庭つきの戸建に退職を機に移住するケースは多くある．また，仕事において場所に縛られない芸術家や職人なども同様であり，より良い製作環境を求めた先に農村に定着することは珍しくない．

西ヨーロッパ農村は，一部の条件不利地域を除き，全体としておおむね人口の安定化に成功しているといえるだろう．なかでも，ドイツ南部やライン川周辺地域，パリ盆地やフランス南西部，ロンドン盆地やウェールズ，スコットランド農村地域が良好状況を維持している．反対に，地中海地域では，主要な都市と農村との距離や，地方や県全体の面積規模が広いことに起因して，農村への人口回帰の動きが鈍い．たとえばフランスのピレネーからマッシフ・サントラルにかけての山間地域，イタリアのアペニン山脈やアルプス地域，シチリア島やサルディーニャ島の農村などでは人口回帰の顕著な動向がみられない．とりわけ，スペインとポルトガルを含むイベリア半島の台地や高地の農村は人口減少が深刻である．以上のような農村への人口回帰は，農村における環境や自然，景観などを含むアメニティの再評価と，農村における価値の転換をもたらしたといえる．

最後に，農村の観光について触れたい．農村空間にとっての観光地化は，新たな雇用や経済価値

写真 3.4 観光地化の進む「フランスで最も美しい村連合」の村（フランス，2017年）

の創出が期待されるものとして，ヨーロッパの自治体でもさまざまな取り組みが行われるほか，研究分野でも多くの言及がされてきた．農村観光の導入には，特別な自然景観（たとえば，カルストによる大地形や鍾乳洞，火山によるパノラマ景観など）のほか，文化・歴史的な遺産，スキーやハイキングなどスポーツにかかわるものなど地域の潜在的資源が求められる．また，都市との近接性とアクセス優位性，あるいは海浜部などの観光地域に位置することなど，観光地化における地理的条件も関係する．農村観光は，農業を営む農家にとっても有益な場合がある．たとえば，イングランドやドイツのバイエルン，オーストリアのチロルでは，農家の家屋を改装した農村民宿や貸別荘，あるいは家族連れや学校を対象とした農家体験など，グリーンツーリズムやアグリツーリズムが農業収入を補完するものとして導入されている．また，ヴァカンス滞在地としての農村の役割も注目され，フィンランドのオーランド諸島やオーストリア・アルプス，スコットランドの島嶼部や高地，ノルウェーの一部では農村におけるツーリズムが重要な産業となっている．

農家だけではなく，農村の中心部に居住するものも同様であり，地元の組織や村役場，商店者たちによって歩道や景観の整備，ローカルな資源の再活用などが実践されている．国をあげた農村観光への取り組みとしてはフランスが注目され，「フランスで最も美しい村連合」は，フランスのなか

写真3.5 観光客の少ない山間部の「フランスで最も美しい村連合」の村（フランス，2017年）

でも建築や歴史，景観に特色や魅力がある村を美しい村に指定することで，今まで注目されていなかった小さな村を社会へ広くアピールすることを可能にしている．美しい村に指定された村々の観光地化の進展は村によってさまざまであるが，指定されることは村に人を呼び込む条件として着実に機能している（写真3.4, 3.5）．　　　[市川康夫]

引用・参考文献

安藤光義（2011）：本格化する2013年以降のCAP改革をめぐる議論．のびゆく農業，993-994：1-74．

市川康夫（2012）：フランス条件不利地域における山地農家の経営戦略—マッシフ・サントラル，メザン地域を事例に．地学雑誌，121：1010-1029．

平澤明彦（2014）：2014〜2020年に実施されるCAP改革の概要．のびゆく農業，1017：1-43．

Adoumié, V. (2013)：*Géographie de l'Europe*. Hachette.

Carroué, L. *et al.* (2009)：*L'Europe*. Bréal.

Charvet, J. P. (2009)：Les agricultures de l'union européenne dans la mondialisaton. *L'information Géographique*, **73**：49-64.

Diry, J. P. (2000)：*Campagnes d'Europe：Des Espaces en Mutation*. La documentation Française.

Hatem, F. and Pouch, T. (2008)：Agroalimentaire：Le poids des firmes multinationales. *Revue des Chambres d'Agriculture*, **971**：13-42.

コラム3.1

ルーマニアの農村

　ルーマニアはヨーロッパの南東に位置し，面積23.8万km^2（日本の本州に相当する広さ），人口約1900万（2016年）を有する．自然環境は多様で，国の中央部のカルパチア山脈に取り囲まれたトランシルヴァニア盆地，その外側に広がる丘陵地，そして平野が国土の約3分の1ずつを占める．日本と同様，四季があるが，多くの地域は大陸性の気候である．

　農村地域の土地は農地1350万ha（国土の約57％）と森林700万ha（国土の約30％）からなり，約1000万人が暮らす（全人口の5割超）．行政上は1.3万以上（2010年）の村から構成され，その多くは低地，谷沿い，山間盆地に集中する．土地利用は自然環境，歴史・文化，経済的背景により地域性があり，平野では小麦などの穀物や野菜の栽培，丘陵・台地では果樹・ブドウ畑と畜産・放牧との組み合わせ，山間地域では大規模な畜産・放牧と林業の組み合わせがそれぞれ典型的である．

　1989年以前の共産主義時代，農林地の多くが国有化され，農業協同組合が地域農業を管理した．多くの農民（とくに若年層）は都市への出稼ぎや移住により離村し，残りの農民は工場に通勤する「兼業農民」として協働して農作業を担った．山間地域は農業協同組合システムの外に置かれ，農林業とあわせ，伝統的多就業（食品・木材・羊毛などの加工業，伝統工芸などの兼業）がある程度維持された．

　1989年の革命は民主化と市場経済の導入へ続き，農林地の私有化，農林業における諸改革，家族農場の復活など，多くの変化をもたらした．さらに2007年のEU加盟後はCAP（共通農業政策）による支援を受けている．

　ルーマニアの農村部は高いポテンシャルをもちながら，多くの社会・経済的な問題をかかえる．

　まず，住民の高齢化と人口減少である．ルーマニアの農村人口率はEU28か国で最も高い国の一つで，第一次産業で働く労働力人口の割合は26.6％（2015年）とEU最高である（EU平均は4.8％）．農業は農村経済の骨格だが，都市部や外国への（一時的・永久的）移住による労働力人口世代の流出

や低い自然増加率を背景とした人口減少に加え，急速な少子高齢化に悩む．

次に，構造的に不利な諸条件を背景とした農村経済の弱体化である．農村部の多くの世帯にとって農業が唯一の収入源で，国全体で約360万という農場数はEU全体の約3分の1をも占めるが，農業経営は二極化している．国内の農場の平均経営規模は3.6 ha（EU平均は16 ha）だが，農場全体の9割以上が平均2 ha程度の自給的な家族農場で構成される．彼らの管理する農地は国全体の3割で，残りの農地は農場数全体のわずか7.8％を占める大規模農場（平均経営規模190 ha）によって管理される．家族農場の自給自足的な農業の生産性は低く，低収入ゆえに生活水準は低い．

さらに，農村の地域経済の多様化が遅れ，農業以外のビジネスを営む農村世帯の割合は低い（EU平均の約7％に対し4％）．農村地域に立地する個人経営の中小企業は限定的で（国全体の18％），若年層の農外就業志向や離村の影響から深刻な後継者不足を招き，農業者の高齢化も著しい．

最後に，インフラ整備（上下水道，交通網など）やサービス提供（交通，教育，医療・福祉など）の遅れが農村発展の大きな障害になっている．

課題は山積みだが，2007年以降はEUのCAPにより農村の持続的な発展に向けた財政的支援を受けるようになった．「全国農村開発計画・2014～2020年」では，農業の近代化や若手農業者の起業支援などによる農産食品分野の競争力向上，持続可能な土地管理の促進などによる農林業の生態系の保全，基本インフラの整備などによる農村社会・経済の改革促進が優先事項とされる．農村社会の地域的な格差対策として，農村経済の多様化に向けた財政的支援も行われ，農村の個人起業が促進された．なかでも多様な観光資源やおもてなしの伝統を生かしたルーラルツーリズムやアグリツーリズムは，最も高い成長率をみせる．

［佐々木リディア］

写真3.6　北部ドルナ地方における伝統的なチーズ工房（ルーマニア，2007年）

写真3.7　南トランシルヴァニア地方におけるサイクリングツアー（ベン・メヘディン撮影，ルーマニア，2014年）

参考文献

ADEPT Website. https://fundatia-adept.org/（2018年12月14日確認）
PNDR（ルーマニア農村発展計画）Website. http://www.pndr.ro/leader.html（2018年12月14日確認）
INSSE 国立ルーマニア統計局（2010-2016）：農村・農業センサス，統計データ．http://statistici.insse.ro/shop/（2018年12月14日確認）

コラム 3.2

地中海地方の農業

　地中海地方に典型的な農業として，地中海式農業はよく知られている．夏の高温と乾燥に強いオリーブやブドウ，かんきつ類の栽培と，比較的湿潤な冬に栽培する小麦などを特色とする農業である．古来，地中海沿岸の地方では，こうした夏と冬の気候の特徴にあわせて栽培する作物を選び，それらをうまく組み合わせた農業が行われてきた．

　しかし，実際にこの地方を訪れると，こうした伝統的な農業を見つけるのは意外にも容易ではない．たとえばフランス南部のコート・ダジュールの海岸近くの農地をゆくと，ここには小麦の畑も果樹もほとんど見当たらない．そこに広がっているのは，丘陵の斜面を覆いつくす一面のビニールハウスである（写真 3.8）．近づいてなかをのぞいてみると，アイリスやバラ，カーネーションなどの花卉が栽培されている．どれもていねいに手入れがされている．

　コート・ダジュールといえば，ニースやカンヌ，モナコといった名だたる海岸保養地が並ぶヨーロッパ屈指の観光地域である．ホテルやカジノ，公園や街路は一年中美しい花で飾られ，多くの観光客を魅了している．映画祭やF1レースなど国際的なイベントも目白押しで，地中海沿岸の観光地化はますます発展の傾向にある．花の需要が増えるのは当然であろう．またニースで開かれるカーニバルにも，花は欠かせない．花で飾られた車から女性がミモザの花を投げてくれる，じつに華やかな祭りで，大ぜいの観光客でにぎわい，花のカーニバルの異名すらある．

　このようないわば大消費地を間近に控えて，地中海に面した近隣の地域では市場を強く志向した花卉の栽培が行われている．これら保養地・観光地ばかりではない．北イタリアから南フランス，スペイン東部にかけての地域は，ヨーロッパサンベルトと呼ばれる新しい産業地域として脚光を浴びている．環境を重視し，新しい工場やオフィス，住宅地が建設されるなか，多くの花が求められており，その需要は増加の一途をたどっている．

　こうした市場志向の農業が，じつは今日の地中海沿岸地方においてきわめて顕著になっている．花卉に限らず，ブドウやオリーブなど地中海地方に典型的な作物も，トスカーナやピエモンテなど特定の地方では農家が専門的に栽培している．灌漑設備を整えることによって，良質の米を集約的に生産する水田も広がっている（写真 3.9）．

写真 3.8 コート・ダジュール近郊に広がるビニールハウス（フランス，2000年）
遠方の斜面に花卉栽培のビニールハウスが並んでいる．

写真 3.9 ローヌ川河口付近に広がる水田（フランス，2000年）
灌漑により，夏の乾燥期に良質の米の生産が実現された．

　いずれの農業も1960年代以降，イタリアをはじめとする地中海地方において，各地で農業の改善事業が進められ，自立農家の育成と他地域との競争に耐えうる農業の育成をめざした結果，形成されてきたものである．作物だけみれば地中海地域の特有のものではあるが，もはやかつての小麦やその他の作物と組み合わせた伝統的な地中海式農業ではなく，より多くの収益を求めた付加価値の高い作物の栽培がなされている．

　今や伝統的な地中海式農業は，イタリア半島のアペニン山脈やシチリア島，スペイン内陸部のメセタ高原，バルカン半島の山間地などの地域に限られている．いずれも，零細な小麦の栽培と山羊の飼育など規模の小さな農家が分布する経済的な停滞地域であり，住民の高齢化と人口流出が大きな課題となっている地域である．　　　　［加賀美雅弘］

> コラム 3.3

アルプスの農業

　アルプスの農業は，山岳環境という条件と密接に関連しながら存続してきた．とくに標高や傾斜，それらと関連する気候条件，水環境などによって耕作や採草，放牧の可能な土地は制限されてきた．また，アルプスは，地中海式農業と混合農業というヨーロッパの南と北で卓越する伝統的農業様式の境界に位置し，ぞれぞれの文化的特徴から多大な影響を受けてきた．すなわち，イタリアやフランス，スイスの西部では，羊や山羊といった小家畜の飼育が卓越し，畑作がみられ，また谷底部ではワイン用ブドウの生産も存在する．一方，スイスの中央部からオーストリア，ドイツのバイエルンにかけては牛の飼育による畜産が中心で，畑作の重要性は小さいといった性格がある．

　以下では，オーストリア・アルプスにおける農業について述べる．谷底の平坦地では，人間による洪水のコントロールが可能になるまでは，畑作地として利用されることは非常に少なく，集落立地もあまりみられなかった．それゆえ，日当たりが良く比較的緩傾斜な山腹の森林伐採跡地を採草地やわずかな耕地として（写真 3.10），また森林限界を越えた天然の草地を放牧地として利用し，もっぱら乳牛，羊，山羊を飼育することで生計を営んでいた．この放牧地は夏の間に利用され，おおまかにオーストリアではアルム，スイスではアルプと呼ばれる．一部のアルムでは国境を越えた移動放牧もみられる．しかし 20 世紀に入ると，平野部に比べて生産性の悪いアルムや急斜面の採草地の利用は減少し，家畜飼育も衰退傾向にある．現在では 10 頭前後といった少数の牛，羊を飼養する経営が卓越する．一方，谷底部，とくに都市に近接する地域では，野菜や穀物栽培，さらには果樹生産が盛んになっている．

　20 世紀半ば以降，オーストリア・アルプスにおいて観光化の進行が顕著になると，著名な山岳リゾートやスキーリゾートの近隣地域では，多くの農家がペンションの経営を開始した（写真 3.11）．また，1970 年頃から「農家での休暇」ブームのもと，アルプスという山岳景観とともにそこでの夏季の文化景観も多くの人びとを惹きつけるようになった．その結果，農業に代わり観光産業が重要になっている．山地斜面のアルムや採草地による「淡い緑」，その周囲にあるトウヒなどの森林による「濃い緑」，海抜高度が高い岩石地や氷河の「白，灰」といった色彩がおりなす，アルプスの風景は観光客を和ませる重要な資源である．訪問者は基本的に 1 週間以上の長期にわたって滞在し，冬季にはスキーを，夏季にはハイキングやトレッキングを楽しむ．アルプスの文化景観を維持することは観光産業の持続的発展，環境保全，災害防止などにとって重要である．それゆえ，EU をはじめオーストリア政府，州政府から山地農家に対する手厚い助成がある．さらに，近年ではアルプスに残る伝統的な文化（家屋景観，食文化，独自のチーズなど）や，化学肥料や農薬をあまり使用しない安全な食材の供給地としても注目を集めている．

[呉羽正昭]

写真 3.10　イン谷（チロル州）の斜面景観（オーストリア，2010 年）

写真 3.11　ゼルデン（チロル州）のペンション経営農家（オーストリア，2013 年）

参考文献

池永正人（2002）：チロルのアルム農業と山岳観光の共生．風間書房．
白坂　蕃（2012）：イタリア北部における羊の移牧にみる"日常"と"非日常"．立教大学観光学部紀要，14：18-42．
Veit, H.（2002）：*Die Alpen：Geoökologie und Landschaftsentwicklung*. Ulmer.

4 工業化の展開と空間的構成

　世界の他の先進諸国と同様，西ヨーロッパ諸国を中心にヨーロッパでもサービス経済化が進行している．しかし，ヨーロッパの諸地域がいかに形成され，それがいかなる変容を経験しつつあるのかということについて考える際にも，ヨーロッパがどのような空間的構成を呈していて，それがいかなる変容を呈しつつあるのかについて考える際にも，経済地理的な理解が不可欠である．本章では，初期機械化の波，重工業化の波，フォード的大量生産の波，といった世界の工業化の大きな波のなかで，代表的な工業地域がいかにして成立し，全体としての空間的構成をなしてきたのか，また，それらが今日，いかなる再編の途上にあるのか考えてみよう．

4.1 産業化の始動と地域形成

4.1.1 ヨーロッパ諸国の経済的離陸とその地域的前提

　よく知られた経済発展段階論に，アメリカ合衆国の経済学者ウォルト・ロストウの段階論がある．ロストウの議論は，近代的経済成長の決定的瞬間を「離陸」と表現している．離陸とは，投資が増大して，主導産業部門の出現が他産業の発展を誘発するようになった状態をいう．彼のモデルに従えば，伝統的社会は，離陸準備，離陸期，成熟期を経て，高度大量消費社会へといたる（図4.1）．

　経済的離陸は，全世界のなかでイギリスで最も早く，18世紀末期から19世紀初頭にかけてであった．19世紀半ばには成熟の状況に達していた．続いて，フランスが19世紀半ばに離陸し，ドイツの離陸はアメリカ合衆国よりも遅れること，1870年前後であった．近代国家の形成に遅れをとったドイツは，プロイセン王国を中心とする関税同盟が成立して，市場規模が拡大したことが離陸の重要な条件であった．

　経済的離陸に先立つ16～18世紀に，ヨーロッパ各地で各種織物を中心とした手工業生産が展開していた．好例として，現在のフランスとベルギーにまたがるフランドル地方の毛織物工業がある．同地方の場合，イギリスからの羊毛供給のうえに，中世から毛織物業を中心とする都市工業が栄えていた．ところが，14世紀に，英仏間の百年戦争によって技能労働者がイングランドへ流出して危機を迎えた．こうした危機を乗り越えるべく，人口豊富ながらも砂質の土壌ゆえ農業生産性の低い農村部で繊維生産が，ヘント（ガン），アラスなどの都市商人によって組織された問屋制家内工業の形態をとって発達した．

　いわゆる産業革命の時代に先行して成り立っていたヨーロッパ農村の工業化はプロト工業化と呼ばれている．プロト工業化の特徴として，①穀物生産に不利な地域で広域市場に向けた手工業生産が行われていること，②都市商人の手を経て製品が流通する問屋制家内工業であること，③人口増加に基づく賃金水準の低い労働力の存在，④付近では商業的農業が発展していること，などがあげられる（斎藤，1985）．

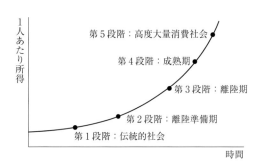

図4.1 ロストウの発展段階論
Sheppard, P. (2004): *Economic Activity and Change*. Hodder Education をもとに作成．

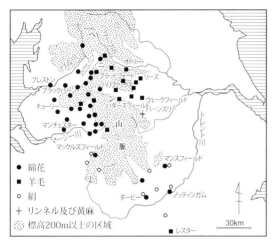

図4.2 イングランド北部における繊維工業の地域分化
オトレンバ, E. 著, 藪内芳彦訳 (1957):一般工業地理学. 朝倉書店. [Otremba, E. (1953): *Allgemeine Agrar- und Industriegeographie*. Frankh.] をもとに作成.

4.1.2 ヨークシャー毛織物工業の発展

イギリス，イングランドのペニン山脈を軸として，その東麓側をヨークシャー地方，西麓側をランカシャー地方という．かつて，前者は羊毛工業，後者は綿工業によって特徴づけられていた（図4.2）．

イギリスでも農村工業化は進行した．イギリスはもともと，毛織物の原料の羊毛の輸出を行ってきたが，フランドル地方から職人が移住したことで，織物技術が伝えられ，14世紀には毛織物生産が増大，15世紀には輸出国になった．イングランド西部（グロスターシャー，ウィルトシャー，ウスターシャー），東部（ノーフォーク，サフォーク，エセックス）と並んで，北部のヨークシャーは，毛織物の主たる生産地の一つであった．ヨークシャー地方のなかでもその西部のウェストライディング（ただし，この行政地域は1974年に廃止）に羊毛工業の集中は著しかった．

ウェストライディングへの集中は，本地域で産出される羊毛が良質であったこと，リーズなどの新興都市の問屋や染色・整理業などと結合しえたことに加え，農村史研究のジョアン・サースクの説に従えば，村落共同体の性格の反映と考えられる（Thirsk, 1961）．すなわち，荘園制度の伝統をもつ開放耕地制の農業集落では，共同作業が多いなど共同体の結束が強固で，農業労働も集約的

で，農民にとっては家内工業を手がける余地はなかった．これに対して，ウェストライディングのような牧羊主体の地域では，共同体の結束も強くはなく，農業労働も相対的にみて粗放的で，農村工業が入り込みやすい状況にあったのである．

『ロビンソン漂流記』の作者として知られるダニエル・デフォーの『大英帝国周遊紀行』には，18世紀初頭のウェストライディングの工業村落の情景がヴィヴィッドに描写されている．経済史学者の大塚久雄がそれを紹介するところによれば，同地域の集落景観は次のような特徴をもつ（大塚, 1966, pp.107-110）．

① 土地が小区画に分かれておりその区画の中央に母屋があり，それに附属して，マニュファクトリー（作業小屋）が置かれている．
② 敷地内には張物枠があって，そこに毛織物が張ってある．
③ 家々の間には小住宅があって，そこには工場で働く労働者が居住している．
④ マニュファクトリー内では明確な分業がなされている．

このような情景描写に基づく限り，当時のヨークシャー羊毛工業は，家内工業とも，工場制工業ともいいうるような状況であったと考えられる．

4.1.3 ランカシャー綿工業における「産業革命」

時期的に先行して始まった毛織物工業に対して，綿工業の歴史は比較的新しい．毛織物も確かにイギリスにとって重要な輸出品であったが，毛織物の需要は気候温暖な地域では芳しくなかった．そこで，イギリスはインドなどから原料綿を調達して従来輸入に依存していた綿織物の輸入代替を試みるようになった．綿製品の生産性向上の努力が，いわゆる産業革命につながっていく．

イギリスにおける綿工業発展の核心となったのが，ペニン山脈の山稜線をはさんでウェストライディングの西に位置するランカシャー地方であった．ランカシャーでも毛織物工業のある程度の発達をみていたが，紡績や織布の技術的蓄積によりすぐれたウェストライディングではなく，ランカシャーで綿工業の発展がなされたのは，自然条件に帰せられるところも大きい．すなわち，グレー

トブリテン島付近の卓越風（偏西風）の影響から，ペニン山脈の東麓と西麓では降水量および湿度に違いがある．綿糸は乾燥しすぎると糸切れしやすく，綿の加工は乾燥した東麓側よりもある程度湿潤な西麓側が好まれたというのが第1点である．そのほか，付近の水が硬水ではなく軟水であったということも，洗浄水に軟水が好まれる綿製品にとっては適合していた．

産業革命期の一連の技術革新のなかで，まず，あげられるものは，1733年に考案されたジョン・ケイの飛び杼であり，織機分野での技術革新である．これは，当初，毛織物に用いられるために考案されたものであったが，むしろ綿織物に利用された．

飛び杼の発明は織布の生産性の向上をもたらし，綿糸の供給不足を招いた．そこで，紡績機分野での技術革新がもたらされた．まず，1764年にジェニー紡績機が，ジェームズ・ハーグリーブスにより発明された．これは，一度に8つの紡錘にまきとることによって生産性向上をもたらしたが，家内工業においておもに用いられたものであった．続いて登場したのが，1771年のアークライトの水力紡績機であった．大型であるため，専用工場が必要であり，工場制工業をもたらす要因になった．また，両者の長所をかけ合わせたのが，1779年，クロンプトンにより発明されたミュール紡績機であった．

これら一連の紡績機の改良によって，綿糸の供給が拡大すると，今度は織機の生産性向上が求められるようになり，ここに登場したのが，カートライトの力織機である．1885年に発明された力織機は，当初の水力利用から蒸気機関利用へと変わり，生産効率の飛躍的向上をもたらした．

4.1.4 産業の局地化と地域内分業

問屋制家内工業，工場制手工業の段階から，「産業革命」を経て機械制大工業へのドラスチックな転換がなされたというのが，従来の教科書的な理解である．

では，産業革命によって，ランカシャー綿工業は突如として機械制大工業に変貌を遂げたのであろうか．経営史研究の安部悦生（1997）が指摘する以下のことを考えれば，そうでもなさそうである．

まず，アークライトの水力紡績機は，たしかに機械制の工業のはしりであったが，あくまで農村での水力立地を前提にしたものであって，労働力不足のため実際には大規模化が困難であった．しかも，太い縦糸製造には適していたが，細い番手はつくれなかった．一方，ミュール紡績機を用いた工場は，細い番手はつくれたが熟練工が必要であって蒸気機関の利用によって都市に集中するまでは大規模化が容易なものではなかった．他方，織布部門での力織機の普及も遅々として進まなかった．

結局，少なくともランカシャー綿工業に関する限り，小生産者による生産が主体であって，都市のミュール型紡績工場における男子熟練工による紡績と，それを取り巻く農村部における女性労働力による織布という分業によって，その発展は支えられ，多様な製品の製造を可能としていた．

経済学者アルフレッド・マーシャルは，『経済学原理』や『産業と商業』などの著作において，産業地域（industrial district）や製造業都市（manufacturing town）という用語を用いて，19世紀のヨーロッパにおける産業の局地化を説明していた．そこでは，イギリスのヨークシャー地方，ランカシャー地方をはじめ，ドイツのラインラント地方，オーバーライン地方，スイスのジュラ地方といった産業地域，シェフィールド，バーミンガム，ゾーリンゲンといった製造業都市が例示されている．マーシャルによると，アメリカ型の少数の大工場に統合された生産システムとは異なり，地域内ないし都市内の中小規模の生産者の分業・協業によって生産をなしていくところに，ヨーロッパ型の生産システムの特徴があった．一工場内における分業を強調する機械制大工場という用語をもってしては，地域内の分業に立脚した当時のヨーロッパ工業の特徴がとらえにくくなってしまうのである．

4.2 重工業地域の出現

4.2.1 複合的な技術革新がもたらした重工業化

19世紀半ばから本格化した蒸気機関の利用,そして鉄鋼生産によって,ヨーロッパの工業は新たな段階に達した.

まず,製鉄法についていえば,ダービー1世が,従来の木炭を用いた製鉄法に代わるコークス製鉄法を1709年に発明したことが新しい時代への準備段階になった.ミッドランズ地方西部の町,コールブルックデールが最初の近代製鉄の町として栄えた.この製鉄所はダービー家に受け継がれ,後に蒸気機関を用いた送風炉を実現した.蒸気機関に関しては,1769年にジェームズ・ワットによって安定性にすぐれた方式が発明されていた.

銑鉄より鋼鉄を生み出す製鋼法に関しては1856年には,ベッセマーによって転炉製鋼法が生み出され,ベッセマー転炉を用いた製鋼所はベッセマー自ら,シェフィールドに建設した.ベッセマーの製鋼法はリンを多く含有したヨーロッパ産の鉄鉱石には必ずしもふさわしいものではなかったが,1878年には製鋼過程でリンを除去するトーマス転炉が発明され,急速に鋼鉄生産が普及することになった.

信頼性にすぐれた鋼鉄は,橋梁やレールなどに用いられるようになり,鉄道の安全性と高速性に大きく貢献した.鉄道は,石炭や鉄鉱石,鉄鋼を輸送するとともに,自らが石炭や鉄の重要な需要者として,産業化の前進に大きく貢献した.そして,蒸気機関の応用と鋼鉄の利用は鉱山技術をも前進させ,石炭や鉄鉱石のより大規模な産出が可能になった.

4.2.2 地下資源を基礎にした鉱工業地域形成

このように,蒸気機関,鉄道,製鉄,鉱山におけるさまざまな技術革新が複合的に結びついて,ヨーロッパの産業化を促進し,とくに石炭資源に恵まれた地域に重工業の集積がなされていった.イギリスの場合には,ミッドランズ炭田およびバーミンガム鉄山を擁したミッドランズ地方で重工業化が著しかった.また,ザール地方のフェルクリンゲン製鉄所に象徴されるように,1870年代に

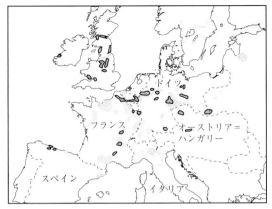

図4.3 1875年のヨーロッパの工業地域
●炭田,工業化した地域.
Pollard, S. (1981): *Peaceful Conquest : The Industrialization of Europe, 1760–1970.* Oxford Univ. Press をもとに作成.

はドイツにも本格的な高炉製鉄所が出現していた.

図4.3は,1870年代に成立していた工業地域の分布を示している.工業地域の中軸をなすのは基本的には,石炭などの資源に恵まれた地域である.アルフレート・ウェーバーの工業立地論を想起するまでもなく,製鉄業のような加工することによって原料重量よりも製品重量の方が大幅に減じる工業(重量減損型工業)では,輸送費を節約する必要から原料地付近への工場立地が求められたのである.

同図をみると,ミッドランズ炭田やヨークシャー炭田を含むイングランド中北部から,北フランス炭田,ベルギー炭田,ドイツのルール炭田・ザクセン炭田を経て,ポーランドのシレジア(シロンスク)炭田にいたるまで,ほぼ列状をなして主要炭田が分布していることがわかる.これらの炭田は見かけ上は別々の炭田でであるが,実際には地殻変動のなかで生じた,ひと続きの石炭層である.その石炭層が地表近くに達している部分が,各炭田だということができる.この帯状の地帯から離れて,ドイツのザール炭田などが19世紀後半の重工業化に重要な役割を果たした炭田である.そしてこれに隣接したロレーヌ(ロートリンゲン)地方には,炭田に加えて独仏の両国にとって屈指の鉄山があった.

以下では,ルール,ロレーヌの両地域を事例に

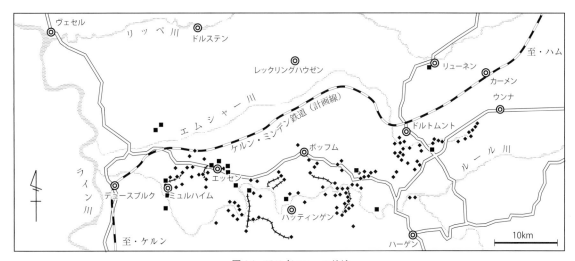

図 4.4 1840年のルール地域
◎ 主要中心集落，◆ 炭鉱，■ 製鉄所，⌒⌒⌒ 専用軌道．Diercke Atlas などをもとに作成．

して，重工業地域形成の実際をみてみてみたい．

4.2.3 ルール工業地域の形成

ノルトライン・ヴェストファーレン州のルール地域は，ライン川とルール川の合流点の河港都市デュースブルクから，オーバーハウゼン，ミュルハイム，エッセン，ボッフム，ドルトムントへと東方へと延びる一帯である．デュースブルク，エッセン，ボッフム，ドルトムントの各都市はヘルヴェーク（Hellweg；明るい道）と呼ばれ，中世以来，東西の回廊をなしてきた．

図4.4にみるように，本地域には，リッペ川，エムシャー川，ルール川の主要3河川がライン川へと西流するが，石炭採掘が最初に始まったのはルール川の沿岸である．これは，ルール地方の石炭層が，微小な褶曲をともないながらも，全般的にみて南部において地表付近に位置して，北部では深い部分に位置しているためである．しかも，ルール川に面して，石炭層の露出する急崖部があり，当初は急崖部より横坑を掘ることで比較的容易に産炭が可能であった（写真4.1）．そこで掘られた石炭はルール川の水運でミュルハイムを経て，移出・輸出がなされた．

その後，ケルンからデュースブルク，ドルトムントを経て，ハム方面へといたるケルン・ミンデン鉄道の開通（1847年），また，それよりも南側をミュルハイム，エッセンの市街地付近を経由し

写真 4.1 エッセン市内に残る横坑の遺構（ドイツ，2010年）
1800年開坑のフォスヘーゲ（Voßhege）炭坑．

て東西を結ぶベルギー・メルキッシュ鉄道の開通，エムシャー川の運河化は，炭坑群の北方移動をもたらした．北方ほど石炭層は深い位置にあるが，蒸気機関を活用した排水技術や換気技術の確立は，深い竪坑による産炭作業を可能にした（写真4.2）．1800年に158炭坑で年産23万 t であったものが，1875年までには，259炭坑で年産1670万 t にまで生産が拡大していた．

製鉄業に関しては，18世紀半ばに木炭を用いた製鉄が始められていたが，コークス法による製鉄が行われるのは，1848年になってからであった．後に巨大企業に発展するクルップ製鉄所も1811年にエッセンにおいて鋳鉄生産を始めたばかりであった．しかし，普仏戦争に前後して1860年代

4.2 重工業地域の出現　49

写真 4.2 エッセン市内に残る竪坑櫓の遺構（ドイツ．2010年）
1861年に操業開始したボニファツィウス（Bonifacius）炭坑．

から，企業数，生産量とも急速に拡大して，炭坑，コークス工場，製鉄・製鋼所，労働者住宅からなる工業都市群の景観が顕著なものになった．

この時期にルール地域において鉄鋼業が顕著な発展を遂げた理由として次のようなことが考えられる．第1には，炭坑の北方移動をともなった大規模な産炭作業によって，コークスの製造に適した石炭も得られるようになったため，第2には，普仏戦争の結果としてドイツがロレーヌ地方の鉄鉱石を獲得できたため，第3には，ロレーヌのミネット鉱（リンを高い割合で含有した鉄鉱石）を用いても製鋼過程でリンを除去できるトーマス製鋼法がイギリスより導入されたためである．

ルール工業地域は，その後，外国籍人口を含む大量の移民労働力を迎え入れ，ヨーロッパ屈指の工業地域かつ大都市域に発展した．

4.2.4 ロレーヌ工業地域の形成

ロレーヌ地域は，フランス北東部，アルザス地方の西側に位置する地域である．中心都市は，ナンシーとメスである．地域の北部で，ベルギー，ルクセンブルク，ドイツの3国と国境を接する．もっとも，国境線は，フランスとドイツの長い紛争の歴史のなかで，しばしば引き直されてきた．本地域の工業化がとくに進行したのは，1871年の普仏戦争以降，1919年のヴェルサイユ条約までの間，北東部がドイツに占有されていた時期である．両国の抗争の歴史は本地域の資源をめぐっての争いという側面が小さくない．

パリ盆地を中心に層序をなすケスタ地形のうち，東部外縁に位置するモーゼル丘陵中に鉄鉱床が存在し，これがロレーヌ炭田（ドイツ領内ではザール炭田）とともに本地域の工業化の基盤をなした．そして，大洋とも大河川からも離れた内陸に位置しながらも，マース川，モーゼル川，マルヌ・ライン運河（1848年完成）などの水運に恵まれたことも重要な条件であった．

鉄山の採掘の歴史は古く，1700年にまでさかのぼる．19世紀の前半までの鉄山の多くは，ケスタ崖を横に掘り進むタイプのものであったが，後に，ケスタ平原上から竪坑で地下の鉄鉱床に達するタイプの鉄山が主流になった．ルール炭田の場合と同様，蒸気機関などの動力の革新が鉱山技術を前進させたためである．本格的な鉄山開発と鉄鋼業の勃興は，19世紀の半ばを過ぎてからである．トーマス製鋼法の導入はその発展に拍車をかけた．前述したように，ロレーヌの鉄鉱石はリンを高い割合で含んだミネット鉱であったためである．鉄鋼業は，ケスタ崖が浸食作用によって開析された谷部に発展した（図4.5，写真4.3）．

20世紀の前半までに成立した多くの鉄鋼業地域は，炭田を指向するものであった．これは，単位量の製品を製造するために鉄鉱石よりも石炭を多く必要としたためである．しかし，本地域の場合は，典型的な鉄山立地であった．これは，一つには，鉄鉱石中の鉄の含有率が低いこと（最大で41％），すなわち単位量の製品をつくるために必要な鉄鉱石の輸送費の負荷が大きかったことがあるが，もう一つには工業化の進展時に，ロレーヌ（ザール）炭田のすべてとロレーヌ鉄山の多くがドイツに領有されていたため，フランス側の開発主体は，限られた鉄山付近に製鉄所を置かざるをえなかったという側面もある．

やがて，本地域の鉄鋼業は1960年代初頭に全盛期を迎え，鋼鉄生産が国内生産量の60％にも及ぶ年間1300万tを記録した．

4.2.5 自動車工業の成立と工業地域

上でみてきた繊維工業などにおける機械化を産業化の第1の波，鉄鋼業を基軸とした産業化を第2の波とするならば，石油を利用した内燃機関とこれを動力とした自動車の発明によって第3の波

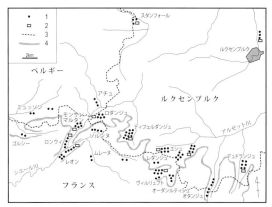

図 4.5 ロレーヌ地域北部における鉄鋼業の分布
1950 年代．凡例は，1：溶鉱炉，2：製鋼所，3：国境，4：鉄鉱層の露頭（ケスタ崖）．
オトレンバ，E. 著，藪内芳彦訳（1957）：一般工業地理学，朝倉書店．[Otremba, E. (1953): *Allgemeine Agrar- und Industriegeographie*. Frankh.] をもとに作成．

写真 4.3 ロレーヌ地域アヤンジュのケスタ谷で操業を続ける製鉄所（フランス，2001 年）

の基礎がつくられた．

　世界初のガソリン自動車は 1870 年代のオーストリア人によるものとされているが，商業的な生産が着手されたのは，19 世紀末期のドイツ南西部においてである．カールスルーエで生まれたカール・ベンツはマンハイムで起業（1883 年），ゴットリープ・ダイムラーはヴィルヘルム・マイバッハとともに，シュツットガルトで起業した（1890 年）．両社とも 1890 年代には自動車の商業生産を開始していたが，これに遅れること，マインツの東部に位置するリュッセルスハイムのオペル社によって，1899 年に自動車製造が開始された．

　フランスでは，プジョーが現在のフランシュ・コンテ地域北部のモンベリアル郊外で自動車生産に着手して 1894 年に発売したのを始まりとする．

1899 年にはルイ・ルノーがパリ市に隣接するセーヌ河岸の町ブーローニュ・ビヤンクールに，ルノー兄弟社を設立した．イタリアでも，1899 年にトリノにおいて，フィアット社が成立していた．

　イギリスでは，スターレーの創始したコヴェントリーのローバー自転車が，1904 年より自動車生産に参入した．また，同年，マンチェスターのロイスの電気器具工場が 1905 年に自動車試作を実現した．ハーバート・オースチンは現在のバーミンガム市内に，オースチン・モーター・カンパニーを設立した．

　このように，世紀の変わり目にはヨーロッパで自動車工業が成立していたのであるが，これを揺籃したのは，ドイツのヘッセン州からバーデン・ヴュルテンベルク州にかけて，北イタリア，パリ，イギリスのミッドランズ地方西部やマンチェスターなどであった．これらの地域では，技術蓄積や，資本の存在など，さまざまな機械工業を育む条件が整っていたといえるであろう．

　ヨーロッパの自動車工業は，その後，アメリカ合衆国のフォード社からの影響を濃厚に受けることになった．1919 年にパリ市内に発足したシトロエン自動車工場では，武器の大量生産の方法を応用した流れ作業による自動車製造が行われるようになった．ドイツでも，ナチス政権の国民車計画によって 1938 年にはニーダーザクセン州に計画都市 Kraft durch Freude（のちのヴォルフスブルク市）も完成するが，第二次世界大戦中はもっぱら軍用車の生産が行われていた．

4.3　第二次世界大戦後の工業立地と工業地域

4.3.1　戦後経済復興と共同市場

　第二次世界大戦は，敗戦国側のドイツ，イタリアのみならず，戦勝国側のフランスやイギリスにも甚大な被害をもたらした．こうした状況に対して，1947 年よりアメリカ合衆国から西ヨーロッパ諸国に対する復興援助が講じられた．この計画は，当時の国務長官ジョージ・マーシャルの名から，マーシャル・プランと呼ばれる．これは東西冷戦構造下における反共政策としての位置づけもなさ

表4.1 東ヨーロッパ諸国における機械類の国際分業体制（1950年代後半）

	生 産 品 目
東ドイツ	動力，冶金，電気，運搬の各設備，工作機械，自動車，トラクター，農業機械，船舶，ディーゼル，工具，精密機械，光学機械
チェコスロヴァキア	工作機械，鍛造プレス設備，圧延設備，動力設備，ディーゼル，製糖工場設備，軽工業用設備
ハンガリー	ディーゼル，運搬用機器，農業機械，工具，弱電機器
ポーランド	船舶，運送機器，自動車，トラクター，農業機械，一部の工業用設備
ブルガリア	農業機械，電気機具，運搬用機器，船舶
ルーマニア	採油および石油精製設備，運搬用機器，トラクター，農業機械

経済企画庁（1959）：年次世界経済報告（昭和34年）をもとに作成．

れるが，アメリカ合衆国の工業製品に対する市場確保としての意味もあった．マーシャル・プランによる援助額は，イギリス，フランス，ドイツ（西側占領地区，のちの西ドイツ），イタリア，オランダ，ベルギーの順に多かった．

産業復興にはある程度の市場規模が欠かせず，相互の市場を開放する必要があった．とくに西ヨーロッパ諸国のなかでも人口規模の小さい，オランダ，ベルギー，ルクセンブルクでその必要性が高く，1948年にベネルクス関税同盟が発足した．

また，1952年には，シューマン・プランに基づいてECSCが発足する．原加盟国は，仏独伊およびベネルクス三国の6か国であった．ECSCは，石炭や鉄鋼生産の共同管理と単一市場の形成に設立の直接の目的があったが，独仏間の資源をめぐる対決の歩みを鑑みて，西ヨーロッパの政治的安定をもたらすことが大きなねらいであった．とくに，西ドイツの経済復興を目の当たりにしたフランスは，ルール地方の石炭を西ドイツのみが使用して工業大国になっていくことを恐れていた．今日のEUへとつながる歩みはここから始まったのであった．

続いて，1958年には，EECが発足し，農産物，工業製品分野での共同市場形成の取り組みが始まった．

一方，東ヨーロッパの社会主義諸国では，マーシャル・プランに対抗すべくCOMECON（経済相互援助会議）を結成した．1960年代初頭までには「社会主義的国際分業の基本原則」が固まり，各国の経済計画の相互調整を通じて国際分業を発展させ，生産性の向上という経済効果を達成することが確認された．ソ連やポーランドからのエネルギー供給，チェコスロヴァキアからの機械類の供給を基調としつつ，表4.1に示すように，機械類のなかでも詳細にわたって各国ごとに生産品目が定められた．また，アゼルバイジャンのバクー油田などから東ヨーロッパ諸国へのドルジバ・パイプラインの建設もこの頃進捗した．

4.3.2 臨海工業立地の進展

ヨーロッパの戦後の経済発展は，鉄鋼業などの基礎素材産業の成長に支えられていた．いかに生産性にすぐれた製鉄所をECSCの枠組みのなかで実現していくのかということが一つの重要な課題であった．このため，輸入原料に依存した鉄鋼コンビナートが各国の臨海部に建設されていった．鉄鋼コンビナートとは，製銑，製鋼，圧延といった主工程を一貫して行い，またそれらの工程の副産物を別の工業製品に活用するというような諸工程の複合体である．鉄鋼コンビナートの先がけの一つをなしたのはオランダのアムステルダム郊外のアイモイデンで，第一次世界大戦後に計画が浮上し，1920年代から順次操業を開始した．

その後，1950年代前半にオーストリアのリンツ製鉄所，ドナヴィッツ製鉄所で純酸素上吹き転炉（両製鉄所の頭文字をとってLD転炉という）が実現することで，LD転炉を活用した新たな時代が到来した．北フランスのダンケルクには1957年にユジノールグループの銑鋼一貫製鉄所が立地決定，1963年に操業を開始した．また，イタリアでは，IRI（産業復興公社）が出資して，1964年にターラント製鉄所が稼働した．IRIは1930年代の世界恐慌時に，経済建て直しのための公社と

して発足したものであるが,戦後にも引き継がれ,マーシャル・プランの援助受け入れにあたり,銑鋼一貫製鉄所構想を提案した(本木,2007).

ダンケルクやターラントでの成功がきっかけとなって,南フランスのフォス湾(マルセイユ港の一部)やベルギーのシドマールに鉄鋼コンビナートが建設された.ベルギーの従来の製鉄所は,石炭資源を有するワロン地方に立地していたが,ヘント・テルヌーゼン運河に面したシドマール製鉄所はフランドル地方初の製鉄所となった(ブラッセンブロエック,1984).

一方,石油化学工業も1950年代以降,急速な発達をみて,ダンケルク,ルアーブル,マルセイユ,ロッテルダム,ブレーメンなどの各都市の郊外の臨海部,シチリア島東部,サルディーニャ島南部などで大規模な製油所が建設された.ヨーロッパの石油化学工業は,日本などでの石油化学コンビナートとは異なり,一拠点で完結せずに,パイプラインによるエチレン供給によって比較的広域にまたがって分業が構築されている場合が多い.

4.3.3 経済計画の進捗と工業立地政策

東ヨーロッパの社会主義諸国の計画経済に対し,西ヨーロッパ諸国においても,戦前・戦中期における統制経済の延長のうえに,中期経済計画が策定されるようになった.そのなかで,産業立地や地域経済に対する積極的な政府介入がみられるようになった.

産業立地の分散政策自体に起源はこれよりも古い.イギリスでは1934年以降,分散政策が打ち出され,湖水地方(イングランド北西部)やダラム地方(イングランド北東部)が開発地域(development area)に指定された.フランスでも国防上の配慮から地方への工業立地の分散策が講じられていた.フランス国土のなかでドイツから遠隔の地という理由でトゥールーズに軍需工業の導入がなされたのもこの時期である.

戦後は,ケインズ主義的な経済政策とも結びついて,また,「成長の極」理論も取り入れ,より体系的な取り組みがなされるようになった.

イタリアでは戦後復興の過程で,トリノ,ジェノヴァ,ミラノを結ぶ「黄金の三角地帯」での工業発展が卓越し,国内の地域経済発展の南北格差が生じた.このため,バノーニ計画(経済発展10か年計画,1955~1964)において,高速道路(アウトストラーダ)などの社会資本整備と,政府主導の工業開発を両輪とする南部開発計画が位置づけられ,これによって,ターラントなどを成長の極とする南部開発が進展した.

また,フランスにおいてもパリを中心とするイル・ド・フランス地方への工業立地の集中がめざましく,積極的な工業の地方分散策が講じられた.とくに,1960年代初頭にはイル・ド・フランス地方からの工場の域外移転の数はピークに達した.その後,1960年代においては,成長の極の考え方を取り入れた均衡メトロポール計画によって,CNRS(国立科学研究センター)などの研究開発機能の地方中核都市への分散が進められた.マルセイユ郊外のフォスの港湾開発,トゥールーズにおける航空宇宙産業の育成もこのときに本格的に位置づけられたものである(図4.6,写真4.4).のちに,コート・ダジュール地方のニース付近にも研究開発機能の集積がみられるようになり,フランスの地中海沿岸地域は「フランスのサンベルト」と呼ばれるようになった.いうまでもなく,アメリカ合衆国のマニュファクチャリングベルト

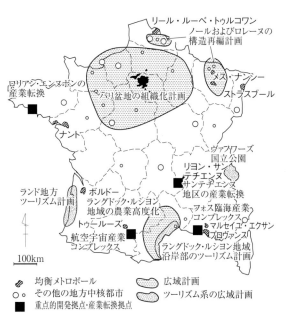

図4.6 1960年代フランスの国土計画
DATAR-CAES資料 をもとに作成.

写真 4.4　トゥールーズにおけるエアバス最終組立工場（Shutterstock）

とサンベルトの対比になぞらえたものであるが，北東部の伝統的重工業地帯に対して，南部においてハイテク産業を含む新たな工業発展がなされたからである．

一方，イギリスでは，「開発地域」の指定をより広域化し，ウェールズやスコットランドなど周辺地域へも工業立地を誘導した．フランスなどでもそうであるが，賃金水準の低い周辺地域に電子部品工業や自動車部品工業の分工場が進出することによって既存の工業地域との間での企業内地域間分業が成立した．

4.4　EU 統合・拡大下のヨーロッパ工業

4.4.1　ヨーロッパ中軸工業地帯

上述してきたように各時代に特有の工業化の原動力によって，ヨーロッパの諸工業地域が形成されてきた．今日において，図 4.7 に示すような製造業の分布をみることができる．

今日，ポーランドやハンガリーなど東ヨーロッパ圏でも製造業雇用の急速な成長がみられているが，もともとは，イングランド北部から南東部にかけて，ベルギーのフランドル地方，オランダのラントシュタット（アムステルダム，ロッテルダム，ユトリヒトを結んだ大都市域），ドイツのルール地方，フランクフルトなどのヘッセン州，シュツットガルトなどのバーデン・ヴュルテンベルク州，バーゼルやチューリヒといったスイス，そしてトリノやミラノなどイタリアの北部地域へといたる円弧状ないし三日月状の地帯がヨーロッパの中軸をなす工業地帯であり，ヨーロッパのメガロポリスというのにふさわしい巨帯都市域を形成してきた．このような中軸工業地帯を，フランスの地理学者ロジェ・ブリュネは「ブルーバナナ（青いバナナ）」と命名した（Brunet, 1989）．これは，その空間的な形状と EU 旗の色に由来するものである．

ブルーバナナの概念は，発案者の本来の意図とは無関係にさまざまな反響をもたらした．まずは，その中軸部に位置するドイツ国民に好意的に受け止められたということは想像に難くないが，後述するようにフランス北東部のノール地域やロレーヌ地域，ベルギーのワロン地方など，産業衰退に直面する地域にとっての地域開発戦略として重要な意味をもっていた．そして，ブルーバナナからの工業化の波及効果をいかに東ヨーロッパ方面に導くか，また，実際に導かれているかといったことは，EU 全体の空間戦略のための概念としても，また，現状を理解するためのフレームワークとしても有用である．

しかし，その概念は，フランス発祥の概念であるにもかかわらず，フランス国民に広く愛されているというわけでもなさそうである．パリの存在がネグレクトされてしまうからである．フランス北東部に地盤を有する社会党系の人びとには利益につながってくるが，パリを中心とする保守層にとっては，パリが位置していない戦略地図など，許されていいものではないのである．

こうした反感をかわすことが目的であったのか，ブリュネ自身が別の概念を提起している（Brunet, 2002）．それは，リングという概念である．これは，ロンドン，ラントシュタット，ケルン，フランクフルト，シュツットガルト，チューリヒ，バーゼル，パリ，そしてロンドンを結ぶ楕円の形状の発展軸である．ブリュネはリングを中核とするヨーロッパにおける中心‒周辺構造を指摘し，真の意味での EU 統合を実現するためには新たな発展軸を構築する必要があることを論じた．

ブルーバナナに対抗する発展軸の一つが，イタリア北部からフランス南部を経てバルセロナにいたる一帯で，「ユーロサンベルト」と呼ばれるこ

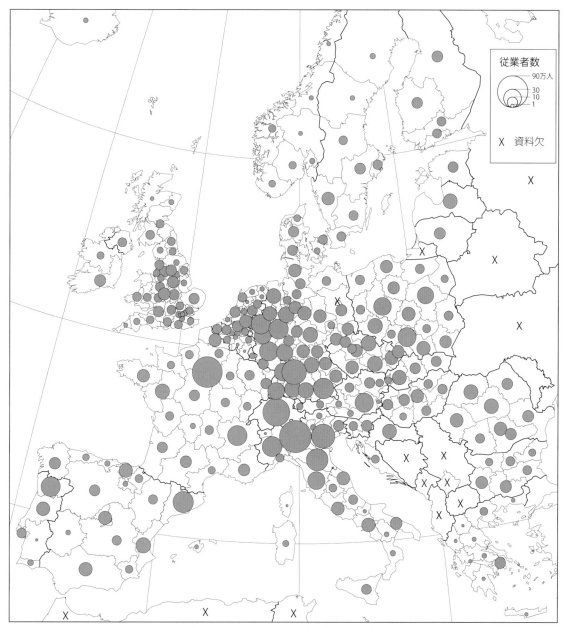

図 4.7 ヨーロッパにおける製造業雇用の分布
単位地域は「NUTS-2」．2011〜2015年の平均値（ただし，地域によってはデータの欠損年あり）．
Eurostatをもとに作成．

ともある．しかし，この地帯区分が，戦略的な意義以上に，交通流動などの点で現状としてどこまで実質的な一体性を帯びているのか，もしくは等質地域区分として有効であるのかということは慎重に考える必要がある．

4.4.2 ヨーロッパのハイテク中心

ヨーロッパの各地には，テクノポールやサイエンスパークと銘打った開発拠点がある．テクノポールはフランスのトゥールーズで生まれた概念である．同市郊外のビジネスパークで国立研究機関と民間の事業所との共同研究などが成立したことから，産学官の連携という一つの地域発展モデルが浮上してきた．そうしたヨーロッパ由来のモデルのうえに，アメリカ合衆国からの産業クラスター論が重なって，知識創造型の地域戦略がヨーロッパにおいても広くみられるようになった．その

4.4 EU統合・拡大下のヨーロッパ工業　55

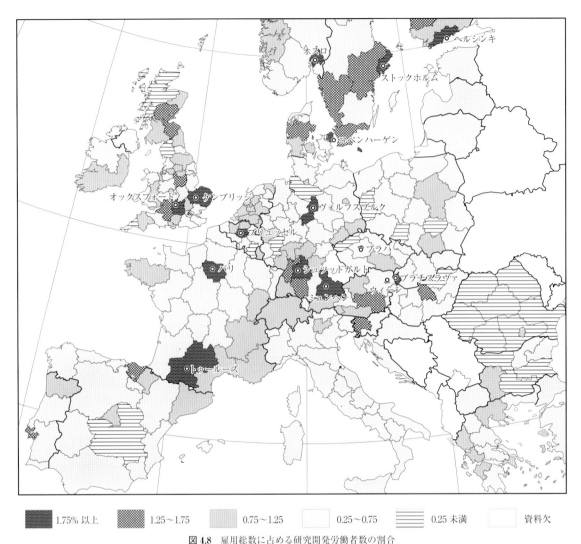

図 4.8 雇用総数に占める研究開発労働者数の割合
単位地域は「NUTS-2」.統計年次は 2014 年.EU 28 か国平均は 0.83%.Eurostat をもとに作成.

代表的な拠点は,ロンドン西郊の M4 コリドールとパリ南郊地域である.

M4 コリドールは,ロンドンからブリストル方面に西へと延びる高速道路 M4 号線を軸に広がる先端技術産業の集積地である.スラウ,レディング,スウィンドン,ブリストル,オックスフォード,グロスター,ベージングストーク,バースなどの都市群が含まれている.この地帯には多国籍企業のイギリスにおける開発拠点や各種研究開発型の企業が多数立地している.本地域のハイテク化の遠因は第二次世界大戦時の軍需工場の疎開にあり,戦後の冷戦期にも政府の軍事研究施設や民間の軍需部品工場が立地したという.これに加えて,ヒースロー空港や高速道路によって各地にアクセスしやすいということが重要な立地条件となった.

一方,パリ南部の科学都市(la Cité scientifique Paris sud)は,西はイヴリーヌ県のサンカンタンアンイヴリーヌ・ニュータウン付近から東はエッソンヌ県のエヴリー・ニュータウン付近にかけて,87 コミューンにまたがり,東西 50 km,南北 12 km の地帯に広がるハイテク産業の集積地域である.業種構成としては,電機・電子工業を中心に航空宇宙産業,バイオ産業などがめだった存在である.付近には,1960 年代来,パリから移転してきた数多くの国立研究機関が位置している.

1980年代には科学都市協会が設立されるとともに，国立研究機関から民間企業への技術移転プログラムが推進されて以降，一躍，ハイテク産業の一大集積地として注目を集めるようになった．

図4.8は地域別の雇用総数に占める研究開発労働者の割合を示したものである．上で示した，ミディピレネー地区（トゥールーズを含む圏域），ロンドン西郊のレディング・バッキンガム・オックスフォード地区，パリ南郊を含むイル・ド・フランス地区がいずれも高い割合を示すことがわかる．このほかにもドイツのバーデン・ヴュルテンベルク州のシュツットガルトの圏域，また，ニーダーザクセン州のヴォルフスブルクを含む圏域も重要な技術拠点として指摘できる．前者の地域は，メカニクス系の産業の技術拠点であり，シュツットガルト市を中心に技術革新指向の中小企業の一大集積を形成しており，後者の地域はフォルクスワーゲン社の開発拠点になっている．その他，オスロ，ストックホルム，ヘルシンキ，コペンハーゲン，プラハ，ウィーン，ブラチスラヴァといった首都級の都市で研究開発労働者の割合が高い．

4.4.3 衰退産業地域の再生：フランス北東部の事例

ブルーバナナもしくはリングと呼称される領域のなかには長期間の産業衰退に直面した地域も少なくない．フランスを例にとれば，ノール・パドカレ地域やロレーヌ地域など，19世紀後半から20世紀後半にかけて繁栄した産炭・鉄鋼業地域が典型的な産業衰退地域である．こうした地域では，石炭や鉄鉱石の輸入依存，生産効率の高い臨海製鉄所への鉄鋼生産のシフト，そしてECSCによる政策決定によって，1960年代より生産の段階的縮小が進められてきた．ノール県とパドカレ県にまたがるノール炭田の完全閉山は1991年，ロレーヌ鉄山の完全閉山は1993年，ロレーヌ炭田の完全閉山は2010年のことであった．DATAR（フランス共和国国土整備庁）の調査によると，1985年の時点ですでにフランス全土に約2万haの産業遊休地が発生し，そのうちの約1万haがノール・パドカレ地域内に位置し，2300haがロレーヌ地域に位置していた．

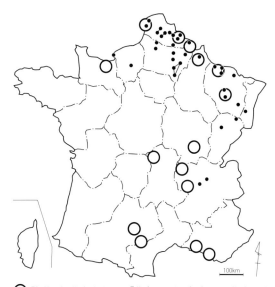

○「転換の極」指定地域　●「北東アーチの都市PACT」指定地域

図4.9 フランスにおける「転換の極」および「北東アーチの都市PACT」指定地域の分布（1986年）

小田宏信（2001）：フランスにおける衰退産業地域の再生―ノール・パドカレ地域の事例研究．人文地理学研究，**25**：273-301．

フランスによる産業転換政策は，1960年代には開始され，自動車産業をはじめとする代替産業の導入が進められてきた．1980年代半ばからは，EC共通政策という財政的な後ろ盾も強化されて，産業転換政策は新たな段階を迎えた．1984年に「転換の極（pôle de conversion）」計画が定められ，1989年には，「北東アーチの都市PACT（国土整備協調プログラム）」が開始された（図4.9）．フランスの第10次経済社会発展計画（1989～1992年）は，「EC統合市場への適応」をめざして，国土整備の重要案件の一つに，「ブルーバナナと通称されるイギリス南東部からイタリア北部へいたる弧状の発展軸への近接性を活用した地域開発」を掲げた．EU統合にともない，フランス北東アーチ軸は，衰退産業からの産業転換をはかるという以上に，EUの中軸として戦略的な位置づけに変化してきたのである（小田，2001）．

産業転換政策の成否は困難であるが，端的にいえば，地域の置かれた位置条件によって明暗が分かれているというところであろう．ノール地域では，ランス付近からヴァランシエンヌ付近までの旧産炭地域が今日までにフランスを代表する自動

車産業集積地へと変貌を遂げている．また，前述した均衡メトロポール政策によって，リールの東郊には，リール科学技術大学を中心とする研究学園都市ヴィルヌーブダスクが形づくられ，イノベーティブな企業育成がはかられてきた．そして，中心都市リールでは，パリ，ロンドン，ブリュッセルの間に位置する条件を生かしたリール大都市圏の都市機能や流通機能の拡充がはかられた．

他方で，ロレーヌ地域でも，鉄山・炭坑跡地に工業団地が数多く整備され，低賃金労働力を活用した自動車工業や電気・電子機器工業の導入が進められた．また，ヨーロッパの中軸部に接する地の利を生かして物流拠点も導入されている．ただし，隣国の雇用機会に恵まれた地点では，労働力が国境を越えて吸引されてしまい，代替産業が育ちにくいという状況も看取できる．また，フランスのなかでは相対的に低賃金という点で本地域に成立していた労働集約的業種は，東ヨーロッパ圏へのEUの拡大によって競争下に置かれて，その存在が危ぶまれるという事実もある．技術革新指向への転換をはかろうにも，ノール地域ほどには，技術集積の点で恵まれていないのが現状である．また，中心都市メスやナンシーも至近にストラスブールが控えていることもあって，リールのようなユーロシティ戦略への方向性を打ち出せずにいる（小田，2003）．

4.4.4 EUを舞台にした企業行動：日系自動車工業の事例

EU統合，とりわけ，ヨーロッパ共通通貨ユーロの誕生は，「一つの市場であること」をより鮮明にし，非ヨーロッパ企業のEU域内への直接投資を刺激した．以下では，日本の自動車メーカーを事例に立地行動をみてみよう（図4.10）．

ポルトガルなどでの合弁事業を除けば，日本の自動車メーカーがヨーロッパにおいて四輪車の現地生産に着手したのは，アメリカ合衆国におけるそれよりもやや遅く，1980年代のイギリスにおいてである．ヨーロッパのなかでもイギリスが選ばれたのは，英語圏であることに加え，イギリスの自動車メーカーが競争力を失いつつある状況下でイギリス政府の意向に応えたものであった．日

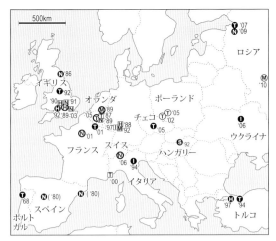

図4.10 ヨーロッパにおける日本の自動車メーカーの主要生産拠点と地域統括会社およびデザイン・研究開発拠点の分布（2018年）

H：本田技研工業，I：いすゞ自動車，M：三菱自動車，N：日産自動車，S：スズキ，T：トヨタ自動車．●：四輪車組立工場，○：基幹部品工場，◎：欧州地域統括会社，□：デザイン・研究開発拠点．数値は操業開始年，カッコ内の数値は資本参加年を示す．各社公表資料などをもとに作成．

本メーカーからすれば，アメリカ合衆国に比べてヨーロッパ市場では小型車市場の苦戦が予想されたものの，強い競争力をもつメーカーのあるフランスやドイツなどを避ければ，市場参入の余地が見込まれたのである．日産自動車（タインアンドウィア州サンダーランド）は1986年，トヨタ自動車（ダービー州バーナストン）および本田技研（ウィルトシャー州スウィンドン）が1992年よりイギリスでの現地生産を開始した．日産は炭坑が斜陽化しつつあった地域で政府の立地誘導に沿って立地，トヨタ自動車はイギリス自動車工業の発祥の地で部品サプライヤーに恵まれたミッドランズ地方西部への立地，本田技研はM4および提携先のローバーとの既存工場とのアクセスへの立地というかたちをとった．

その後の日本企業のヨーロッパ進出はイギリスというよりは大陸部が中心となった．イギリスがユーロ通貨圏に加わらなかったことが要因の一つでもあった．以下，最も積極的な立地展開をはかったトヨタ自動車の事例をみてみよう．

トヨタ自動車では，1994年のトルコでの現地生産の開始に続き，フランス，ノール・パドカレ地域ヴァランシエンヌ郊外の欧州第2工場が2001

年に操業開始し，同社の欧州戦略車ヤリスの生産拠点となった．ヴァランシエンヌへの立地要因として，①英仏海峡トンネルなどを経てイギリスからの部品供給が見込めたこと，②フランス北部では自動車部品工業の集積がすでに確立しており現地での部品供給も見込めること，③炭坑の閉鎖によって失業者が多く発生しており雇用確保が容易であったこと，④全ヨーロッパ市場へのアクセシビリティの良さ，などをあげることができる．さらに，トヨタ自動車は，EU 拡大にともなって東ヨーロッパ圏の市場を射程に入れるべく完成車工場のチェコへの展開をはかり，また，部品コストの削減のために，エンジンおよびトランスミッションの工場をポーランドの産炭地域であるシレジア（シロンスク）地方に配置した．続いて，EU 域外ではあるが，急成長するロシア市場をねらってサンクトペテルブルグへと進出が進められた．また同社は，ベルギーのブリュッセルで欧州統括機能を拡充する一方，フランスのニース近郊のソフィアアンチポリスにデザイン専門の現地法人 ED 2 社を設立し，ヨーロッパ市場に適合したデザイン開発を進めている．

トヨタ自動車の，イギリス，フランス，チェコの 3 つの完成車工場では車種別の分業が行われている．すなわち，各地域で高い割合をもつ市場セグメントにあわせて，イギリス工場では中型車アベンシス（セグメント D）および小型車オーリス（セグメント C），フランス工場では欧州戦略車のヤリス（セグメント B），チェコ工場ではさらに廉価なアイゴ（セグメント A）というつくり分けを行っているのである．

トヨタの立地行動をみる限りにおいて，各地点の立地条件，EU 域内の市場特性を鑑みて現地法人の設立を進めてきており，立地展開の高度な戦略性をみてとることができる．そして，このような立地展開は EU 地域政策の方向性とも高い程度で合致してきたということも注目に値しよう．しかしながら，2019 年より予定されているイギリスの EU からの離脱は，対英投資を行っている多国籍企業には大きな不安材料になっている．トヨタ自動車でいえば，イギリス工場で製造される製品の 85％は大陸ヨーロッパ向けといわれ，関税政策の成り行きによっては大きな影響を受けるが，2018 年現在，積極的な設備投資による生産性向上で競争力を維持しようという動きが認められる．他方，本田技研は 2021 年中に英国工場を閉鎖する方針を 2019 年 2 月に発表した．

［小田宏信］

引用・参考文献

安部悦生（1997）：イギリス綿工業の離陸 ―ファースト・スターターの条件．明治大学社会科学研究所紀要，**35**(2)：275-294．

大塚久雄（1966）：社会科学の方法―ヴェーバーとマルクス．岩波新書．

小田宏信（2001）：フランスにおける衰退産業地域の再生―ノール・パドカレ地域の事例研究．人文地理学研究，**25**：273-301．

小田宏信（2003）：ロレーヌ地域における産業転換過程―鉄鋼業地域を中心に．人文地理学研究，**27**：131-154．

斎藤　修（1985）：プロト工業化の時代．日本評論社．

ブラッセンブロエック，W. 著，和田明子訳（1984）：シドマール製鉄所：ベルギー鉄鋼業における最新工場．お茶の水地理，**25**：11-23．

本木弘悌（2007）：製鉄所のまち　ターラント．地理，**52**(11)：90-91．

Brunet, R. (1989)：*Les Villes Européennes：Rapport pour la DATAR, Délégation à l'Aménagement du Territoire et à l'Action Régionale.* Reclus.

Brunet, R. (2002)：Lignes de force de l'espace Européen. *Mappemonde*, **66**：14-19.

Thirsk, J. (1961)：Industries in the countryside, In Fisher, F. J. ed.：*Essays in the Economic and Social History of Tudor and Stuart England.* pp.70-88, Cambridge University Press.

コラム 4.1

中小企業がおりなす工業地域—ジュラとサード・イタリー

　東京銀座で時計商を営んでいた服部金太郎は，19世紀から20世紀への世紀の変わり目に，自ら時計製造を手がけるべく，時計工業視察にスイスとアメリカ合衆国を訪れた．その際，金太郎を驚かせたのは，両国における時計づくりの仕方の違いであった．アメリカの時計工業では，互換性部品を用いて，わずか2社での一貫生産による少品種大量生産が行われていたのに対して，スイスでは，数百という小生産者の分業によってさまざまな時計づくりが行われていたのである．経済学者アルフレッド・マーシャルも『産業と商業』などの著書で強い関心を示したように，当時のヨーロッパにおけるモノづくりは，アメリカのそれとは対極をなしていた．そして今日も相対的にみれば，アメリカよりもヨーロッパで中小企業のネットワークによるモノづくりが特徴的である．今日なお，そのような性格が濃厚に認められる地域として，ジュラ地域やサード・イタリーがあげられるだろう．

　スイスで時計工業が盛んなのはフランス語圏のジュラ地域，バーゼルからジュネーヴにかけての地域である．その集積は国境を越えて，フランスのブザンソンやベルフォール方面へも広がりをみせる．スイス国内に関してのみ言及すれば，1950年代後半が企業数からみて全盛期であり，2300弱の企業で約7〜8万人の雇用を擁していた．金太郎が言及したように，徹底した企業間分業が特徴で，エタブリスールと呼ばれるメーカーの統括のもと，ムーブメントやパーツを数多くの下請け的な企業が生産してメーカーに供給してきた．

　1970年代になると，ジュラの時計産業はクオーツ化の波に乗り遅れ，企業数，生産量および雇用ともに激減させた．以後，高級品生産および香港などへ供給するムーブメント生産に特化した生産が，約600の企業によって継続されてきている．EU市場統合がそれに加わらないスイスにとってヨーロッパ圏への貿易障壁となることが危惧されたが，1990年代末期以降はユーロ高に支えられたためか，中国の経済発展が追い風となったためか，1980年代後半に約3万人の水準であった雇用が2007年の4.8万人にまで回復している．クオーツ部門での巻き返しをねらったスウォッチ・ブランドの時計もベルン州のビエンヌに拠点に置くスウォッチ・グループの協業によって製造されている．時計工業以外でも，スイス，フランスの両国にまたがってジュラ地方には精密なメカニクスを基盤にした企業が数多く集積している．

　一方，古くからの伝統をもとに，1970年代にめざましい成長を経験したのが，イタリアのエミリア・ロマーニャ州やトスカーナ州，ヴェネト州，ロンバルディア州を中心とした中小企業群であった．当時，アメリカ合衆国をはじめとする先進工業国は大量生産の行き詰まりから閉塞感をみせていたのに対し，中小企業群のネットワークによって多品種小量生産の体制をつくり上げていることは，注目に値するものであったのである．奇跡の成長に着目し，重化学工業の卓越するイタリア北東部，国営企業への大規模投資が行われた南部に対し，これらの地域は「サード・イタリー（第3のイタリー）」と呼ばれるようになった．

　サード・イタリーで生産されるものは，アパレル，靴などの日用雑貨品から機械製品まで多様であるが，オーガナイザー役を果たす企業が地域内の他の中小企業との連携のもとで，市場の動向に対応して柔軟な生産を実現してきたことで特徴づけられる．EUの拡大以降，東ヨーロッパとの分業が顕著になっているが，今日も高級品の製造において強い競争力を発揮している．

　世界的なアパレル企業「ベネトン」を生み出したのもサード・イタリーである．ヴェネト州のトレヴィーゾ市付近の中小企業のネットワークによって，世界市場での売れ行きに同期した生産が行われている．

[小田宏信]

コラム 4.2

イーストエンドにおけるロンドンドックランズの再開発とオリンピック

シティの東にあるイーストエンドのロンドンドックランズは、かつて世界最大の港の一つであり、関連工業や倉庫、工場労働者住宅が集積する工業地帯であった（図4.11）。しかし、1960年代以降コンテナ船の普及により、水深が浅いドックランズは港の役割を終え、1981年には最後のドックが閉鎖された。ドックランズでは人口が減少し、失業率が上昇し、空き地と荒廃地が広がり、典型的なインナーシティ問題をかかえる地区となり（高橋、2003）、再開発の必要性が高まった。

1979年にサッチャー率いる保守党が政権をとると、1980年に都市開発公社とエンタープライズゾーンが制定された。都市開発公社は国の指定したメンバーにより運営され、その開発区域の開発を当該地方自治体ではなく都市開発公社が主導するものであり、エンタープライズゾーンは不動産税の免除などの優遇措置により企業を吸引するものである。それらにより、企業主導の開発が可能になった。最初の都市開発公社は、1981年に設立されたロンドンドックランズ開発公社である。1982年にはドックランズのアイルオブドッグスがエンタープライズゾーンに指定された。その一帯がカナリーワーフである。

ロンドンドックランズ開発公社の面積は約 22.0 km^2 である（図4.11）。開発公社は、工業、商業、住宅が混在する複合開発と、公共交通と都市基盤施設の充実を目標とした。ドックランズの再開発のために18億6000万ポンドの公共投資が行われ、77億ポンドの民間投資を得た。ドックランズではロンドンシティ空港、地下鉄、ドックランズライトウェイが建設された。カナリーワーフには金融機関を含むオフィスビルやショッピングセンター、ホテルなどの高層建築物が多数建設された（写真4.5）。人口と持ち家世帯の割合が急増し、従業者数も増加した（表4.2）。また、1997年には210万人の観光客が来訪した。

かつて工場労働者が卓越してインナーシティ問題が顕著であったイーストエンドは、金融業とレジャー・サービス業を主体とする街に変貌した。しかし、ドックランズに続く再開発事業は、遅々として進まなかった。続くイーストエンド再生のためにイギリスが利用したのは、オリンピックである。[根田克彦]

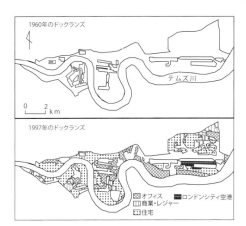

図 4.11 ドックランズ開発公社の開発区域の土地利用
ロンドンドックランズ開発公社ウェブサイトをもとに作成.

写真 4.5 カナリーワーフと住宅（イギリス、2004年）

表 4.2 ドックランズの変化

項　目	1981年	1997年
人口（人）	39,429	81,231
従業者数（人）	27,213	72,000
住宅戸数（戸）	15,000	35,665
持ち家割合（％）	5	43
サービス業従業者割合（％）	31	70
金融サービス業従業者割合（％）	5	42

Imrie, R. and Thomas, H. eds. (1999): *British Urban Policy: An Evaluation of the Urban Development Corporations* 2nd. SAGE Publications.

参考文献

川島祐介 (2017)：都市再開発から世界都市建設へ―ロンドン・ドックランズ再開発史研究．吉田書店．
高橋重雄 (2003)：都市の再開発．高橋伸夫編：21世紀の人文地理学展望．pp.318-334, 古今書院．

5 都市の形成と発展・維持

　ヨーロッパでは古くから都市を中心に生活が営まれ，文化が育まれ，多様な社会が形成されてきた．都市は政治的・宗教的・経済的拠点として成立・発展し，また産業革命期以降には工業化にともなって拡大を遂げた．現在においても都市は多くの人口をかかえ，この地域におけるあらゆる活動の中心に位置づけられる．本章では，ヨーロッパにおける都市空間の特徴を，分布，成立と近代都市への発展，景観的特徴と空間的な内部構造，複数の都市による相互関係，さらに都市の再生という観点からまとめていきたい．

5.1 都市の偏在

　ヨーロッパでの都市人口の割合は，2014 年で 73.4% であり（二宮書店編集部編，2017），世界的にみても都市化の進展した地域といえる．この値は，北米（アングロアメリカ）の 81.5%，中南米（ラテンアメリカ）の 79.5% に次ぐ水準であり，アジア 47.5% やアフリカ 40.0% などの地域よりも大幅に高い．各国には，首都をはじめとする大都市や，中小規模の都市が多数立地しており，これらの都市は近隣地域の行政・経済・文化的な拠点や交通網の結節点として機能している．人口や都市的施設の分布には濃淡がみられ，農地や緑地がおもな土地利用である農山村に対して，都市では人口・建物密度が高く，住宅・商業・業務施設が集積し，また鉄道やバスなどが頻繁に発着するなど，日本と比較すると都市の機能や景観は，農山村地域のそれと明瞭に区分できる場合が多い．おもな就業地である都市域では一般的には所得水準が高く，都市的な生活様式が早くから確立している．

　都市の分布では，高人口密度の中軸地域に大都市が集中する点が特徴となっている（伊藤，2018）．中軸地域は，湾曲した形状をしており，イギリス南部のマンチェスターからベネルクス三国，ドイツ・フランス国境に沿いながらスイスを経て，北イタリアのミラノ近辺にかけて 10 か国に広がる（図 5.1）．もともと，Brunet (1989) によって，ヨーロッパの社会・経済・文化的な中心に関する基本概念として提唱された地域であり，高い人口密度，多くの大都市の立地，先端産業や交通網の発達などを特徴とし，この地域の有する高い社会・経済的影響力が周辺地域に及ぶとされる．地図上ではバナナのような湾曲した形状であるため，EU のシンボルカラーである青とを結びつけ，「ブルーバナナ」と表現されることがある．中軸地域の空間的範囲は，南北の主要な都市名を利用してマンチェスター・ミラノ軸と呼ばれたり，社会経済的な中心となっていることからヨーロッパの背骨と称されたりする地域と重複する．

　図 5.1 は，ヨーロッパの中軸地域，大都市圏の人口，および EU 28 か国とその周辺国を含めた計 35 か国（総面積 575.1 万 km^2，総人口 6 億 266 万）における人口密度を示している．人口密度は，EU の地域政策の基本単位（単位地域）として用いられている NUTS-2 およびそれに相当する区域（合計 320 件）ごとに集計されている．この図で，中軸地域に含まれる NUTS-2 は 95 件であり，その面積は 70.7 万 km^2，人口は 1.9 億となっている（表 5.1）．35 か国全体と比較すると，中軸地域の面積は 1 割強にすぎないものの，人口は全体の約 3 分の 1 を占めている．また，中軸地域の人口密度は，265.8 人/km^2 となり，35 か国全体の平均値（104.8 人/km^2）の 2.5 倍あまりであり，中軸地域を除いた他の地域の値（82.2 人/km^2）と比較すると，約 4 倍と高い状態といえる．

　また，大都市の分布をみると，中軸地域に大都市が集中している．ここでは，EU の統計部門の Eurostat（以下，Eurostat）が公表する，機能都市地域 (functional urban area, 計 666 件) のうち，人口 100 万以上を有する 62 か所を大都市圏と位

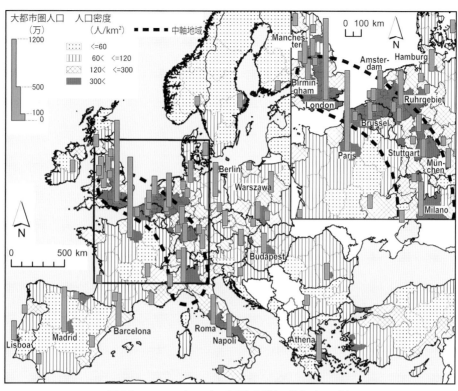

図 5.1 ヨーロッパでの人口密度と大都市の分布（2015 年）
Eurostat の資料などをもとに作成．Administrative boundaries：©EuroGeographics ©UN-FAO ©Turkstat

表 5.1 ヨーロッパにおける中軸地域の人口の特性（2015 年）

項目		ヨーロッパ（35 か国）		
		全体	中軸地域	他の地域
面積（万 km²）		575.1 (100%)	70.7 (12.3%)	504.4 (87.7%)
人口（100 万人）		602.7 (100%)	188.0 (31.2%)	414.7 (68.8%)
人口密度（人/km²）		104.8	265.8	82.2
人口密度ごとの地域件数	<=60	59 (18.4%)	3 (3.2%)	56 (24.9%)
	60< <=120	93 (29.1%)	9 (9.5%)	84 (37.3%)
	120< <=300	90 (28.1%)	37 (38.9%)	53 (23.6%)
	300<	78 (24.4%)	46 (48.4%)	32 (14.2%)
	合計	320 (100.0%)	95 (100.0%)	225 (100.0%)

Eurostat の資料をもとに作成．

置づけた．大都市圏は一般に，単独または少数の中心都市と，その周辺地域から構成される地域とされる．EU の機能都市地域においては，中心都市は一定の人口規模と人口密度を有する区域，周辺地域は中心都市と通勤流動で結びつく周辺の自治体（就業者総数の 15% 以上の通勤率）と定義されている．

62 の大都市圏を国別に集計すると，ドイツ 13，イギリス 8，フランス 6，イタリアとスペインが各 5，ポーランド 4，オランダ 3，チェコ・ベルギー・ポルトガルが各 2 と続いており，人口や経済規模の大きな国々において大都市圏が発達している．社会主義体制を経験した，中央・東ヨーロッパ諸国では，社会主義下の工業国として知られたポーランドとチェコにおいて複数みられる一方，クロアチア，ハンガリー，ブルガリア，ルーマニアはそれぞれ首都の 1 か所が該当するのみであり，これらの国々では大都市圏は中軸地域ほどには発達

表 5.2 ヨーロッパでの人口規模からみた大都市圏（2015 年）

順位	中軸地域	大都市圏（機能都市地域）		中心都市		
		名称	人口(万人)	名称	人口(万人)	大都市圏に占める割合(%)
1	○	ロンドン	1,209.9	ロンドン（大ロンドン）	860.6	(71.1)
2		パリ	1,192.6	パリ	222.0	(18.6)
3		マドリード	664.4	マドリード	314.2	(47.3)
4	○	ミラノ	509.8	ミラノ	133.7	(26.2)
5		ベルリン	506.6	ベルリン	345.0	(68.5)
6	○	ルール（Ruhrgebiet）	505.5	エッセン	57.4	(11.4)
7		バルセロナ	491.4	バルセロナ	160.5	(32.7)
8		ローマ	441.6	ローマ	287.2	(65.0)
9		アテネ	382.8	アテネ	66.4	(17.3)
10		ナポリ	342.2	ナポリ	97.8	(28.6)
11	○	マンチェスター	328.0	マンチェスター	52.5	(16.0)
12		ハンブルク	320.2	ハンブルク	176.3	(55.1)
13		ワルシャワ	310.1	ワルシャワ	173.5	(56.0)
14	○	バーミンガム（West Midlands urban area）	302.7	バーミンガム	110.6	(36.6)
15		ブダペスト	294.8	ブダペスト	175.8	(59.6)
16		リスボン	281.1	リスボン	50.9	(18.1)
17	○	ミュンヘン	280.4	ミュンヘン	143.0	(51.0)
18	○	アムステルダム	275.0	アムステルダム	81.1	(29.5)
19	○	シュツットガルト	269.4	シュツットガルト	61.2	(22.7)
20	○	ブリュッセル	261.1	ブリュッセル	119.7	(45.8)

中心都市の名称は原則として基礎自治体（〜市）としたが，ロンドンは大ロンドン．パリは 2014 年，アテネは 2011 年，アムステルダム（中心都市）は 2014 年のそれぞれの数値．Eurostat の資料をもとに作成．

していない．また，デンマーク，ノルウェー，スウェーデン，フィンランドの北欧諸国や，アイルランドやギリシャなどの中軸地域から遠距離で人口と経済規模の比較的小さな国々，スイスやオーストリアといった山がちな国土の国々では，それぞれ首都などを中心とした大都市圏が形成されるのみとなっている．

62 大都市圏のうち，22 か所が中軸地域に集中しており（図 5.1 参照），地域全体として大都市圏などが多数集積する空間を形成している．とくにイギリス南部や，オランダ，ドイツなどでは，複数の大都市圏が近接して立地しており，大都市の集密地域となっている．人口規模の大きい上位 20 か所に限ると，中軸地域に含まれるものは 9 か所であり，イギリスのマンチェスター，バーミンガム（West Midlands urban area），ロンドン，オランダのアムステルダム，ベルギーのブリュッセル，ドイツのルール（Ruhrgebiet），シュツットガルト，ミュンヘン，イタリアのミラノが該当する（表 5.2）．

また，中軸地域内では，上記の大都市圏のみならず，中小規模の都市圏も多数成立しており，規模の異なる多数の都市が通勤・通学，消費，物流，金融，情報といったさまざまな社会・経済活動で重層的に結びついている．中軸地域は，古くから主要産業が集積する工業地域として，また人口の集まる消費地として，さらに大企業の本社・支社，各種行政機関，大学や研究所といった社会・経済・文化的中心として，ヨーロッパの発展軸に位置づけられてきた．しかし，1970 年代以降のエネルギー革命により内陸型工業地域の優位性が薄れるとともに，地中海沿岸のいわゆるヨーロッパのサンベルト地域や北海沿岸地域における工業化や国際競争の激化などによって，製造業の衰退が進み，ドイツのルールのように高い失業率や人口減少といった社会・経済的な課題をかかえた地域もみられる（伊藤，2013）．

中軸地域の近隣では，パリやベルリンなどの首都機能を背景にした政治・経済的な大都市や，ナポリやハンブルクなどの商業・工業都市が成立している．これら大都市は，中軸地域と社会・経済的に結びついており，人口を維持している．一方，

北欧や地中海沿岸の地域などは，中軸地域から空間的に離れており，大都市圏自体も少数にとどまる．首都などの特定の大都市が国民経済の中心として機能しており，それらを頂点として規模の異なる都市が階層的に結合する都市間関係が各国内で構築されている．

5.2 都市の成立と近代都市への発展

本節では，都市の偏在の背景を，都市の起源や近代的都市への発展という歴史軸からみていこう．ヨーロッパでは古代ギリシャ・ローマに起源を有する都市が現存するだけでなく，中世に政治的・宗教的・経済的拠点として成立・発展した都市が数多く含まれ，近代においては工業化の核心地として経済発展を遂げるなかで近代都市へと変貌を遂げている．そうした都市の一部では，市内に残存する歴史的遺産が観光資源として活用されている（写真 5.1）．古代の遺跡などは，単なる観光資源としてだけでなく，各都市のシンボルや誇りとして住民の帰属意識を高め，また，同じ「ヨーロッパ」に暮らす人びとという意識の醸成に寄与している．たとえば後者では，各地に残存する古代ローマの遺跡は，類似した都市の歴史的背景やルーツを知る機会を提供する．

都市を中心とした社会や文化の成立は，古代ギリシャ時代にさかのぼり，各地で植民都市や都市の起源となる集落が建設された．アテネやスパルタなどのポリスと呼ばれる都市国家がエーゲ海沿岸において栄え，植民都市が黒海沿岸や地中海沿岸地域に建設された．古代ローマ時代になると，地中海沿岸やイタリアに加えて現在のフランス，ドイツ，オーストリア，スペイン，さらにはイギリス南部に都市が建設された．現在のフランスのパリにはルティティア（Lūtētia），スイスのチューリヒにはトゥリクム（Tūricum）がそれぞれ建設され，発展の礎となった．また，古代ローマ帝国の領土の北限とされたライン川とドナウ川沿いには，防衛の要としての砦や駐屯地が置かれ，その一部は後に都市へと発展した．各地とローマとを結ぶ街道が整備されたことで帝国内が経済的に結びつき，ローマ的な都市文化が各地に広まった．この時代に起源を求める都市名には，古代ローマ時代に広く使われたラテン語の地名に由来するものも多い．たとえば，ドイツのケルンはラテン語のコロニア・アグラピナ（Colōnia Agrippīna）から派生し，またイギリスのロンドンは同じくロンディニュウム（Londinium）から転じたとされる（Merriam-Webster Inc., 1988）．4世紀にゲルマン人など北方の民族移動が活発となると，帝国は衰退し，政治的・社会的混乱にともなって都市人口は減少していき，都市の一部は廃棄された．

民族移動にともなう混乱期を経て中世に入ると，封建制が確立し社会が安定していった．とくに，現在のドイツ，オーストリア，フランス東部，イタリア北部などを領土とした神聖ローマ帝国の支配領域のうち，中央ヨーロッパにおいて都市が多数建設された．1050～1950 年において中央ヨーロッパで成立した約 5300 の都市を対象とすると，その 73%は 12 世紀半ばから 15 世紀半ばに建設されている（Stoob, 1990）．都市は封建領主の拠点としてだけでなく，宗教上の拠点として人口規模を拡大させた．キリスト教が信仰を通じた生活規範として人びとの生活に深く浸透していくなか，フランスのトゥールーズやルーアン，ドイツのケルンやブレーメン，イタリアのミラノやヴェネチアなどには大司教座が置かれて都市発達のきっかけとなった．

また，この時期には農業生産性の向上にともなって社会全体に貨幣経済が広まり，都市は商業経

写真 5.1 ローマのコロッセウム（円形闘技場）（イタリア，2000 年）
市内に残る遺跡は，まちのシンボルであるだけでなく貴重な観光資源でもあり，施設入場料のほか，観光客の宿泊や飲食などによる地域への経済的影響は大きい．

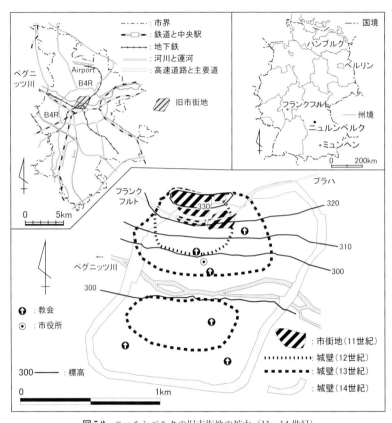

図 5.2 ニュルンベルクの旧市街地の拡大（11～14 世紀）
Otremba, E. (1950): *Nürnberg: Die alte Reichstadt in Franken auf dem Wege zur Industriestadt.* pp.62-76, Verlag des Amtes für Landeskunde Landshut をもとに作成.

済を中心に経済的に発展していく．地中海貿易やハンザ同盟などの北海沿岸での商業活動が活発となり，イタリアのヴェネチアやジェノヴァといった地中海沿岸の都市は，香辛料，宝石，絹織物などの交易の拠点として，また，北イタリアから北海沿岸にいたる内陸の都市は，銀や銅，毛皮，農産物などの貿易の中心として，さらにベルギーのブルッヘ，ドイツのブレーメンやハンブルクといった北海沿岸の都市は海産物，毛織物，木材などの取引の場として発達した．

中世において，神聖ローマ帝国では，皇帝の王宮，領地管理所，城を核として成立した帝国都市と呼ばれる有力都市が，徐々に自立性を強めた．ドイツのフランクフルト，アーヘン，ニュルンベルクなどが代表例であり，皇帝から鋳造権，裁判権，課税権などの自治権が認められるとともに，堅牢な城郭や市壁が市街地を取り囲むかたちで建設され，その内部では市民生活の安全が保証された．都市内部での活発な商業活動は人口増加をもたらし，これにあわせて市壁は拡大していった．

1219 年以降に帝国都市となったドイツ中部のニュルンベルクを例に，中世での都市発展をみてみよう．この地はもともと，中世の主要都市であったケルンやフランクフルトと，チェコのプラハとを結ぶ東西方向の街道の中間付近に位置していた．そのため，街道の警備を目的に，監視用の塔が現在の旧市街地北部の丘上に 11 世紀半ばに建設され，軍事拠点化されたことをきっかけに市街地が拡大し，徐々に都市へと発展した（図 5.2）．また，この地は，東西の街道と，北イタリアから北ドイツへの南北方向の通商路とが交差する交通の要衝であり，商品の中継や，近くで採掘された白銅の取引などの商業中心地としても重要度を増していった．商業が活発になると，商人だけでなく職人も増え，市街地は北から南へと拡張した．拡大した市街地には，新たに教会が建設され，信

仰の場として，また近隣住民が日常的に集う地域社会の中心としての役割を担った．

ヨーロッパの都市は，産業革命期以降，近代都市へと大きく変容することになる．産業革命は，18世紀半ば以降にイギリスで本格化し，のちに大陸側のベルギー，オランダ，ドイツ，フランス，イタリアへと拡大した．これらの地域には，表層付近の比較的浅い地層にある炭田や鉄鉱床が分布していたため，土木技術が十分に発達していない段階から採掘が行われ，いち早く工場や関連産業が発達した．工業化が進展するにともない，都市人口が増加し，市街地が拡大した．

また，この時期にはフランス革命を典型とするナショナリズムが高揚し，近代国家（民族国家・国民国家）の成立過程のなかで，都市は政治的中心地としても変貌を遂げていく．たとえばドイツでは，19世紀初頭に神聖ローマ帝国が名実ともに滅亡し，プロイセン中心のドイツ帝国が1871年に誕生すると，首都ベルリンが急速に重要度を増していった．

さらに，ドイツでは，工業や商業などの経済的中心地として，ハンブルク，ハノーファー，デュッセルドルフ，ドレスデン，ミュンヘンなども19世紀から20世紀にかけて発展した．歴史的建造物の残存する旧市街地では，政治や商業施設が増加し，また，かつて緑地や農地であった市壁・城壁の外側に位置する周辺地域には工場や工場労働者向けの住宅などが次々と建設され（写真5.2），市街地が急速に拡大していった．たとえばニュルンベルクでは，帝国都市としての特権を失い，バイエルン王国へ編入された19世紀前半に工業化が本格化し，これにともなって，市壁に囲まれた人口2.5万をかかえる161 haの市域は，1900年には人口26.1万を有する5521 haへと急速に拡大した（図5.3）．当市では市壁は残存したが，多くの都市では市街地の拡大に対応して，もはや用済みとなった市壁が除去され，跡地には道路や公園，公共施設などが整備された（写真5.3）．多くの工場が建設された市街地周辺は，工業地区，工業労働者の居住地区，工場・住宅混在地区へと変化することとなる．

ヨーロッパ各国の主要都市でも，第二次世界大戦にいたるまで工業化を背景に人口増加と市街地拡大が継続している．イギリスのロンドンでは19世紀から20世紀前半にかけて，工場や事業所が過度に集中することで，大気・水質汚染などが発生したり，インフラ整備の遅延による公衆衛生の悪化が深刻化したりするなどの都市問題も深刻化した．都市人口の分散の必要性が指摘されるよ

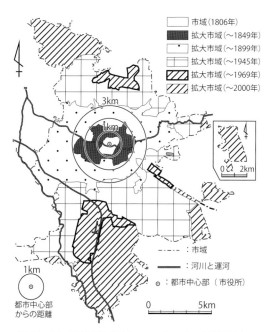

図5.3 19～20世紀におけるニュルンベルクの市域拡大（1806～2000年）

Stadt Nürnberg ed. (1999, 2000)：*Statistisches Jahrbuch der Stadt Nürnberg 1999*，および *2000* をもとに作成．

写真5.2 ニュルンベルクで産業革命期に成立した住宅地（ドイツ，2015年）
19世紀末に建てられた当初はおもに工場労働者向け集合住宅であった．4～5階建ての建築物が立ち並ぶ．

写真 5.3 フランクフルトの市壁跡に整備された公園と道路（ドイツ，2008年）

市壁跡は公園などのオープンスペース，旧市街を周回する環状道路など，公共目的で利用されているほか，オフィスビルの開発地にもなっている．

写真 5.4 ニュルンベルクの市場広場での歴史的建築物（ドイツ，2015年）

定期的に市場が開催される広場を取り囲むように，教会などの歴史的建築物が残存し，広場に面して市庁舎が立地する．

うになると，イギリスの社会改善運動家であったハワードは19世紀末，郊外に独立した新しい都市を建設・整備するためのアイディアとして田園都市構想を発表した．また，20世紀前半にはニュータウン建設と土地利用規制を柱とする広域的な地域計画を通じてロンドンからの人口分散を進めようとする，大ロンドン計画も発表された．こうした近代的な都市計画や地域計画の仕組みも取り入れられながら，市街地が整備されていった．

1950年代半ばから1970年代初頭にかけて，日本と同様，西ドイツやイギリス，フランス，イタリアなどは高度経済成長期を迎えた．この時期には，重化学や機械工業を中心とする工業化とそれにともなう市街地拡大が急速に進展することとなる．一部の都市では既成市街地の周辺にニュータウンも建設され，都市への急速な人口流入にあわせて郊外開発が進展した．都市人口の増加は，都市住民を対象とする商業施設の立地を促したため，さらなる都市発展をもたらした．

5.3 都市の景観と内部構造

本節では，都市空間の歴史的な形成過程と関連づけながら，都市の景観と内部構造の一般的な特徴をまとめたい．古代から中世起源の都市の多くでは，歴史的建造物の残存する旧市街地を核に，その周辺に18世紀半ばから20世紀の工業化にともなって拡大した市街地，さらに郊外におもに戸建住宅からなる新市街地が広がるという同心円的土地利用がみられる．かつて市壁に囲まれた旧市街地は，市庁舎，市場広場，歴史ある教会が立地する歴史的地区であるだけでなく（写真5.4），行政・商業施設の集積する実質的な都心ともなっている場合が多い．こうした特色がみられる都市は，ドイツをはじめ，オランダ，ベルギー，フランス北東部，スイス，オーストリア，北イタリア，ポーランド，チェコ，スロヴァキア，ハンガリー，ルーマニア西部にいたる広い範囲に分布する（加賀美，2010）．

次にドイツ南部のミュンヘンを事例に，都市景観と内部構造の特徴をみていこう．同市は，バイエルン州の州都として，またベルリン，ハンブルクに次ぐ人口規模で国内第3位の大都市として政治・文化・経済・交通の分野において重要な位置を占めてきた．都市としての起源は12世紀にさかのぼり，行政や商業中心地として発展する過程においてイーザル川西岸に旧市街地の骨格が形成された（Kuhn, 2003）．人口は第二次世界大戦の一時期を除き，19世紀の工業化時代から1970年代まで，工業化を背景に継続的に増加した．第二次世界大戦後，人口密度が高い状態が続き，旺盛な住宅需要に支えられて，住宅価格や家賃も全国的にみて高い水準である．また，トルコ人を中心とする外国人は増加し続けており，老朽化した低家賃の建物が多く残る中央駅近隣などにおいて外

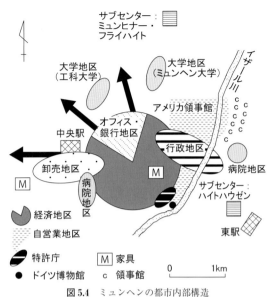

図 5.4 ミュンヘンの都市内部構造
Heinritz, G. and Lichtenberger, E. (1984): Wien und München: Ein stadtgeographischer Vergleich, *Berichte zur deutschen Landeskunde*, 1: 55-59 などをもとに作成.

写真 5.5 ミュンヘンでの歩行者専用道路（ドイツ，2018 年）
旧市街地の東西に延びる大通りは中心商業地域であり，地下には地下鉄（Uのマーク付近が出入口）が敷設されている．写真中央奥の門は，かつての城門であるカールス門．

国人集住地区が形成されている．

旧市街地は，市役所を起点とする約 1 km の範囲であり，このなかには旧市役所や宮殿，聖母教会，セントペーター教会などの歴史的に重要な文化・宗教施設が残されている．また市や州政府，国の出先機関のほか，金融・保険業や各種サービス業，デパートや中心商店街，さらにオフィスといった行政・業務・商業施設も立地する（図5.4，図 5.8 の都市区 1）．さらに旧市街地の近隣に中央駅，各国領事館，大学や研究機関などの教育機関が分布し，これらを含めて都心機能を担う地域を形成している．旧市街地においては，騒音や排気ガスなどのモータリゼーションによる弊害が顕在化した 1960 年代後半以降，車の乗り入れが規制される一方，歩行者専用道路や地下鉄が整備されており，移動手段として徒歩や公共交通機関が一般的となっている（写真 5.5）．かつて旧市街地を囲んでいた市壁跡地は，環状道路や路面電車の軌道となっており，これらは都心への自動車流入を抑制する役割を担っている．

人口規模の近似する他都市と比較すると，ミュンヘンの市街地の空間的な広がりはコンパクトであり，副都心と明確に位置づけられる中心地区も乏しい．このため，単核的な大都市といえるが，イーザル川東側や都心北側には副都心の機能を担う小規模な地域もみられる（図 5.4 を参照）．まず，イーザル川東部は，もともと 19 世紀半ばから 20 世紀初頭にかけての工業化時代に拡大した市街地の一部であり，東駅周辺には現在でも製造業や運輸業などが集積し，東駅の西側に位置するハイトハウゼンは副都心の一つになっている．また，第二次世界大戦後，新市街地が急速に郊外へと拡大していくと，中心の北側にあるミュンヒナー・フライハイトでは地下鉄駅とバスターミナルが整備され，また映画館，デパート，ブティック，カフェなどの商業・娯楽施設や銀行や保険などの業務施設が集積していった．

既成市街地での住宅不足を背景に，郊外での宅地開発，さらに近年では既成市街地での再開発が進められている．1960 年代から 1970 年代にかけてオリンピアパーク（図 5.8 の都市区 11）をはじめとした北部地域の宅地化が進められ，さらに 1970 年代以降には南部の大規模住宅団地ノイペルラッハ（都市区 16）が開発された．さらに，1980 年代以降には公的事業や民間資本による都市内の再開発が活発化しており，都心周辺やイーザル川沿いが開発され，こうした地域には通信・メディア・IT 関連などの企業が進出している．加えて業務機能が拡充する 1990 年代において，市東部のミュンヘン空港跡地（都市区 15）に見本市展示場を核とした居住業務複合地域であるメッセシュタット・リームが開発されている．

5.4 大都市圏と都市間連携

ヨーロッパでは，中心都市と周辺地域とが経済・社会活動において機能的に結びつく大都市圏が古くから発達する．大都市圏では都心と郊外，また大都市と近隣都市とを結ぶ鉄道や道路網が整備されており，通勤・通学・消費行動，商業・経済活動，文化活動などを通じて中心都市と周辺都市・地域とが社会・経済的に密接に結合する．また，空港や，長距離列車のターミナル駅が立地し，国内外との玄関口として機能し，さらに一部では旅客・貨物船舶が寄港する港湾も運用されている．

人口規模がとくに大きな地域は，ロンドンとパリそれぞれの大都市圏であり，いずれも人口は1000万を超える（表5.2を参照）．両大都市圏は，国内外の金融機関や国際機関などの政治経済的施設，また観光資源ともなる文化的施設などを多数かかえ，ヨーロッパ全体としても中心的な役割を果たす．次いで，マドリード（664.4万），ミラノ（509.8万），ベルリン（506.6万），ルール（Ruhrgebiet, 505.5万）となり，いずれも，各国の首都や経済都市を中心に形成された大都市圏や，ルールのように工業都市の連担した大都市圏である．とくにロンドン，パリ，ルールの各大都市圏では，人口集積が著しく，これにオランダのアムステルダムやロッテルダムなどからなる環状都市圏（ラントシュタット，Randstad）を加えた4地域は，ヨーロッパの4大都市圏と位置づけられることもある．

ただし，中心都市と周辺地域との人口の比率からみると（表5.2を参照），大都市圏の形状には差異が認められる．すなわち，中心都市それ自体の人口が多いものと，中心都市を取り囲む周辺地域の人口規模が大きなものとがみられる．中心都市の人口が都市圏全体に占める割合をみると，ロンドン，ベルリン，ローマ，ハンブルク，ワルシャワ，ブダペスト，ミュンヘンで50％を超える値となり，単独で巨大な人口をかかえる大都市圏となっている．一方，パリやルールなど，その他の大都市圏では，中心都市を除く地域の割合が高い．パリ大都市圏は，中心都市であるパリ市が行政域としてコンパクトであり，周辺自治体での人口集積や都市機能の立地がみられる．ルールやオランダの環状都市圏は，人口100万未満の都市が複数連担して，全体として大都市圏を形成している．

次に，ドイツ全域と，同国南部のバイエルン州を事例に，大都市間や大都市圏内での連携を紹介したい．同国では，日本の市町村に該当する基礎自治体による行政域を越えた地域連携団体の結成が，都市化が急速に進行し広域での経済計画や地域開発計画が必要とされた1970年代以降，全国的に拡大した．シュツットガルト（1974年発足）やフランクフルト（1975年発足）などで，大都市とその周辺自治体との地域連合が発足している．1990年代以降には経済的優位をめぐる主要地域間，とくに大都市圏間での競争が激しさを増すなか，全国規模での広域的な空間整備政策の枠組みとして「ドイツにおけるヨーロッパ大都市圏（Europäische Metropolregionen in Deutschland）」（以下，EMD）が導入された．

EMDは，国と州などが参加する，MKRO（空

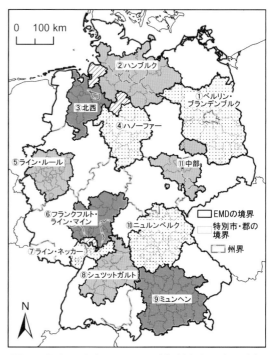

図5.5 ドイツにおけるヨーロッパ大都市圏（EMD）の分布（2015年）
図中の数字は表5.3中の番号と一致する．IKMと各EMDの資料をもとに作成．

間秩序計画関係閣僚会議）において，1995年に7地域が承認され，2005年に現在の11地域となっている（図5.5）．EMDの基本的な役割・機能は，大きく3つあり，第1に公的機関や民間の経済主体による重要な決定に関する決定・コントロール機能，第2に革新的知識や新たな価値観を通じた競争力の創造に関するイノベーション・競争機能，第3に財や情報，人間の国内外との交流に関するゲートウェイ機能である．これらを通じて，「企業・経済的・社会的・文化的な発展のモーターとして，指導的・競争的機能」(Adam and Stellmann, 2002)を発揮することが期待されている．2001年にIKM (Initiativkreis Europäische Metropolregionen in Deutschland)と呼ばれる団体が設立され，効率的な大都市圏ネットワークの構築のための研究・分析が行われるほか，国やEUとの交渉の窓口となる活動が行われるなど，大都市圏の間における情報交換や意見集約といった協力関係が構築されつつある．

EMDに含まれる地域は，国土の半分をカバーし，ドイツ総人口の7割弱に達する人口をかかえる（表5.3）．11のEMDを比較すると，人口規模ではライン・ネッカーEMDの237.9万から，ライン・ルールEMDの1163.4万まで5倍超の開きがみられ，また高齢化率でも，全国平均21.1％を下まわるミュンヘンEMDの19.3％から，大きく超過する中部EMDの24.8％までの地域的な差がみられる．また，経済活動をみても，国内総生産の71％が11のEMDに集中し，経済成長のためのエンジンとなっている側面は認められるものの，経済規模は大都市圏間で大きく異なり，地域間格差が存在する．

中軸地域に含まれる一部のEMDと，他地域のEMDとの間にみられる社会・経済的格差は大きい．中軸地域に含まれるシュツットガルトEMDやミュンヘンEMDでは，製造業のほか，研究開発機関やハイテク産業などが集積し，持続的に経済が成長するなかで若年層などが転入しており，大都市圏の維持・成長を促している．一方，中軸地域でもルール大都市圏は，旧工業地帯として現在も人口や経済規模は大きいが，失業率も高く人口が減少傾向にある．また，北部や旧東ドイツでは，人口規模は相対的に小さく，新たな雇用に結びつく経済構造の転換が遅れ，経済発展が困難な地域が多く含まれている．このように同じ大都市圏でありながら，中軸地域と周辺との格差が認められ，各EMDは，個々の社会・経済的環境や諸課題をふまえ，その活動を展開している．

ミュンヘンEMDにおける，都市を中心とする地域間連携の取り組みをまとめておこう．同大都市圏は，ミュンヘン，インゴルシュタット，アウクスブルクなどの6主要都市（Kreisfreie Städte）

表5.3 ドイツにおけるヨーロッパ大都市圏（EMD）の社会・経済的特性（2015年）

EMDの名称	図中番号	人口（万人）	面積（千km^2）	人口密度（人/km^2）	高齢化率（％）	域内総生産（2014年）（億ユーロ）	就業人口1人あたり域内総生産（2014年）（ユーロ/人）
ライン・ルール	5	1,163.4	11.7	991	21.0	4,313.6	72,749
ベルリン・ブランデンブルク	1	600.5	30.5	197	20.9	1,801.1	62,285
ミュンヘン	9	599.1	25.5	235	19.3	2,832.3	82,696
フランクフルト・ライン・マイン	6	568.3	14.8	385	19.7	2,424.3	79,313
シュツットガルト	8	535.2	15.4	347	19.7	2,259.5	76,688
ハンブルク	2	529.5	28.5	186	21.2	1,962.6	71,829
ハノーファー	4	383.5	18.6	206	22.1	1,338.3	68,175
ニュルンベルク	10	351.5	21.8	161	20.8	1,237.9	64,353
北西	3	274.6	13.8	200	21.0	871.0	62,257
中部	11	250.9	9.1	275	24.8	703.5	55,668
ライン・ネッカー	7	237.9	5.6	422	20.4	880.4	71,445
11大都市圏		5,494.4	195.3	281*	—	20,624.5	—
全国		8,218.6	357.4	230*	21.1*	29,038.0	69,085*

「ハノーファー」は，正式にはハノーファ・ブラウンシュヴァイク・ゲッティンゲン・ヴォルフスブルク．表中の「—」はデータなし．*は平均を示す．IKM資料とドイツ連邦統計局資料をもとに作成．

と 25 郡にまたがる地域に結成された．運営と協議の場として 1995 年に都市間連携組織が設立され，2008 年に現在の社団法人へ改組された．上記の公的主体のほか，40 の基礎自治体や 150 を超える民間企業や経済・社会団体が構成員となり，都市間連携や対外的な競争力強化，環境保全活動などの取り組みを進めている．EMD は，広域的な空間整備の枠組みとしてだけでなく，情報交流や技術開発協力などを通じて連携する空間的枠組み・広域の経済圏としても理解できる．

次に，11 の EMD のうち 2 つが設定されているバイエルン州を事例に，EMD 内での通勤流動に基づく機能的な地域間結合をみてみよう．機能的な地域間結合を確認するため，通勤圏の考え方に基づく「EU の大都市圏（Metropolitan Regions by EU）」（以下，MREU）の分布と，EMD の空間的な広がりを比較する（図 5.6）．MREU は，EU の地域統計や地域政策のために導入された地域統計単位 NUTS の整備にあわせ，欧州委員会の管理する Eurostat のウェブサイトで公開されている．MREU は NUTS-3 を基準に設定されており，その圏域は，人口密度と人口分布から定義される「都市」と，通勤人口に基づく「通勤圏」から構成され，圏域の人口規模は 25 万人以上となっている．2013 年において MREU は，クロアチアを除く 27 か国に 274 設定されており，件数の多い国は，ドイツ 66，イギリス 35，フランス 32 である．

バイエルン州内には，11 の MREU が設定されており，いずれも「都市」中心から半径 15〜30 km 程度の都市圏となっている．州北部のニュルンベルクから南部のミュンヘンにかけて，複数の MREU が主要鉄道・高速道路に沿うかたちで連続して分布する．ミュンヘン MREU は，同市の半径約 30 km 圏の 9 つの自治体から構成される．ミュンヘンと周辺地域は，鉄道，高速道路などの交通網で結ばれており，こうした高い近接性を背景として日常的に人的流動が発生している．MREU の圏域と，EMD のそれを比較すると，MREU の面積の方がかなり狭い．ミュンヘン MREU を含む複数の MREU（ミュンヘン，インゴルシュタット，アウクスブルク，ローゼンハイム，およびレーゲンスブルクの一部）などから，ミュンヘン EMD は構成されており，各 MREU では，中心都市と周辺地域とが機能的に結びつくコンパクトな日常生活圏が形成されている．同時に，各 MREU は機能分担しながら政策的枠組みや広域経済圏としての EMD の一部を構成している．

都市間関係は，EU での市場統合が進展し地域間競争が激しくなるなかで変化している．広域での地域連携が展開される一方，従来の国単位で成り立っていた都市間関係が崩れ，広域連携が拡大・深化し，国境や行政域を越えた国際的な枠組みも形成されつつある．これらを通じて地域間の情報交換，また人的・物的な結合関係が強化され，地域全体の社会的活性化や経済発展が進められようとしている．その背景の一つは，EU による地域間連携事業（第 10 章を参照）を通じた基礎自治体間の連携の仕組みの整備であると指摘でき，そのほかにも自治体による主体的な取り組みが持続的に進められている．

たとえばドイツ，フランス，スイスの国境地域においては，国境を越えた都市間連携の制度が重層的に築かれている（飯嶋，2007）．ドイツ南西部に位置し，フランスと接するカールスルーエ都

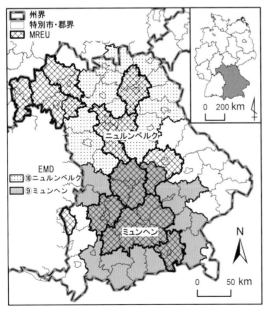

図 5.6　EMD 内での EU の大都市圏（MREU）の分布（2015 年）
IKM と各 EMD の資料をもとに作成．

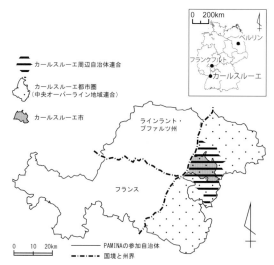

図 5.7 カールスルーエを中心にしたおもな広域連携（2017年）Nachbarschaftsverband Karlsruhe, Region Mittlerer Oberrhein, PAMINA の資料をもとに作成.

市圏を中心にみると（図5.7），日本の市町村レベルの基礎自治体間での複数の広域連携が形成され，さらに近郊交通網も広域的に整備されることを通じて都市圏における地域間結合が強化されている．カールスルーエ市と周辺の基礎自治体，計11団体からなるカールスルーエ近隣自治体連合（Nachbarschaftsverband Karlsruhe）が1976年に結成され，土地利用計画を含めた詳細な都市計画が一体的に策定・実施されてきた．また，より広域な地域では，基礎自治体間の連携や情報交換をはかる組織として1973年に中央オーバーライン地域連合（Region Mittlerer Oberrhein）が同市を中心に発足した．2015年において57の基礎自治体が参加し，総人口は約100万，総面積は2137 km² となっている．この組織は，地域開発計画，自然保護計画，交通計画などの複数の自治体にまたがる広域的な地域計画を企画・調整し，議決する機関であり，カールスルーエ都市圏における地域計画の一体的な立案と協調的な実施がはかられている．

1988年には，カールスルーエを含む中央オーバーライン地域連合内の基礎自治体，および隣接するラインラント・プファルツ州内の都市やフランスの自治体によって，パミナ（PAMINA）が組織された．構成団体数は，2017年に618に達し，総面積は約6500 km²，人口約170万の圏域となっている．パミナは，EUによる広域的地域連携のための補助事業インターレグ（INTERREG）の地域窓口ともなっている．域内外の関係団体とともに，補助金などにより鉄道や道路などの交通網整備，商業環境整備，経済振興などが進められ，都市を中心としたより広域での地域間連携が進展している．

5.5 都市の更新と再生

ヨーロッパでは，都市間連携が進む一方，各都市は経済的優位性を求めて競争する状況に置かれ，商業地域の再開発やオフィス地域開発といった経済機能の強化へ向けた都市再開発など，都市自体の魅力向上をめざす取り組みが行われている．EUも，都市内の問題地域の改善や都市の競争力を高める仕組みを模索している．都市が地域や国，ヨーロッパの経済的発展の原動力である一方，環境問題や社会的格差などが存在する地域であるとの認識のもと，アーバン（URBAN）やインターレグなどの補助金が整備されてきた．問題をかかえた都市は，補助金を活用しながらさまざまなかたちで都市の更新と再生をはかっている．工場跡地の再開発を進めることで雇用を創出し，また中心商店街の活性化を進め，さらに二酸化炭素低減に向けた交通システムを導入するなどの事例が知られている（岡部，2003）．ただし，EUによる事業は予算や件数ともに限界があり，影響は限定的といわざるをえない．

このため，都市の更新や再生へ向けた取り組みは，おもに各国政府が担うことになる．各国では，都市内の建築環境の改良とともに，緑地などの自然環境や事業所進出などの経済環境の改善，さらに居住地におけるコミュニティ再構築をめざす都市再生政策が導入・実施されてきた．こうした都市再生政策は，18世紀後半以降の工業化時代に形成された都心周辺をおもな対象に，建物の形態的・機能的劣化，人口高齢化や外国人比率の上昇といった社会経済的衰退への対策の一つとされる．

たとえばドイツの都市更新事業では，生活空間

をよみがえらせることに重点が置かれ，都市住民の「住まう」環境を効果的に改善する仕組みが整備されている．建物の機能や外観の改良のみならず，中庭緑化，歩行者専用道路整備，街路緑化といった快適な居住環境の創出（写真5.6），さらには近所づきあいなどに必要なコミュニティ施設の整備などが行われている．こうした事業は，その大部分が国や州，市からの支出によってまかなわれるが，住宅所有者に対しては補助金の交付や州立銀行を通じた融資によって費用負担の低減がはかられ，さらに公社による公的住宅を建築するなど，複合的な手法を通じて実施されている．

ミュンヘンの都市再生政策をみると，第二次世界大戦後，インナーエリアの衰退，良質で安価な住宅の不足などを背景として導入されており，そのなかでも都市更新事業は衰退傾向にある既成市街地を面的に改善し，住宅の質改善と量的不足解消をめざす柱となってきた．市内では2005年までに5件の同事業が実施されており（図5.8），緑地整備などの居住環境整備に加えて，コミュニティセンター建設や近隣組織の構築，また職業訓練や就職支援といった失業対策事業などの社会的課題に対応した事業が行われている．

都市更新事業のほかにも，既存住宅の改良を促進する施策が実施されており，1977～1982年において市による「近代化のための融資制度」が導入され，民間住宅のトイレや台所，セントラルヒーティングの設置といった住宅施設の近代化に対する融資が行われている．また1980年代から1990年代にかけて，都市更新事業および住宅近代化への助成が行われた．1990年代には，老朽化した社会住宅を対象とする「住宅建築法での近代化助成」や，都市更新事業区域内での建築物改修の助

写真5.6 ミュンヘンの都市更新事業区域（ドイツ，2003年）
事業を通じて，建物で囲まれた街区の中央に広がる中庭部分が緑化され，住民の憩いの場となっている．

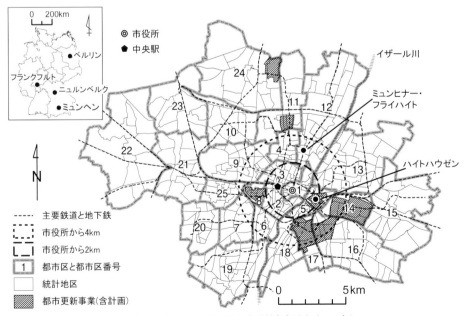

図5.8 ミュンヘンの都市区と都市更新事業区域（2002年）
伊藤徹哉（2009）：ミュンヘンにおける都市再生政策にともなう空間再編．地理学評論，**82**：118-143．

成事業である「MGS資金モデル」などが実施されている．これらの事業はそれぞれ連邦，州，市の予算でまかなわれており，1990～2001年の12年間の3事業の融資・助成実績は，6310戸を対象とする1.4億ユーロに達する．

ミュンヘンでみられる既成市街地での都市更新事業や既存建築物の近代化に関する事業は，単なる建物の外観や機能性の改良ではなく，居住地としての魅力を高め，また商業地域やオフィス地域としての機能性を向上させることをめざすものであり，これらは総体として都市自体の魅力向上をめざす取り組みといえる．こうした取り組みは規模や内容において差違はあるものの，ドイツのみならず各国の諸都市において実施されている．一方，旧社会主義国などの財政基盤の弱い国々においては，財政や関連法規の未整備といった問題から公的事業や民間による再開発事業は一部を除いて不十分であり，今後，補助金の確保や法律の整備といった制度的な改善とともに，都市再生に関する事業への積極的な民間資本投資を促す施策の導入なども必要となるだろう．

以上にみたように，ヨーロッパの都市，とくに大都市は，中軸地域に偏在し，社会・経済・文化的な中心として機能する．中軸地域での都市の集積は，産業革命以降の工業化と関連しており，都市を中心とする経済発展が活発であったことが背景となっている．長い歴史を有する都市の多くでは，歴史的建造物の残存する旧市街地に社会・経済的中心地が形成され，その周辺に工業化にともなって拡大した市街地，さらに郊外に戸建住宅を中心とする新市街地が広がるという同心円的土地利用がみられる．都市域の拡大は，中心都市と周辺地域から構成された大都市圏を成立させ，圏域内での社会経済的な一体化を進展させた．現在，大都市圏内での都市間・地域間連携が進められているが，広域連携がさらに拡大・深化し，国境や行政域を越えた国際的な枠組みも一部でみられる．経済的優位性を求める都市間競争が激しくなるなかで，各都市は，商業地域の再開発などの経済機能を強化させており，都市の魅力向上をめざすための都市更新事業などが取り組まれている．

［伊藤徹哉］

引用・参考文献

飯嶋曜子（2007）：EU統合に伴う国境地域の変化―ユーロリージョンの展開．小林浩二・呉羽正昭編著：EU拡大と新しいヨーロッパ．pp.115-129，原書房．

伊藤徹哉（2013）：ドイツの大都市圏における社会・経済的再編―ライン・ルール大都市圏を事例に．地域研究，**53**（1-2）：1-19．

伊藤徹哉（2018）：ヨーロッパの人口と大都市の分布からみた中軸地域の空間特性．地域研究，**86**：60-67．

岡部明子（2003）：サステイナブルシティ―EUの地域・環境戦略．学芸出版社．

加賀美雅弘（2010）：都市の発達とその変化．加賀美雅弘ほか著：ヨーロッパ学への招待―地理・歴史・政治からみたヨーロッパ．pp.57-74，学文社．

二宮書店編集部編（2017）：データブック オブ・ザ・ワールド2017年版―世界各国要覧と最新統計．二宮書店．

Adam, B. and Stellmann, J. G. (2002)：Metropolregionen：Konzepte, Definitionen und Herausforderungen. *Informationen zur Raumentwicklung Heft*, **9**：513-525.

Brunet, R. (1989)：*Les Villes européennes：Rapport pour la DATAR, Délégation à l'Aménagement du Territoire et à l'Action Régionale*. Reclus.

Kuhn, G. (2003)：Gründung und Mittelalter. In Heinritz, G. *et al.* eds.：*Der München Atlas*. pp.26-27, Hermann-Josef Emons Verlag.

Merriam-Webster Inc. ed. (1988)：*Webster's New Geographical Dictionary*. Merriam-Webster Inc.

Stoob, H. (1990)：Leistungsverwaltung und Städtebildung zwischen 1840 und 1940, In Blotevogel, H. H. ed.：*Kommunale Leistung und Stadtentwicklung vom Vormärz bis zur Weimarer Republik*. pp.215-240, Böhlau Verlag.

> コラム 5.1

ヨーロッパの都市はなぜ美しい？

　日本人にとってヨーロッパの都市は，古い建造物が数多く残る主要な観光スポットであり，実際に訪問し，その美しさに感動したことのある人も多いだろう．ヨーロッパの都市の美しさは，スペイン・バルセロナのガウディによるサグラダ・ファミリアやドイツ・ケルンの大聖堂といった有名な宗教的施設，フランス・パリのヴェルサイユ宮殿などの歴史的施設をはじめとする個々の建造物の優雅さ，デザインのユニークさ，またその行き届いた手入れによる場合が多い．大都市のみならず，ドイツのいわゆる「ロマンティック街道」（ローマ街道）沿いに点在するローテンブルクやネルドリンゲンなど，中世の面影を残す中小の都市でも，観光客は美しい都市景観を楽しむことができる．

　旧市街地の歴史的地区には古い建造物が，街並みに溶け込みながら残存し，都市景観の重要な構成要素となっている．都市の美しさは，こうした古い建造物の保存と維持に深くかかわっている．建造物の保存と維持は，原則として所有者や管理責任者による自発的な修繕・補修や改修により可能となるが，建造物維持に関する法的・制度的な仕組みもそれらの対応を促進する要因となっている．ヨーロッパでは1975年の「ヨーロッパにおける歴史的建造物保存年」に代表されるように，古い建造物の保存に対する社会的関心がもともと高く，各国では歴史的に重要な建造物や，その地域の歴史，文化，伝統を反映した古い建造物の保存と維持を目的とする仕組みがつくり上げられている．

　たとえばイギリスでは，1947年の都市農村計画法に基づいて歴史的建造物の指定と保全が可能となり，また1953年の歴史的建造物および記念物法により歴史的建造物の指定と補助金支出が定められた．フランスでも，1913年には歴史的建造物保存法が制定され，それ以降，歴史的・芸術的観点から多くの建造物が歴史的文化財として保全されてきた．さらに，ドイツにおいても州法による歴史的建造物の指定と修繕などが行われている．

　ただし，歴史的建造物が単体としていかに完璧に保全されようとも，周囲に近代的な建物が乱雑に立ち並び，古くからある街並みと調和していなければ，まち全体として「美しい」景観を醸成することは難しい．その対策として，新築の建物の規制や誘導といった古い街並みと調和させる仕組みが必要となる．イギリスでは，1947年の都市農村計画法以降，1990年の計画法（登録建造物および保全地区法）などに依拠した景観規制や保全地区に関する法律や制度が整備されている．一定の面積を有する地区内を対象として景観規制が定められ，都市計画に基づいて建造物の高度などを規制することが可能となっている．フランスでは1983年にZAPPAU（都市建築的文化財保全地区制度）や，1993年の風景法制定に基づくZAPPAUP（都市建築的景観的文化財保全地区制度）と呼ばれる制度が導入され，文化財周辺地域での開発・建築行為が制限され，文化景観保全がめざされている．ドイツでは，国・州・地方自治体はそれぞれ，特定地域内での文化景観保全にかかわる制度的枠組みを整備している．都市の文化景観は，土地利用規制などの法的規制，公的事業による保全と修復などの地域政策を通じた誘導，さらに歴史的建造物保護という文化政策を組み合わせた総合的な施策を通じて維持されているのである．

　これまでみてきたように，ヨーロッパの歴史ある都市の美しさは，個々の古い建造物の保存と維持だけでなく，周囲の古い街並みと調和した建造物を建設することを優先するまちづくりとも関係し，それらへ向けた不断の努力のなかで維持されている．

［伊藤徹哉］

写真 5.7　ニュルンベルク旧市街地に残存する伝統的な建物（ドイツ，2015年）
旧市街地には，写真のような石材と木材を利用した建物が残存する．公的な補助金などを用いた修繕が定期的に行われている．

コラム 5.2

欧州文化首都（European Capital of Culture）と都市活性化事業

ヨーロッパにおける文化の定義は広く，複雑である．文化を広い意味でとらえると，言語や宗教，生活様式などがそれに当てはまる．たとえば，キリスト教という宗教は，ヨーロッパ地域の根底をなし，今でも景観や生活様式に色濃く残る．教会とその前の中央広場は都市のメルクマールであり，地平線のように立ち並ぶレンガ建築の屋根の上からのぞかせる教会の姿が，旅行者に方向感覚を示してくれる．また，ヨーロッパでは祝祭日である日曜日に，百貨店・スーパーなどの小売店は一律で休みである．こうしたことは，宗教がいかにヨーロッパの日常生活に根づいているのかを教えてくれる．

他方で，文化を狭い意味でとらえると，芸術や都市文化などがそれに該当する．ヨーロッパでは，1970 年代より，この狭い意味での文化が文化政策において重要視されはじめた．ヨーロッパの芸術は元来，支配者や裕福な商人の支持を受け発展してきたものであり，その歴史は中世にまでさかのぼる．しかし，こうした歴史とは対照的に，文化が広く一般市民にも受容されるべきものとの考え方が，戦後に広まっていった．とくに 1970 年代のヨーロッパ主要国では，環境問題や社会問題に対する運動的機運が高まった結果，左派政権が台頭したことにより，多様性（年齢・階級・ジェンダー・民族的背景）を理解する方法として文化が利用されはじめた．1980 年代に入ると，文化はより政策的なツールとして認知されはじめる．当時のヨーロッパでは，経済新興国の台頭による鉄鋼業や造船業などの製造業地域の衰退が問題化し，不均衡な地域発展が始まった．そこで，こうした地域では文化政策による地域発展停滞の打開がはかられたのである．

EU の「欧州文化首都（European Capital of Culture）」は，こうした時代の流れを背景に開始された（写真 5.8）．ギリシャで 1985 年に開催されて以降，毎年開催されている同事業は，文化の祭典であり，EU（当時は EC）域内の歴史的・文化的な共通性と多様性を追求する「多様性のなかの統合（unity in diversity）」理念を表した事業であった．これまでの開催都市をみると，1990 年代までは西ヨーロッパ諸都市での開催が多かったが，2000 年代以降，東ヨーロッパの諸都市でも開催がみられ，ヨーロッパの多様性の発信が行われている．また，2021 年からは EU にまだ加盟していない加盟候補国からも 1 都市選定されることとなり，セルビアのノヴィ・サドが候補となっている．そのため，EU は同事業を通じてその理念に共感を示す地域を拡大させる意思表示を示しているといえる．しかし実際には，欧州文化首都となることで，開催

写真 5.8　2010 年に欧州文化首都を開催したノルトライン・ヴェストファーレン州エッセン市の炭鉱跡（ドイツ，2012 年）

エッセン市のツォルフェライン（Zollverein）炭鉱業遺産群は 1986 年まで約 135 年にわたり使用されていた炭鉱業跡地である．2001 年にはユネスコの世界遺産（文化遺産）にも登録された．鉱業の歴史を元炭鉱作業員が案内する博物館として，また同州の新たな文化発信地として，成長を続ける．

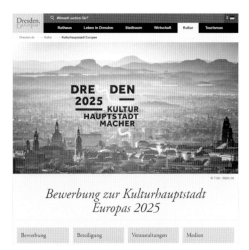

写真 5.9　2025 年に欧州文化首都の開催都市へと立候補を表明したドレスデン市のキャンペーンサイト

旧東ドイツのドレスデン市は欧州文化首都（2025 年）の開催都市への立候補を 2016 年に表明した．ロゴマーク「DRESDEN」の「S」は，エルベ川の流路を模した形として表現されている．ドレスデンの旧市街とプラッテンバウの後ろには，卓状台地（メサ）の地形的特徴を有するリリエンシュタインの姿がうかがえる．ドレスデンの歴史が 1 枚の写真に表現されている．

地の都市イメージが改善されたり，経済停滞地域における観光振興や雇用促進の契機として認識されているのも事実であり，EU域内の都市間競争を加速させる一面もあわせもつ．また，同事業において，EUの多様性の発信は十分に行われてきたが，その共通性に関する発信は，具体的には開催都市の歴史の紹介などに限定され，その定義の曖昧さも相まって積極的に行われてはこなかった．そのため，欧州文化首都がEUの多様性の主張のみに終わるとの見方も存在する．

この欧州文化首都であるが，ドイツでは，2025年に開催が予定されている．開催都市の決定に向けては，2018年時点で，マグデブルク，ニュルンベルク，ドレスデン，ケムニッツなど複数の都市が立候補を表明している（写真5.9）．旧東ドイツの都市での開催が決まった際，当該都市はEUの共通性と多様性に対してどのようなメッセージを発信するのか，今から2025年が待ち遠しい．［池田真利子］

参考文献
藤野一夫ほか（2017）：地域主権の国ドイツの文化政策 人格の自由な発展と地方創生のために．美学出版．
ポミアン，K. 著，松村 剛訳（2008）：増補 ヨーロッパとは何か—分裂と統合の1500年．平凡社ライブラリー．
増田四郎（1967）：ヨーロッパとは何か．岩波新書．

コラム5.3

イギリスの都市計画とショッピングセンターの開発

イギリスの都市は，その土地利用計画に関する指針において，日本の中心市街地に相当するシティセンターもしくはタウンセンターを頂点として，その下位に，より規模の小さいディストリクトセンターとローカルセンターを配置するセンターの階層構造を維持し，センター以外の場所（センター外）での小売店の開発を規制している．これはタウンセンター・ファースト政策と呼称され，身近な場所にローカルセンターを配置し，公共交通とディストリクトセンターとシティセンターとの近接性を高め，買い物機会の公平性を保証する効果がある．

図5.9は，イギリスの中都市におけるセンターの階層構造を模式化したものである．イギリスでもセンター外にショッピングセンターは立地するが，それらは，一般的にインナーシティの衰退した工業地域の活性化のために建設される．すなわち，ショッピングセンターの建設は，旧来の製造業が廃業して生じた失業者と貧困層に対する経済対策としての側面が強く，日本のように農地を潰してショッピングセンターが建設されることは少ない．

コラム4.2で示した，オリンピックパークのウェストフィールド・ストラトフォードシティ・ショッピングセンターが，衰退した工業地域の再生のためにセンターの外に建設された代表例である（図5.10）．オリンピックパークの建設地は，イギリスで最も荒廃したエリアの一つであり，その再開発のためにオリンピックが活用された．オリンピックパークには競技施設だけではなく，選手村を改修して建設された住宅地であるイーストビレッジと，デジタル産業や教育機関が入居するヒアイーストがある．

ストラトフォードシティは，ヨーロッパ最大級のショッピングセンターで，ロンドンオリンピック前年の2011年に開業した．ストラトフォードシティの新規雇用1万人のうち2000人が近隣の失業者であり，地元経済に貢献した（International Olympic Committee, 2013）．2018年のストラトフォードシティのウェブサイトによると，350店以上の店舗と17スクリーン

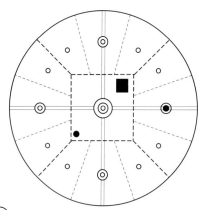

図5.9 イギリスの都市におけるセンターの階層構造

の映画館，イギリス最大のカジノとボーリング場を含む17.5万 m² の商業・レジャー施設と，3件のホテル，1000人の住宅，オフィスがあり，駐車場は5000台ある（写真5.10）．さらに，ストラトフォードシティは，2015年のロンドンプランで駅の反対側にある旧来のセンターと統合され，センターの階層構造に組み込まれ，都市計画で保護される存在となった．ストラトフォードシティからアクアティクスセンターを経てスタジアムに至るルートは，オリンピックパークで人気のある観光地である（写真5.11, 5.12）．

[根田克彦]

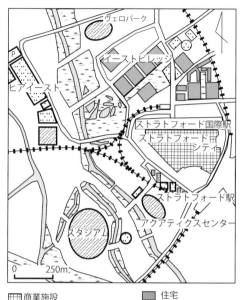

図5.10 オリンピックパーク主要部の土地利用（2017年9月）

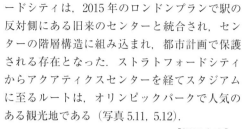

写真5.10 ウェストフィールド・ストラトフォードシティ内部（イギリス，2013年）

写真5.11 アルセロールミタル・オービット（左）とオリンピックスタジアム（右）（イギリス，2015年）

写真5.12 アクアティクスセンター（中央）とストラトフォード駅前のビル群（イギリス，2017年）

参考文献

根田克彦（2015）：イーストロンドンにおける都市再生手段としてのオリンピック．歴史と地理，682（地理の研究，193）：54-60．

根田克彦（2016）：イギリスにおける大型店の立地規制．根田克彦編：地域づくり叢書5　まちづくりのための中心市街地活性化―イギリスと日本の実証研究．pp.23-52，古今書院．

根田克彦（2017）：イーストロンドンの都市再生と立候補ファイルにおけるオリンピックレガシー計画．日本都市計画学会都市計画報告集，16：158-165．

International Olympic Committee（2013）：*Factsheet London 2012 facts and figures update: July 2013*. https://www.olympic.org（2016年7月6日確認）

6 観光地域と観光者流動

　ヨーロッパは世界のなかでも最も人気のある観光目的地である．しかし，その観光者の多くはヨーロッパの住民であり，ヨーロッパ内で多くの観光者流動がみられるのである．本章では，ヨーロッパにおける観光地域と観光者流動にみられる特徴について述べる．近代以降，ヨーロッパでは世界で最も早く観光地域が発展してきた．とくに，20世紀の半ばにマスツーリズムが生ずると，海岸地域や山岳地域は国内のみならず近隣諸国から多くの観光者を惹きつけた．ところが，1970年代以降，農村地域や都市などにおける新しい観光形態の出現，東欧革命後のEUの東部拡大，国際観光流動のグローバル化などを通じて，観光地域や観光者流動の多様化が顕著である．

6.1 国際観光地域としてのヨーロッパ

　ヨーロッパは世界のなかでも最も人気のある観光目的地である．UNWTO（世界観光機関）によると，2017年の国際観光到着数は約13億人に達すると推計されているが，そのうちヨーロッパへの到着数は約6.7億人で，世界の半分程度を占めている．国別にみると，フランス，スペイン，イタリア，イギリス，ドイツが上位10か国に含まれる（表6.1）．また上位20か国には，さらにオーストリア，ギリシャ，ロシア，ポーランドが仲間入りする．

　この事実は，ヨーロッパにおいて世界的に著名な観光資源が数多く存在することに加えて，ヨーロッパ諸国が有する国際観光を生み出す要因によるものである．後者については，まずヴァカンスの伝統があげられる．ヨーロッパは世界的にみて最も早くヴァカンスが普及し（コラム6.1参照），海岸や山岳のリゾートへの国際観光が多く生じてきた．第2に，EUのみを取り上げても，その面積はアメリカ合衆国の半分以下ではあるが，28か国が存在する．つまり比較的狭い領域に多くの国家が存在し，国境を越えた観光のための移動が生じやすいのである．

　ヨーロッパは，また，観光者の発生地域としても重要である．この事実は，国際観光消費額からうかがい知ることができる（表6.2）．ドイツ，イギリス，フランス，イタリアが上位10か国に含まれており，さらに1人あたりの消費額も比較的高額である．

　一方で，ヨーロッパにおける国際観光のほとんどが域内流動によることも，また特徴である．つまり，ヨーロッパの国際観光到着数のほぼ8割以上はヨーロッパ人によるもので，ヨーロッパ人が域内で流動している旅行がほとんどを占めている．もちろん，逆にヨーロッパ人の観光旅行先についても，同様にその8割以上がヨーロッパである．たとえば，フランスでは，2016年の全宿泊施

表6.1　国際観光到着数の上位20か国（2016年）

順位	国・地域	国際観光到着数（千人）
1	フランス	82,600
2	アメリカ合衆国	77,471*
3	スペイン	75,563
4	中国	59,270
5	イタリア	52,372
6	トルコ	39,478*
7	イギリス	35,814
8	ドイツ	35,579
9	メキシコ	34,961
10	タイ	32,588
11	オーストリア	28,121
12	マレーシア	26,757
13	香港	26,553
14	ギリシャ	24,799
15	ロシア	24,551
16	日本	24,039
17	カナダ	19,971
18	サウジアラビア	18,049
19	ポーランド	17,463
20	韓国	17,242

2017年6月時点の暫定値（*は2015年の数値）．
資料は観光庁（原資料はUNWTO）による．

表 6.2 国際観光消費額の上位 10 か国（2016 年）

順位	国・地域名	国際観光消費額（10 億ドル）	全世界に対する割合（％）	人口 1 人あたりの消費額（ドル）
1	中国	261.1	21.4	189
2	アメリカ合衆国	123.6	10.1	382
3	ドイツ	79.8	6.5	964
4	イギリス	63.6	5.2	970
5	フランス	40.5	3.3	627
6	カナダ	29.1	2.4	802
7	韓国	26.6	2.2	520
8	イタリア	25.0	2.0	411
9	オーストラリア	24.9	2.0	1,026
10	香港	24.2	2.0	3,284
	全世界	2,610	100.0	—

2017 年 7 月までに集計した数値に基づく．
UNWTO Tourism Highlight 2017 edition による．

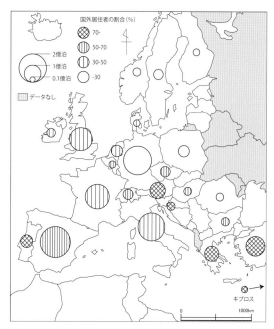

図 6.1 ヨーロッパにおける宿泊数の分布（2016 年）
イギリスは 2013 年，トルコは 2015 年の数値．1000 万泊以上の国のみ表記（ホテルなどの施設のみにおける宿泊数）．
Eurostat による．

設における宿泊数は約 4 億泊に達したが（Eurostat のデータベースによる），その 91％が EU 28 か国からの宿泊者によるものであった．ちなみに観光に関する統計では，到着数と並んで宿泊数の数値が重要である．これは，訪問者が何泊したかを示す数値で，宿泊施設や関連施設などの経営に重要な指標である．またドイツでは，3.9 億泊のうちの 92％が EU 諸国からの宿泊数が占めた．逆に，ドイツ人は 2016 年に旅行で 13.6 億泊したが（Eurostat），そのうちの約 80％（10.9 億泊）が EU 28 か国でなされた．フランス人の場合は 10.9 億泊のうち 93％が EU 域内であった．

ホテルなどの施設における宿泊数の地域的分布を検討すると，ヨーロッパ南部への集中が顕著である（図 6.1）．一方，北部や東部では極端に少ないことがわかる．これは先述の表 6.1 の結果を反映している．また，オーストリア，ギリシャおよびスペインなどでは国外居住者の割合が高く，外国人による宿泊数が半数以上を占めている．ただしオーストリアでは，1970 年代には宿泊数の約 6 割がドイツ人によっていたが，近年その割合は減少し続けている．とはいえ，ドイツ人の割合は依然として 4 割弱に達して，最大数を誇る（2016 年）．またスペインでは宿泊数の 17％をイギリス人が，15％をドイツ人が占める（同年）．逆にドイツや北欧諸国では，宿泊数のほとんどは自国から出発したものである（図 6.1）．次では，観光地域としてのヨーロッパの特徴がどのように形成されてきたのかについてみていこう．

6.2 観光の展開

6.2.1 中世までの観光

ヨーロッパにおける観光旅行の初期形態は，巡礼などの宗教に関連したものと，温泉地での療養であった．キリスト教の普及は，ローマ帝国支配による社会の安定，交通路の整備とも相まって，巡礼者の流動を促進した．また，医学が未発達な時代では，温泉でからだを休めたり，病気を治すことが普及した．16 世紀頃になると，イギリスのバースは温泉地としての名声を高めた．しかし，多くの温泉地が観光目的地として大きく発展するのは，おおよそ 19 世紀以降のことにすぎない．

6.2.2 近代の観光

近代観光の始まりは，グランドツアーと認識されている．イギリスでは，17 世紀末から 19 世紀半ばにかけて富裕な貴族の子弟が，学業の修了時に古典的教養の修得のために大陸ヨーロッパへの旅行を実施した．フランスとイタリアの都市がおもな目的地であった．

19世紀になると，鉄道が整備されるようになり，人びとは短時間に長距離の移動ができるようになった．とくにイギリスでの鉄道敷設が早く，これによって郊外や海岸への旅行が増加した．その結果，ブライトンのような海岸リゾートが発展した．ブライトンはロンドンの真南約80 kmに位置し，18世紀半ばから海水浴のできる保養地としての性格を有していたが，1841年にロンドンとの間に鉄道が開通すると大きく発展した．ブライトンの発展は，イギリス各地に海岸リゾートが発展する先がけとなった．

夏季の滞在目的地としては，海岸だけではなく山岳リゾートも注目されるようになった．アルプスでは，温泉での療養や結核の転地療養が人びとの滞在をもたらしていたが，19世紀後半以降は避暑地としても注目されるようになった．アルプスの自然的・文化的な景観が人びと，とくにイギリス人を惹きつけただけでなく，山岳会などの努力によってハイキングルートが整備されたことも観光者の訪問増加をもたらした．さらに，技術の進化によってすばらしい展望が得られる地点への登山鉄道が建設され，観光者は簡単に山並みを見ることができるようになった．こうした傾向はとくにスイスで顕著であり，ルツェルン近郊のフィッツナウ・リギ鉄道は，1871年にヨーロッパ初の登山鉄道として開業された．また，マッターホルンの展望地点として著名なゴルナーグラートへの鉄道は，1894年からツェルマットとの間を結んでいる．リゾートには富裕層向けの豪華なホテルが建設され，ベルエポック（古き良き時代）と呼ばれ（Bätzing, 2015），スイスの山岳リゾートの名声を高めた．19世紀末になるとアルプスにスキー技術が移入され，アルペンスキーが徐々に普及するようになった．当初のスキーは登山の手段としての性格が強かったが，スキーリフトが開発・利用されるようになると，スキー場内でのスキー滑走が一般的になった（呉羽，2017）．こうしたスキー場が一部の夏季リゾートに設置され，そこではアルペンスキーの中心地としての性格も有するようになった．

ヨーロッパの主要な温泉地が大きく発展したの

写真6.1　カルロヴィ・ヴァリの景観（チェコ，2000年）

もこの時期である．現在のドイツ，オーストリア，チェコ，フランスにおいて著名な温泉地は19世紀に大きく発展した．バーデン・バーデン，バート・ガスタイン，カルロヴィ・ヴァリ（写真6.1）などは，いずれも豪華なクアハウスを有し，その周囲には高級ホテルが建てられ，富裕層の社交場としても機能した．

第一次世界大戦後は経済不況などもあり，観光地域の大きな発展はみられなかったが，先述のスキー観光のみは例外であった．ロープウェイやスキーリフトの建設が進み，日本にも訪問したスキーの名手，ハンネス・シュナイダーの出現によってスキー技術も進化した．一方，戦間期はヴァカンスが労働者の権利として認められていく時期でもあった（コラム6.1参照）．

6.2.3　マスツーリズムの時代

第二次世界大戦後，経済が安定して人びとの所得が増えると，ヴァカンスの普及とも相まって，マスツーリズムが生じた．マスツーリズムとは，ツーリズムの大衆化であり，また大量化も意味する．オーストリアを例にみると，1950年代の半ばから宿泊数が急激に増加していることがわかる（図6.2）．まず夏半期のマスツーリズムが生じ，1950年には1300万泊にすぎなかった宿泊数は，1972年には7700万泊へと増加した．一方，冬半期の宿泊数は1960年代半ば頃から急激に増えはじめ，その頃から冬季のマスツーリズムが到来したと考えられる．

こうしたマスツーリズムが進展するなかで，リゾートにおける宿泊施設やスキー場などの関連施

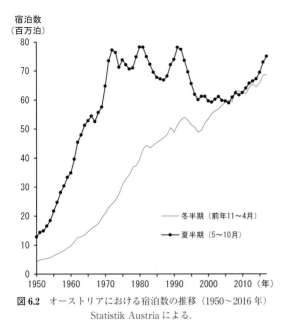

図 6.2 オーストリアにおける宿泊数の推移（1950～2016 年）
Statistik Austria による.

設の開発も急速に進行した．なかでも，フランスのリゾート開発はその典型である．1960 年前後のフランスでは国民がヴァカンス旅行のために安価なスペイン，イタリア，ギリシャなどに向かい，外貨の流出を招いた．こうした状況下，第 5 次国家計画の一環として，国内の地中海沿岸とアルプスにおけるリゾート基地の開発に着手した．それまでフランスの地中海沿岸地域リゾートはその東半分を占めるコート・ダジュールが著名であった．一方，その西半分を占めるラングドック・ルシヨン地方に，複数の海岸リゾートが新規開発されたのである．200 km に及ぶ海岸線には不毛の湿地帯が広がっていたが，そこに 3 万～10 万ベッド程度を有するリゾートが 8 か所出現した（望月，1990）．個々のリゾートでは海岸の砂浜だけでなく，ホテルや別荘，リゾートマンションなどの宿泊施設，キャンプ場，商業施設，会議場などが整備され，総合的なリゾートとなった．一方，フランス・アルプスでは複数のスキーリゾートが新規に開発された．ここでも，宿泊施設や商業施設などが計画的かつ機能的に整備され，現代的なスキーリゾートが完成した（呉羽，2017）．

フランス以外では，さまざまな地域でリゾートの整備が進んだ．宿泊施設の新設や大規模化が進み，海水浴場やスキー場などの観光関連施設が開発されていった．

スペインでは，1960 年代頃から海岸リゾートの発展がみられるようになった．空気が乾燥し，太陽に恵まれた気候，美しい景観，安価な食事などがヨーロッパ北部の人びとを惹きつけた（Valenzuela, 1991）．地中海沿岸のコスタ・ブランカやコスタ・デル・ソル，さらにはバレアレス諸島には多くの外国人観光者が夏季に滞在するようになった．海岸沿いのリゾートでは，ホテルなどの宿泊施設に加え，別荘や商業施設も整備された．大西洋上のカナリア諸島にも著名なリゾートが数多く存在するようになった．これには，航空交通の普及が影響し，夏季のみのチャーター便もドイツなどから多く運航されている．

一方，スイスやオーストリアでは，著名なリゾートの周囲に位置する農山村において，スキー場や宿泊施設の整備がなされ，観光目的地が地域的に拡大した．オーストリアでは，1965 年頃からスキー場の開発が急速に進展し，国土のなかでもアルプスに含まれる地域においてスキー場が集中して立地している（図 6.3）．新たに整備が進んだ農山村では，農家の副業としてのペンション経営が発展した．しかし訪問者数が増加するとともに，経営の重点は観光業に移っていった．宿泊施設では，リビングルームやダイニングと寝室が分かれた「アパートメント」（もしくは休暇用住宅）と呼ばれる形態が急激に増加し（呉羽，2017），プライベートを楽しむ訪問者に，さらには労働の省力化がはかれる経営者にも好まれている．

6.2.4 多様化するツーリズム

マスツーリズムが大きく発展するなかで，問題がみられるようになった．大量の人びとが，同時期に，同じ場所を訪れるために，ヴァカンスの本来の目的であるのんびりとリフレッシュすることが困難になったのである．砂浜は混雑し，リゾートタウンは平日の大都市のように多くの人であふれた．こうした状況のもと，1970 年代頃に，新しいヴァカンスをめざす動きが始まった．ドイツ語圏では，新しいツーリズム形態がソフトなものであるととらえ，主流であるマスツーリズムがハードなものとして対比された．つまり，マスツーリ

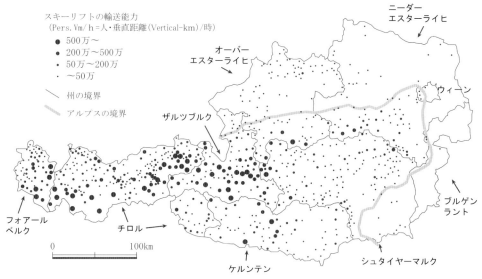

図6.3 オーストリアにおけるスキー場の分布（1990年）
スキーリフトの輸送能力（Pers. Vkm/h）は，1時間あたり，何人を何kmの高さに輸送することができるかを示す．
Kureha, M. (1995): *Wintersportgebiete in Österreich und Japan*. Institut für Geographie der Universität Innsbruck をもとに作成．

ズムのアンチテーゼとしてのソフトツーリズムの考え方が普及した．

ソフトツーリズムの内容は多様であるが，主たる行き先として農村が選ばれた．元来，農村のなかで観光目的地として成立していたのは，アルプスのなかでも標高が高い山地の山麓に位置するか，もしくはスキー場を有する地域のみであった．しかし，ドイツでは1970年頃「農家で休暇を（Urlaub auf dem Bauernhof）」のスローガンが出され，多くの農村において農家民宿の整備が進み，フランスでも農家民宿での観光(ツーリズム・ヴェール）の仕組みが整備された．このような政策のもとで夏季のヴァカンスに農村を訪問する人びとが増加したが，もっぱらそこでの滞在費が安価であることが評価され，訪問者の多くは低所得者層であった．このような農村空間に，マスツーリズムを嫌い，本来のヴァカンスの場を求めた人びとが滞在し，ルーラルツーリズムを楽しむようになった．農村空間では，周囲の豊かな自然や農村独自の文化（写真6.2）に触れることが可能で，その形態が好まれた．また新鮮で安全な食料に対する要求も高まるなかで，農村での食事，肉の加工品，乳製品などへの興味も増し（呉羽，2001），フードツーリズムとしての性格も強まりつつあ

写真6.2 東チロルの農家景観（オーストリア，2000年）

る．

夏季に海岸でヴァカンスを過ごすという画一的な行動から逃れる動きは，農村へと向かうだけでなく，自然公園やそこでのスポーツ活動にも向けられた．ドイツでは，もともと都市近郊の森林などでハイキングルートが整備され，週末のレクリエーションの場として重要な役割を演じてきた．近年では，そうした地域の地形や地質を学習するジオツーリズムの展開もみられる（横山，2010）．

同時にヨーロッパ以外へのヴァカンス旅行も増加した．航空交通の発展，大量化による安価なパッケージツアーの出現によって，トルコをはじめ，東南アジアや南アメリカなども人気のある観光地

になっている．現地では，一般的な海水浴などに加えて，エコツアーに参加するなど自然志向も強くなっている．

ヨーロッパで新しいツーリズムが進展すると同時に，伝統的なツーリズムや目的地のなかには衰退するものも現れている．先述したブライトンに代表されるイギリスの海岸リゾートは，第二次世界大戦後，大きくその性格を変化させた．高級リゾートとしての名声は弱まり，中間層や低所得者層からなる訪問者が増加した．さらには，1970年代頃から，地中海沿岸などヨーロッパの南部に位置するリゾートとの競合に敗れ，衰退するようになった（中崎，2001）．

ドイツの温泉地でも衰退傾向がみられる．かつて手厚い保険制度のもと，温泉地での保養には保険が適用され，多くの滞在者は自己負担なく温泉地に滞在できた．しかし，1990年代の保険制度改革によって，効能が弱く知名度が低いような一部の温泉地では利用者数の激減がみられる．

アルプスでも，かつて夏季に多くの人びとを惹きつけたが，1970年代頃から観光者数は衰退または停滞傾向にある（呉羽，2014）．とくに地中海沿岸リゾートとの競合が激しく，そこに多くの顧客を奪われている．ただし，オーストリアではやや回復する傾向がみられる（図6.2）．その背景にはトレッキングの再評価，自転車（マウンテンバイク，ロードバイク）や水上レクリエーション，岩登りなどの新しい活動の成長がある．

一方，冬季観光については発展傾向が続いている．大規模なスキー場では，温暖化傾向で積雪が不安定であることを受けて，人工降雪機の導入整備が進んでいる．ただしそのためには，電気や水のインフラ整備，とくに大規模な貯水池が必要であり，環境への負荷は大きい．多くのスキー場ではスキーリフトの最新型への更新も活発である（写真6.3）．また，隣接するスキー場間を，シャトルバス運行やゴンドラリフトで結びつけて大規模化する例も多くみられる．冬季には競合相手となる目的地がヨーロッパ内ではほとんどなく，またヴァカンスを夏季と冬季に分けて取得するパターンの増加（コラム6.1参照）のもとで，発展傾

写真6.3 イシュグルの最新型スキーリフト
（オーストリア，2017年）

イシュグルのスキー場は，30基ものスキーリフトを有し，スイスのサムナウンのスキー場と連結されている．写真は8人が横に並んで乗車するチェアリフトの乗り場である．

向がみられる．リゾートタウンでは，アパートメントのさらなる増加がめだっている（呉羽，2017）．その中心部では，スキー滑走を楽しんだ後にアルコールを飲みながら談笑できる，ガラス張り様式の飲食店や，レンタル用具の人気向上のもとでスポーツ店の増加・拡充がみられる．

6.3 観光者流動の変容

ヨーロッパにおける観光者流動は，伝統的には北から南への移動，さらには低地から高地への移動で特徴づけられてきた．前者は冬季に日照時間が極端に短いヨーロッパの北部の居住者が，夏季に地中海沿岸などの南部の砂浜をめざす流動である．冬季には避寒の性格も現れる．後者は，低地の人びとが標高の高い山地に向かう動きである．冬季のスキー観光，夏季の登山・ハイキング，避暑などの形態がみられる．また温泉地への志向も依然として強い．

こうした伝統的な流動に加えて，人びとのニーズの多様化とともにさまざまな流動がみられるようになってきた．そのなかでも注目されるのは都市への指向である．もともと都市，とくに大都市は，観光者の居住地・出発地としてとらえられる傾向が強かった．しかし，観光ニーズの多様化，とくに都市が有する文化（芸術や博物館など），街並み，景観，商業施設などが観光対象として重

写真 6.4 エッセンの関税同盟の竪坑（ドイツ，2008 年）

写真 6.5 ウィーンのシェーンブルン宮殿（オーストリア，2015 年）

要視されるように変化した．ユネスコの世界遺産登録（コラム 6.2 参照）による知名度向上も都市観光を増加させる要因であろう．

たとえばロンドンでは，ウォーターフロント再開発によって港湾・造船所・倉庫地区がドックランズとして観光目的地の性格を有するようになった（コラム 4.2 参照）．テムズ川沿いには，飲食施設を含む商業施設の集積が進み多くの人びとを惹きつけるとともにホテルも整備され，またマリーナなどを拠点とした水上レクリエーションの中心地としての地位も確立している．

ドイツのルール工業地域では，かつて栄華を誇った炭田に基づく工業が大きく衰退したが，それらの産業遺跡を観光に活用している．かつての大工場は，工業に関するさまざまな博物館に転用されている．エッセンにおける関税同盟の竪坑跡地（写真 6.4）は，敷地のほぼすべてが博物館として利用され，教養観光向けにさまざまなツアーやイベントが準備されている．さらには市民向けのイベントも数多い．一方，ルールという地域全体では，大量の産業遺跡を巡るルート（産業文化の道）が整備されている．道路標識などの設置も進んでおり自動車で容易にドライブできるとともに，公共交通機関や自転車での移動もできるような整備が進んでいる．

オーストリアでも都市観光の重要性は増しつつある．国内の 9 つの州都における宿泊数は，1984 年には 1000 万泊弱であったが，2006 年に 1500 万泊を超え，2016 年には 2200 万泊に達した．国全体の宿泊数に占める割合は同期間に 8.4％ から 12.6％，15.8％ へと増加した．都市のなかでも，

首都であるウィーンにおける宿泊数が最も多く，国内の州都での宿泊数全体の 6 割以上を占める．音楽や芸術，ハプスブルク帝国時代の遺産にかかわる多くの観光資源，また伝統的な景観や建築物（バロック様式，ユーゲント・シュティールなど）が，世界中から多くの人びとを惹きつけている（写真 6.5）．ユネスコの世界遺産への登録も吸引力を高めている．市街地中心部における高級商店，ウィーン料理レストラン，洋菓子店，伝統的な喫茶店，郊外のワイナリー（ホイリゲ）などの人気も高い．音楽や芸術などに関する博物館や美術館も多く，2001 年に再開発された博物館地区（MQ）も注目を集めている（淡野，2004）．さらには国際会議やイベントの開催も都市観光の重要な要素である．

6.4 東欧革命と東ヨーロッパの観光地化

社会主義時代の東ヨーロッパでは，域内流動のみという特異な観光者流動がみられた．それは西ヨーロッパ諸国との間に位置した「鉄のカーテン」により，ビザと外貨（西ヨーロッパ諸国の通貨やドル）を入手できないことに基づいていた．そのため，社会主義ブロック内部での流動が卓越した（呉羽，2007）．当時の東ヨーロッパにおける主要な観光目的地は，海岸ではアドリア海とバルト海，湖岸ではハンガリーのバラトン湖と黒海沿岸のリゾートであった．そこには，共産党関係や労働組合の保養所が整備され，基本的には東ヨーロッパ内の人びとの利用がほとんどを占めた．温泉地では健康保険を利用した滞在が増加し，療養地とし

ての性格を強めていた．

1989年に始まる一連の東欧革命は，こうした状況を一変させた．国境閉鎖という物理的な障害がなくなり，鉄のカーテンをはさんだ人びとの流動はほぼ自由になった．この結果，ヨーロッパにおける観光流動に変化をもたらした．西ヨーロッパから東ヨーロッパにおける観光者数は革命後，短期間に大きく増加した．東ヨーロッパでの物価の安さや新規性の影響のもとで，その数は短期間にある程度まで増加を続けたものの，1990年代後半から停滞した．一方，2010年代に入ると再び徐々に増加するようになった．

こうした観光者の増加と連動して，宿泊施設や博物館などの整備が進んだ．その中心は，大都市，海岸・湖岸観光地および温泉地であった．ハンガリーでは，観光者の目的地は，ブダペストとバラトン湖沿岸地域に集中し，両地域でハンガリーの全宿泊数のほぼ5割を占める．また，外国人宿泊数の約6割はブダペストに集中する（2015年）．同様にチェコでも，プラハ（写真6.6）への集中が著しい．外国人による宿泊数の6割強がプラハに集中している（2017年）．プラハ以外では，西ボヘミアの温泉地で多くの宿泊者がみられ，とくにカルロヴィ・ヴァリやマリアーンスケー・ラーズニェには多くの外国人観光者が滞在する（呉羽，2007）．2000年前後からは，ルーラルツーリズムも積極的に推進され，自国民を惹きつけている（呉羽・伊藤，2010）．

一方，東ヨーロッパから西ヨーロッパへの観光流動では，オーストリアへのスキー旅行がめだっ

写真6.6 プラハの景観（チェコ，2000年）

ている．ポーランド，チェコ，スロヴァキアおよびハンガリー人によるオーストリアにおける宿泊数は1990年以降順調に増加している．1980年代までは，総宿泊数は100万以下でウィーンに著しく集中していたが，2001年には約250万に，2009年では530万に，2017年では725万に達している．そのほとんどはスキーリゾートでの滞在であり，オーストリアにとっても，ドイツからの訪問者数が減少傾向にあるなか，新しい顧客として東ヨーロッパのスキーヤーを重視している．しかし近年は，夏季の訪問者も増えており，行動の多様化がみられるようになっている．

6.5　ツーリズムの飽和

21世紀開始前後頃以降，グローバル化のもとで国際観光流動が増加し，世界各国からヨーロッパへの訪問者数は増加している．たとえば，フランス，スペイン，イタリアなど主要受け入れ国において，人口規模の大きなアジアからの宿泊数は2016年までの10年間でほぼ倍増し，ヨーロッパの観光産業にとってアジアは重要な顧客圏となっている．とくにパリやロンドン，バルセロナ，ミラノ，ウィーンなどの大都市や，知名度の高いローマやヴェネチア，フィレンツェなどでは訪問者数の増加が著しい．ユネスコによる世界遺産の登録は，これらの目的地の知名度をますます高めており，人びとの間で訪問すべき目的地という意識が強まっている．

さらに，2010年代半ば頃からこうした目的地では，訪問者数の増加によって住民の生活環境の悪化などの問題を伴うオーバーツーリズムがみられるようになった．すでにヴェネチアやバルセロナでは，訪問者数を制限するような動きが始まっている．オーストリアのハルシュタットは1997年にユネスコの世界文化遺産に登録され，その後は徐々に日帰り訪問者数が増えていった．そこでは，アジア系を中心とした訪問者がとくに2010年代前半以降急激に増加している（写真6.7）．2017年5月から10月の期間，自家用車500台分の駐車場が満車になる日がしばしばあると同時に，平均で1日およそ50～60台の団体バスが押

写真6.7 ハルシュタットにおける主要道路
（オーストリア，2017年）
駐車場からハルシュタットへと北上する道路はアジア系の外国人団体でにぎわっており，通り沿いには土産物店や飲食店が立地している．尖塔をもつプロテスタント教会がシンボルの一つである．

し寄せる．その結果，交通渋滞，ゴミ増加や騒音，カメラ撮影のための居住地侵入などが，住民の間で問題視されるようになった．2017年には，騒音や居住地侵入，ドローン飛行などに関する注意を促した4か国語（ドイツ語，英語，中国語，韓国語）での掲示がハルシュタット首長名でなされた（呉羽，2018）．

　ヨーロッパは国際観光到着数からみると世界最大の目的地であり，さまざまな観光目的地が最も集積している．これは，経済成長やヴァカンスの普及が世界で最も早く，その結果，人びとの観光行動が活発であることによるものであろう．それゆえ，世界各地に先がけて，沿岸地域や山岳地域において観光地の発展やその空間的拡大が進んできた．しかし，近年，人びとの観光行動の多様化によって，また東欧革命後のEU拡大によって，農村空間や都市の中心市街地が新たな観光目的地として注目されている．こうした傾向のもとで，伝統的なヴァカンス目的地も大きく変化しつつある．海岸リゾートはヨーロッパ内外での競合が著しく，その結果イギリスの海岸リゾートでは衰退もみられるようになった．一方，冬季リゾートには大きな競合がなく，さらにはアルプス東部では東ヨーロッパからのスキーヤーを吸収し発展傾向が続いている．ただし，近年の気温上昇傾向のもと積雪の不安定が続いており，標高の低いスキー場は今後の経営が問題視されている．

　グローバル化の進展とともに国際観光流動が増大した結果，一部の目的地では観光者の飽和が問題視されるようになってきた．マスツーリズムの弊害は，既述のように，ヨーロッパでは1970年前後から指摘されており，さらにその代わりであるオルタナティブツーリズムも進展してきた．しかし，グローバル化の波が，ヨーロッパでオーバーツーリズムの弊害を顕在化させているように思われる．これに関する目的地の対応も喫緊の課題であろう．

[呉羽正昭]

引用・参考文献

呉羽正昭（2001）：東チロルにおける観光業と農業の共生システム．地学雑誌，**110**：631-649．

呉羽正昭（2007）：観光地域の発達と観光行動の変化．加賀美雅弘・木村　汎編：朝倉世界地理講座10 東ヨーロッパ・ロシア．pp.62-73，朝倉書店．

呉羽正昭（2014）：アルプス地域のツーリズム—スイス・オーストリア・バイエルン．山本健児・平川一臣編：朝倉世界地理講座9 中央・北ヨーロッパ．pp.278-290，朝倉書店．

呉羽正昭（2017）：スキーリゾートの発展プロセス—日本とオーストリアの比較研究．二宮書店．

呉羽正昭（2018）：グローバル化時代のツーリズム．矢ケ﨑典隆ほか編：シリーズ〈地誌トピックス〉1 グローバリゼーション—縮小する世界．pp.90-100，朝倉書店．

呉羽正昭・伊藤貴啓（2010）：ルーマニアにおける農村ツーリズム．農業と経済，**76**(9)：131-137．

淡野明彦（2004）：アーバンツーリズム—都市観光論．古今書院．

中崎　茂（2001）：リゾート地域の変遷とその要因に関する考察—イギリスのマス・ツーリズムの誕生とその変容を中心に．流通経済大学論集，**35**(3)：1-21．

望月真一（1990）：フランスのリゾートづくり—哲学と手法．鹿島出版会．

横山秀司（2010）：ジオツーリズムとは何か—ドイツにおけるその展開．総合観光学会編：観光まちづくりと地域資源活用．pp.115-129，同文舘．

Bätzing, W. (2015)：*Die Alpen：Geschichte und Zukunft einer europäischen Kulturlandschaft*（vierte Auflage）．C. H. Beck.

Valenzuela, M. (1991)：Spain：The phenomenon of mass tourism, In Williams, A. and Shaw, G. eds. *Tourism and Economic Development, Western European Experiences* 2nd ed. pp. 40-60, Belhaven.

コラム 6.1

ヴァカンスの誕生

ヴァカンス（vacances）とは，もともと空白という意味のフランス語であるが，現代では有給休暇や長期休暇をさす．ヨーロッパにおけるヴァカンスは，元来，貴族や富裕層のものであった．しかし1930年代になると，労働者階級にヴァカンスが普及する契機が出現した．

フランスでは，1936年に初めての左翼政権が誕生した．フランスの労働者は，当時，社会変革と労働者の権利の拡大を要求して労働運動を起こし，経済活動が麻痺した．これに対して，労働者に多くの権利を与える政策として，1年間に2週間の有給休暇を付与する法律（有給休暇法，ヴァカンス法）が制定された．それと同時に所得の少ない労働者階級のヴァカンスを推進するために，鉄道の割引切符や安価な宿泊施設の整備を行った．ただし，富裕層の聖地であった高級リゾートでは，新規顧客である労働者層と富裕層との間に衝突が生じたことは想像に難くない．その後は第二次世界大戦が起こったために，ヴァカンスは縮小する．第二次世界大戦後，有給休暇法の改善による後押しもあって，ヴァカンスは徐々に普及していく．1956年には3週間に延長され，1969年には4週間に，さらに1982年には5週間へと延長された．

次に，ドイツ人のヴァカンスの特徴を検討しよう．ドイツは国際観光消費額が世界でもトップクラスであり，その額は964億ドルに達する（2016年，UNWTO）（表6.2参照）．同年，14歳以上のドイツ人の77％にあたる約5410万人がヴァカンス旅行（連続する5日以上の期間の旅行）に出かけている．さらに同年内に2回目，さらにはそれ以降のヴァカンス旅行出発者もおり，その旅行数は約1550万に達する．合計して約6960万のヴァカンス旅行がなされた．この数値の推移に注目すると（図6.4），1970年代から1980年代にかけてゆっくりとしたペースで増加を続けていた．しかし，1990年頃を境にヴァカンス旅行は急激に増加した．この原因としては，ドイツ統一があげられ，それまで算入されていなかった旧東ドイツ住民によるヴァカンス旅行がカウントされるようになったためである．さらに，ヴァカンスを2回や3回に分けて取得するような傾向が強まり，その結果旅行者による2回目またはそれ以降のヴァカンス旅行が増えている．

ヴァカンス旅行の行き先の変化も著しい．1970年代初頭には国内でのヴァカンス旅行が半数近くを占めていたが，近年では3割に減少している．代わりに，国外でのヴァカンスの割合が増えている．1970年代の主要な行き先はオーストリアとイタリアであったが，1980年代にスペインへのヴァカンス旅行が急増した．しかし2000年以降は，この3か国へのヴァカンスの割合は減少傾向を示し，代わってトルコの割合が増加している．ヴァカンスに出かけると，基本的には1か所に滞在し，その間にはのんびり読書をしたり，散歩をしたりしてリラックスする形態をとる．

[呉羽正昭]

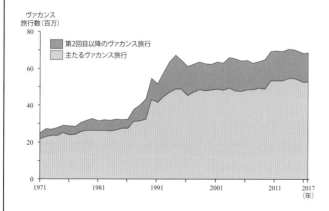

図6.4 ドイツにおけるヴァカンス旅行の推移（1971～2017年）
ヴァカンス旅行とは連続する5日以上の期間の旅行をさす．1989年までは旧西ドイツのみを示し，2010年以降はドイツ在住の外国人を含む．
Forschungsgemeinschaft Urlaub und Reisen e.V. の資料による．

文献
飯田芳也（2008）：フランスバカンス制度についての一考察―日本での長期休暇普及のために何を学ぶか．城西国際大学紀要，**16**(6)：15-32．
安島博幸（2009）：観光史―外国編．溝尾良隆編：観光学の基礎．pp.81-139，原書房．

> コラム 6.2

国際観光者でにぎわう世界遺産（EU全域）

　世界遺産とは，人類共通の普遍的価値をもつ自然および文化遺産を保護するために設けられたものである．1972年に開催された第17回ユネスコ総会で，「世界の文化遺産および自然遺産の保護に関する条約（世界遺産条約）」が成立した．世界遺産となるためには，まず登録を求める地域の担当政府機関が候補地推薦・暫定リストを申請し，ユネスコ世界遺産センターや関連機関がその妥当性を審査して認定される必要がある．2017年7月現在，世界遺産リスト登録件数は1073件あり，そのうち文化遺産832件，自然遺産206件，複合遺産35件となっている．ヨーロッパに関しては470件（ロシアを含む）あり，全世界の半数近くを占める．これは近代文明を生み出してきたヨーロッパの歴史性，さらには多くの歴史遺産の存在によるものであろう．その内訳も，文化417件，自然44件，複合9件で，文化遺産が約9割に達する．

　ヨーロッパにおける世界遺産の分布はその偏在傾向に特徴がある．とくに，イタリア，スペイン，フランス，ドイツといった西ヨーロッパ主要国に多い（図6.5）．これは，遺産登録が国ごとになされる申請に基づいて審査されるという選考プロセスに起因する．そこでは，もちろん政治的な戦略が重要な役割を演じる．

　ユネスコの世界遺産の知名度は非常に高く，遺産として登録されると訪問者数は劇的に増加する．とくに，鉄のカーテンによって情報が限られていた東ヨーロッパ諸国においてその傾向が強い．1989年以降，西ヨーロッパ諸国をはじめ世界各地から東ヨーロッパ諸国を訪れるようになるが，その大半は首都に集中した．世界遺産登録地の存在は，観光客を分散させる効果も有する．チェコ南部のチェスキー・クルムロフは，中世以降シュヴァルツェンベルク伯の居城があり，歴史的な市街地が発展してきたが，社会主義時代には荒廃した．東欧革命後，1992年に世界文化遺産に登録されると同時に，街並みやインフラの整備が進み，観光地としての名声を獲得した．同じく世界遺産を有するプラハやザルツブルク，ハルシュタットなどを巡る周遊旅行の立ち寄り点としても重要である．

　観光とは別の側面での世界遺産の問題点としてあげられるのは，景観改変などがかなり制限されることである．たとえば，ドイツの「ドレスデン・エルベ渓谷」は2004年に世界文化遺産に登録されたものの，その後エルベ川の架橋計画が実行に移されることになり，世界遺産から登録抹消された．

[呉羽正昭]

図6.5 ヨーロッパにおける世界遺産の分布（2008年）
●は1990年以前，○はそれ以降に指定されたもの．データはユネスコ世界遺産センターウェブサイトによる．加賀美雅弘(2008)：観光で読むヨーロッパの地域構造．新地理，56(2)：30.

7 EU 市民の暮らし

本章ではヨーロッパのなかでとくに EU 市民の暮らしについてみる．EU 諸国も他の先進国と同様に，少子・高齢化への対応を迫られている．少子・高齢化は地域経済の縮小のみならず，将来における年金・医療・福祉などへの各国の財政負担とかかわるためである．この章では，少子化する社会における教育と高齢化する社会における福祉について言及し，EU 拡大と市民の暮らしを展望する．少子・高齢化に対する政策にはその地域・国の価値観が少なからず反映されている．少子・高齢化にともなう社会保障制度にかかる圧力をいかに軽減し，いかに EU 市民が等しく「豊かな暮らし」を享受できるような社会を構築しようと模索しているのかについてみていく．

7.1 少子・高齢化する社会

先進諸国では，死亡率の低下によって平均寿命の伸長が起こる一方で，出生率の低下の結果として人口減少が続いている．人口減少は地域の市場規模を減退せしめ，さらには地域経済の縮小を招きかねない．このため，少子・高齢化が著しく進行する国々では，少子化対策を急務と位置づけている．現在の人口規模を維持するには合計特殊出生率（人口統計上の指標で，1 人の女性が一生に産む子どもの数を示す）2.0 以上を保持する必要がある．国力あるいは地域経済にとって重要な人口ではあるが，女性の社会進出や多様な生き方を容認する動きなどを反映して，EU 諸国においても合計特殊出生率は低下の一途をたどっているとされる．

図 7.1 は 2015 年のヨーロッパ各国における合計特殊出生率を示している．最も高い合計特殊出生率を示すのはフランス（2.01）であり，アイルランド（1.94），スウェーデン（1.88），イギリス（1.81）がこれに続く．さらに，ベルギー（1.74），フィンランド（1.71），オランダ（1.71），デンマーク（1.69），ラトヴィア（1.64），リトアニア（1.63），スロヴェニア（1.58），エストニア（1.54），チェコ（1.53），ブルガリア（1.53），ルーマニア（1.52），ドイツ（1.50），ルクセンブルク（1.50）と続く．

EU 加盟国のなかでも最も高い出生率を示すフランスは，3 人の子どもを 9 年間養育した男女に年金額を 10％加算するなどし，婚姻の法的手続きの有無にかかわらずカップルに長期的な社会的利益を還元することで出生率を回復させた．政府の政策により堅調な回復をみせた出生率は，1994 年の 1.65 から 2002 年の 1.88 に，2005 年には 1.94 に，さらに 2015 年には 2.01 にまで回復した．

北欧諸国もまた高い出生率を示しているが，スウェーデンでは子どもが 4 歳になる間に所得が減っても，年金計算は，① 子どもが生まれる前年の所得，② 年金加入期間の平均所得の 75％，③ 現行所得に基礎額（約 50 万円）を上乗せした金額の 3 通りから最も有利なものを充てるなどの対策を施した．その結果，最低出生率を示した

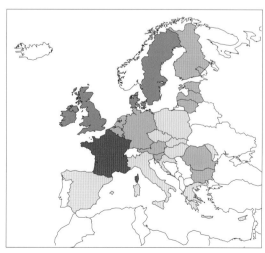

図 7.1 ヨーロッパ各国における合計特殊出生率（2015 年）
■ 2.00 以上，■ 1.75〜2.00，■ 1.50〜1.75，□ 1.25〜1.50，□ 1.25 未満（または非加盟国）．World Bank による．

1998年の1.50から2005年には1.77, さらに2015年には1.88と順調に回復している. いずれにしても, 政治・経済的に安定した社会で, 長期的な子育て支援が整備された国々で出生率の回復がみられる.

日本においては待機児童問題がいまだ解決されず, この社会問題が子育てに対する不安感を高め, ひいては少子化問題を深刻化させているともいわれている. これに対して共働きの多いフランスでは, 0歳から2歳までの子どもを保育園に預けることができる. 小さいうちから子どもが他の子どもと触れあうことは成長過程において社会性を身につけるためにとても大切なことだとされているため, ワーキングマザーのみならず専業主婦も子どもを入園させている場合が多い. 育児保障制度が日本よりもしっかりしているといわれているフランスでも, 公立保育園の数が足りていないのが現状である. しかし, その不足分を認定保育ママ制度などが補っている. そして3歳になった子どもは保育料無料の公立幼稚園に入園する権利を与えられる. 基本的に3歳から通う幼稚園を「最初の学校」として位置づけているフランスでは, 子どもの保護をしつつ幼児教育がしっかりとなされている. 余談ではあるが, 幼小連携教育カリキュラムが整っているフランスでは, 小学校に入学したばかりの1年生が「授業中に椅子に座っていられない」などの問題をかかえる「小1プロブレム」が起こりにくい仕組みになっている.

少し古いが, イギリス雑誌「エコノミスト」の調査機関による「幼児教育の世界ランキング」が2012年に発表されている. 3歳以上の幼児が通う幼児教育の場（日本の幼稚園に相当）を「プログラムの質」「コスト」「利用しやすさ」の項目別にランクづけした調査である. 日本は「プログラムの質」は評価されて13位だったものの, 幼稚園が義務教育化されていないことから, 「利用しやすさ」では30位となり, 「コスト」では幼児教育が完全に無料の北欧諸国や所得に応じて政府が学費を全額負担する国に比べると, 日本は高いとされて24位となっている. そして総合では21位だった. 北欧諸国は「福祉国家」として知られてい

図7.2 ヨーロッパ各国における65歳以上人口の割合（2016年）
■ 21.0％以上, ▨ 14.0～21.0％, □ 14.0％未満（または非加盟国）. Eurostatによる.

るが, 同時に「教育大国」でもある. 総合トップのフィンランドでは, 政府が小学校入学前のすべての子どもに無料の幼児教育とデイケアを提供している. さらに教師1人あたりの幼児数も平均11人と他国に比べて低いことがプログラムの質を高めているとして高評価につながっている. また同調査は, 幼児教育の質には「教師の社会的地位」が密接に関係していると指摘している. フィンランドでは, 幼稚園の教諭は教育学の学位を取得していて高い専門性を身につけていることから, 弁護士などと同様に社会的地位が高いという.

一方, 日本と同様にヨーロッパの国々も医療技術の進歩により, 死亡率は低下する傾向にある. 図7.2は2016年のヨーロッパ各国の65歳以上人口の割合を示している. 65歳以上の人口が総人口の21.0％を超える国はイタリア（22.0）, ギリシャ（21.3）, ドイツ（21.1）の3か国である. そしてアイルランド（13.2）を除くすべての国で, 65歳以上の人口が総人口の14.0～21.0％となっている. WHO（世界保健機関）の定義によれば, 65歳以上の人口が総人口の7～14％の場合が高齢化社会, 14～21％の場合が高齢社会, 21％以上が超高齢社会となっている. したがって, EU諸国は高齢社会から超高齢社会へ向かう途上にあると考えてよいであろう.

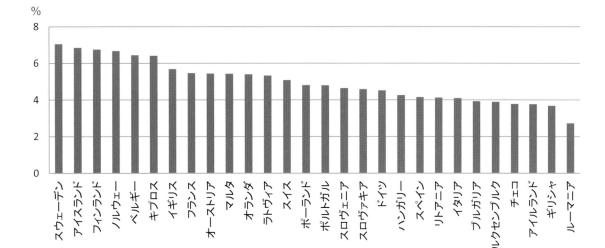

図 7.3 ヨーロッパ各国の教育に対する財政支出の対 GDP 比（2015 年）
Eurostat による（エストニアおよびデンマークはデータなし）．

7.2 教育重視の社会

　少子・高齢化が同時進行する社会においては，その地域の社会・経済的レベルを維持する何らかの対応策が必要となってくる．EU 諸国では自然環境のみならず人文環境が「持続可能な社会」を創造するために重要な要素となっていると考え，そのためには現実を把握することと人びとの教育が不可欠であるという認識が浸透している．こうした共通認識のもとで欧州委員会は欧州雇用戦略を練っており，そのなかで「すくいあげ」と「教育の質の向上」を優先課題として取り上げている．この教育重視の姿勢は生涯教育の拡充政策としてすでにいくつかの国で実施されている．

　図 7.3 は 2015 年のヨーロッパ各国の教育に対する財政支出の対 GDP 比を示している．EU の 28 加盟国の平均は約 5.0％である．2011 年の日本のそれが 3.8％であり，日本と比較すると教育へ多額の財政支出が行われていることが理解できる．これらの国々のうちで教育に対する財政支出の対 GDP 比が最も高い国は，スウェーデン（7.05）であり，アイスランド（6.84），フィンランド（6.75），ノルウェー（6.66），ベルギー（6.43），キプロス（6.40）と続く（Eurostat）．教育に対する財政支出の対 GDP 比が高い国々のみが，PISA（国際学習到達度調査，Programme for International Student Assessment）において高順位を獲得しているわけではないが，概して上位にランクインしている．この PISA は，OECD（経済協力開発機構）によって 2000 年から 3 年ごとに行われている国際的な生徒の学習到達度調査であり，義務教育修了段階の 15 歳の生徒を対象として，これまでに身につけてきた知識や技能を実生活のさまざまな場面で直面する課題にどの程度活用できるかを測るものである．

　表 7.1 は 2015 年に行われた PISA の結果のうち，読解力，数学的リテラシー，科学的リテラシーのそれぞれ上位 20 位を示している．いずれの分野においても東アジア周辺の国家・地域が上位を占めているものの，ヨーロッパ諸国も多くみられる．PISA の結果を受けて一時教育大国ともてはやされたフィンランドは，読解力 4 位，数学的リテラシー 13 位，科学的リテラシー 5 位を獲得している．フィンランドは「平等な総合教育」を教育政策の核としている．フィンランドの目的とする「平等な総合教育」とは，どんな場所に住んでいようと，また性別や経済的事情，母国語の違いなどに関係なく一様に受ける教育である．原則的に児童・生徒は 7 歳から 16 歳までの 9 年間自宅近くの基礎教育学校に通う．基礎教育学校は，初等と前期中等教育が連続して行われるいわば小中一貫校である．それに対して，たとえばオラン

表 7.1　2015 年の国際学習到達度調査結果

順位	読解力	平均得点	数学的リテラシー	平均得点	科学的リテラシー	平均得点
1	シンガポール	535	シンガポール	564	シンガポール	556
2	香港	527	香港	547	日本	538
3	カナダ	527	マカオ	544	エストニア	534
4	フィンランド	526	台湾	542	台湾	532
5	アイルランド	521	日本	532	フィンランド	531
6	エストニア	519	北京・上海・江蘇・広東	531	マカオ	529
7	韓国	517	韓国	524	カナダ	528
8	日本	516	スイス	521	ヴェトナム	525
9	ノルウェー	513	エストニア	520	香港	523
10	ニュージーランド	509	カナダ	516	北京・上海・江蘇・広東	518
11	ドイツ	509	オランダ	512	韓国	516
12	マカオ	509	デンマーク	511	ニュージーランド	513
13	ポーランド	506	フィンランド	511	スロヴェニア	513
14	スロヴェニア	505	スロヴェニア	510	オーストラリア	510
15	オランダ	503	ベルギー	507	イギリス	509
16	オーストラリア	503	ドイツ	506	ドイツ	509
17	スウェーデン	500	ポーランド	504	オランダ	509
18	デンマーク	500	アイルランド	504	スイス	506
19	フランス	499	ノルウェー	502	アイルランド	503
20	ベルギー	499	オーストリア	497	ベルギー	502
	OECD 平均	493	OECD 平均	490	OECD 平均	493

太字はヨーロッパ諸国．The OECD Programme for International Student Assessment (PISA) による．

ダは，「個人の求める教育機会の提供」を目的としている．原則的に児童・生徒は 4 歳から 12 歳までの 8 年間それぞれの希望する基礎学校へ通う．フィンランドでは 16 歳で義務教育課程を終了した後，進路別の後期中等教育課程へと移っていくことが特徴である．それに対して，オランダ（読解力 15 位，数学的リテラシー 11 位，科学的リテラシー 17 位）やドイツ（読解力 11 位，数学的リテラシー 16 位，科学的リテラシー 16 位）では 12 歳で進路別の前期中等教育課程へと移っていく．フィンランドが思春期半ばまで同じ路線を進むのに対して，オランダやドイツは 12 歳という早期段階で進路に見合った中等教育課程へといわば振り分けられる．どちらの国も生徒の興味・関心の変化や適正・能力の開花に応じて後期中等教育課程における学校間移動を可能としている．

ヨーロッパでは国ごとに異なる教育政策が実施されながらも，概して高い教育効果をおさめている．他国の良い点を積極的に取り入れることも成功の近道であるかもしれない．ただし，国民性や文化的背景に合った教育なくして教育効果を得ることは困難ではあるがヨーロッパの教育制度・政策は注目に値する．

7.3　充実した福祉社会

ヨーロッパ諸国は，地域的安定のために，人びとの暮らしの安定を政治的最重要課題と位置づけている．人びとの生活を守るセーフティネットの国家による提供，すなわち社会的保障の始まりはヨーロッパにある．15 世紀末のイギリスでは，エンクロージャーによる囲い込み政策によって土地を失った農民が都市へと流入し，その結果，都市における貧困層が増大するとともに，生活困窮者による窃盗などの犯罪が頻発し社会問題となった．そこで救貧法を制定し，救貧税によって貧困救済を行った．疾病や高齢などの理由により就労不可能な貧困者には給付による援助を行う一方で，就労可能な者には仕事を与えたりした．こうした公的扶助の整備に対して，社会保険は 19 世紀後半に登場する．急速な工業化によって低賃金労働者が急増したドイツにおいて，1880 年代に疾病保険，災害保険，老年保険と次々に社会保険法

が成立した．ともあれ救貧院や孤児院といった保護施設が古くから整備されていたヨーロッパ諸国では，社会的保障は人間の基本的権利であるという考えが定着しており，保護を必要とする人びとに対するさまざまな福祉制度が整備されている．

福祉レジーム論を提唱したアンデルセン（エスピン＝アンデルセン，2001）は，福祉レジームを考える際には，社会保障そのものばかりでなく社会全体における福祉の生産・供給主体に目を向ける必要性があるとした．そして福祉を生産・供給する主体として国家，市場，共同体の3つを見出した．さらに，これら3指標のあり方から，自由主義レジーム，社会民主主義レジーム，保守主義レジームに分類した．

アメリカ合衆国などのアングロ・サクソン諸国においてみられる自由主義レジームは，3指標のうち市場に重きを置くのが特徴で，小さな国家において個人にリスク管理を任せ，市場中心に問題解決をはかっていくことを志向している．これに対してスウェーデンなどの北欧諸国に代表される社会民主主義レジームは，国家を軸としリスクの包括的な社会化を志向している．家族や市場が福祉に果たす役割は小さく，代わって国家が中心的役割を担っている．さらにドイツなどの大陸ヨーロッパ諸国においてみられる保守主義レジームは，家族や地域などの共同体が福祉の生産・供給主体として重要な役割を果たしており，自由主義レジームと社会民主主義レジームの中庸とされる．このような違いは，国家の役割や個人の尊厳に対する考え方を反映しており，ヨーロッパ諸国でも一様ではない．

社会の成熟とともに福祉の対象は広がりをみせた．社会的弱者のうち自身で判断ができない子どもや心身のハンディキャップから社会参加が困難な者に対しては，適応を促すよりも福祉という名のもとで社会的隔離あるいは社会的排除が行われてきた．こうした状態を改善すべくノーマライゼーションという概念が1950年代にデンマークのミケルセン（Bank-Mikkelsen）によって提唱され，1960年代にスウェーデンのニィリエ（B. Nirje）によって推進された．このノーマライゼーション

写真7.1 仕事中の盲導犬（オランダ，2010年）

の動きは北西ヨーロッパで活発であり，老若男女を問わず，障がい者，健常者の別なく，すべてのヒトをかけがえのない人間としてごく普通（ノーマル）に地域で暮らし，ともに生きる社会をつくり上げようとしている．写真7.1はオランダで盲導犬とともに地域で暮らす視覚障がい者が買い物に出かけたときの様子である．買い物のお供をしているのは盲導犬のゾルバ君である．盲導犬は視覚障がい者に横断歩道の段差や歩行の妨げになる物を知らせてくれるものの，信号機の色までは識別できないため，周囲の人あるいはドライバーが注意をして視覚障がい者と盲導犬を見守っている．オランダでは王立オランダ盲導犬協会が1935年に創立され，4000頭以上の盲導犬を訓練してきた．2018年現在，盲導犬協会は90名の職員，数百名のボランティア，5万5000名の寄付者，そして数件のスポンサーの努力と善意で成り立っている．アムステルダムに南接するアムステーフェーン市の訓練所1か所だけで，1年間に日本で訓練される盲導犬とほぼ同数のそれを送り出しており，視覚障がい者が地域で普通に暮らしていくというノーマライゼーションがいかに浸透しているかがわかる．

ところで，一国の歳入に占める割合が最も高い税は，一般に法人税であり，次いで所得税である．各国の政策を支える税金が各国の政策立案・実施に大きくかかわっていることは間違いない．北欧

表7.2 ヨーロッパ各国の税率（2018年）

国名	消費税率	食品への消費税率	最大個人所得税率	法人税率
ハンガリー	25.0	25.0	36.0	16.0
デンマーク	25.0	25.0	58.0	25.0
スウェーデン	25.0	12.0	55.0	26.3
ノルウェー	24.0	12.0	54.3	28.0
ギリシャ	23.0	8.0	40.0	25.0
ポーランド	22.0	7.0	32.0	19.0
フィンランド	22.0	17.0	53.0	26.0
スロヴェニア	22.0	9.5	50.0	22.0
ラトヴィア	22.0	12.0	31.4	20.0
ベルギー	21.0	6.0	50.0	34.0
アイルランド	21.0	0.0	41.0	12.5
リトアニア	21.0	21.0	55.2	15.0
ブルガリア	20.0	0.0	10.0	10.0
チェコ	20.0	10.0	15.0	21.0
オーストリア	20.0	10.0	50.0	25.0
イタリア	20.0	10.0	45.0	37.3
エストニア	20.0	20.0	20.0	20.0
フランス	19.6	5.5	41.0	33.3
ルーマニア	19.0	19.0	16.0	16.0
ポルトガル	19.0	5.0	42.0	27.5
スロヴァキア	19.0	19.0	19.0	19.0
オランダ	19.0	6.0	52.0	25.5
キプロス	19.0	5.0	35.0	12.5
マルタ	18.0	0.0	35.0	35.0
イギリス	17.5	0.0	50.0	21.3
ドイツ	17.0	6.0	45.0	30.2
スペイン	16.0	7.0	45.0	30.0
ルクセンブルク	15.0	3.0	39.0	29.6
スイス	7.6	2.4	45.5	25.0

アミかけは消費税率25.0％以上，最大個人所得税率50.0％以上，法人税率30.0％以上のいずれかを示している．Eurostatによる．

諸国はヨーロッパのいわば周辺に位置し，多くの企業の誘致が難しいことから，自国民を最大の資源ととらえ，その資源を有効活用すべく教育に投資をし，さらには高い税金を支払ってでも居住し続けるに値する国となるよう充実した福祉制度で頭脳流出の防止をはかっている．2018年におけるヨーロッパ各国の税率を示した表7.2からは，高い個人所得税および消費税を課す産業保護型徴税大国，高い個人所得税に加えて高い法人税を導入している産業立地型徴税国などに分類できる．デンマーク，スウェーデン，ノルウェー，オーストリアを代表とする産業保護型徴税大国は，EUのなかの周辺国あるいは産業の立地しにくい山岳地域に分布するため，法人税を低く抑えている．一方，ベルギー，イタリア，フランスなどは，立地条件の良さから企業を引きつけてやまないため，高い個人所得税に加えて高い法人税を導入している．消費税については，ハンガリーとデンマークが最も高い消費税率25％を誇り，この2国は食品に対しても同率で課税している．それに対して，スウェーデンは同じ消費税率25％を課しながらも，人間が生きていくうえで不可欠な食品については12％に抑えている．食品に対しては，アイルランド，ブルガリア，マルタ，イギリスが無税とするなど，人々の暮らしに直結する物品への課税に対して配慮がなされている．さらに，各国の最大個人所得税率をみると，デンマーク，スウェーデン，ノルウェー，フィンランド，スロヴェニア，ベルギー，リトアニア，オーストリア，オランダ，イギリスが50％以上の課税率となっている．以上は，個人が生活するうえでかかわる税金である．他方，法人に課税される税を確認すると，法人所得税ならびに法人登録税（国によって有無が異なり，また名称も異なる）をあわせた法人税が30％超の国々は，ベルギー，イタリア，フランス，マルタ，ドイツ，スペインである．ヨーロッパでは課税率ばかりでなく課税対象もそれぞれの国によって異なるが，いずれにしても徴税によって社会的不平等を最小化する社会システムを構築しようとしている．

7.4　EU拡大と市民の暮らし

地域間格差の大きなEUでは，EU拡大にともなうダイナミックな人口移動がみられる．とりわけ，第5次（2004年および2007年）および第6次（2013年）の拡大で新規加盟国になった国々から，労働市場の大きなイギリス，フランス，ドイツなどへの労働者の移動が顕著になって久しい．職業・年齢・家族構成など関係なく，あらゆる人びとが貧しい国から豊かな国へ希望を胸に移動している．彼らのなかには移動先での言語を十分に話せない者も少なからずいる．当然のことながら，こうした者は清掃や皿洗いなどの単純労働にしか就くことができず，アメリカンドリームならぬヨーロピアンドリームは夢のまた夢となり，移動先で生活していくことに精いっぱいの状況に

置かれる．就労先が見つからずに貯金も使い果たし，ホームレスに転落する者もいるという．いわゆる出稼ぎ労働者の増加，2008年のリーマンショックに端を発する経済不況，それにともなう社会保障費の削減などが相まって，ポピュリズム政党の躍進に象徴されるように移民に対する風当たりは強い．にもかかわらず，新規加盟国からの労働者流出は止まらない．人口流出先の国々では，組立工場などの単純労働者から医師などの専門技術者まで，あらゆる分野で人材流出が相次ぎ，深刻な労働力不足に見舞われている．EU拡大にともなって生じた課題に向きあいながら，5億人を超えるEU市民の暮らしをいかに保障していくか．問題は政治・経済・社会の多岐にわたっている．

［大島規江］

引用・参考文献

エスピン＝アンデルセン，G. 著，岡沢憲芙・宮本太郎監訳（2001）：福祉資本主義の三つの世界―比較福祉国家の理論と動態．ミネルヴァ書房．
上林千恵子（2007）：東欧労働者の流入とその影響―EU拡大後のイギリス労働市場．労働市場，459：8-12．
ジェニス，A.（2010）：EU加盟に伴うポーランド人労働者の域内移動分析．岡山大学大学院社会文化科学研究科紀要，**30**：255-274．
橘木俊詔（2010）：安心の社会保障改革―福祉思想史と経済学で考える．東洋経済新報社．
ニィリエ，B. 著，河東田博訳（2004）：ノーマライゼーションの原理―普遍化と社会変革を求めて．現代書館．
パッカラ，R.（2008）：フィンランドの教育力―なぜ，PISAで学力世界一になったのか．学研新書．
Black, R. *et al.*(2010)：*A Continent Moving West?：EU Enlargement and Labour Migration from Central and Eastern Europe*. Amsterdam University Press.
Burrell, K. ed.(2009)：*Polish Migration to the UK in the 'New' European Union After 2004*. Routledge.
Eurostat：https://ec.europa.eu/eurostat（2018年9月30日確認）
Galgóczi, B. and Leschke, J. ed.(2009)：*EU Labour Migration since Enlargement Trends, Impacts and Policies*. Routledge.
PISA：http://www.oecd.org/pisa/（2018年9月30日確認）

コラム 7.1

博物館が身近な暮らし

　ヨーロッパの人びとの暮らしのなかで博物館は日常的な場所の一つとみなされている．ヨーロッパには非常に多くの博物館があり，どこを訪ねるか，選ぶのに事欠かない．設置者は国や市などの行政機関はもちろん，企業や財団，NPOのような民間・市民団体などさまざまである．展示内容も，都市や農村など地域の歴史や伝統文化など総合的に地域を扱ったものや，国や地域の伝統芸能・文化，特定の民族文化，交通や科学技術，美術工芸品，戦争や虐殺，災害など歴史的な事件，さらには著名な人物など多岐に及んでいる．

　これらはたいがい交通の便がいい場所に立地しており，しかも歴史ある建造物や大型のめだつ建物にあるため，都市のランドマークとして位置づけられているものが多い．市民に広く知られており，どこに行くのか博物館を目印にして道を探すことも少なくない．博物館は教会や市庁舎などと同じように，一定規模の都市ならば必ずある施設である．

　興味深いのは，こうした博物館が平日でもにぎわっていることである．観光客の目的地になっているものが多いのも理由だが，一般市民が気軽に訪れているために，絶えず人が出入りしている．博物館は市民にとって身近な存在であり，時間にゆとりがあればちょっとのぞいてみるような感覚で博物館に足を運ぶ．実際，博物館の入館料は一般に安価だし，とくに学生には手厚く，かなりの割引価格で利用できる．

　博物館が身近なのは，入館料だけが理由だろうか．その答えを探すと，日本の博物館の利用のされ方を見ることによってヒントが得られそうだ．日本の博物館は，明治期に当時の政府によって文明国の都市にふさわしい施設の一つとして設置された．1872年に創設された東京国立博物館は，日本の伝統的な財宝の国外流出を防ぐために国が設けた施設である．そのため博物館は保管する場としての機能が高く，歴史や文化を学ぶために学校教育に取り入れられていった．そのため，どちらかというと特別なものを見学するためにわざわざ出かけるところ，というイメージがあるのが日本の博物館である．

一方，ヨーロッパでは博物館は資料を市民に公開し，できるだけ見学してもらおうという意図が前面に出ている．それは，博物館がそもそも政治的意図と無関係ではなかったからである．博物館の多くは19世紀に設立されたが，その理由は，市民意識を高め，国民を生み出してゆくナショナリズムの時代を反映したからであり，人びとはこぞって博物館を訪ねた．博物館は，歴史や文化についてのさまざまな展示物を見ることによって，自分が住んでいる都市や地域に愛着や誇りを感じることができるように工夫された．訪問した人びとは展示を見ることによってそうした感覚にとらわれ，国民や市民意識を高めていった．すなわち，博物館は自己意識が高揚する場所だった．市民が積極的に足を運び，博物館は人びととの交流や社交の場所として注目されていった．

写真7.2 世界から観光客を集めるロンドンの大英博物館（2016年）

ヨーロッパでは現在も多くの博物館が新たに設置されている．博物館は観光客にとって現地情報を得る貴重な場所でもあり，多くの訪問者を迎えている（写真7.2）．しかしそれだけでなく，ホロコースト博物館のように過去の歴史を共有することによって価値観を認めあうことも視野に入れられている．また，少数民族集団にとっても博物館は重要である．そこでは，固有の伝統文化をアピールすることで，集団としてのまとまりを強め，また集団の存在を主張することにもつながることが期待されている（写真7.3）． ［加賀美雅弘］

写真7.3 ハンガリーの少数民族ドイツ系ハンガリー人の博物館（2000年）

参考文献
石井正巳編（2016）：博物館という装置—帝国・植民地・アイデンティティ．勉誠堂．
吉見俊哉（1992）：博覧会の政治学—まなざしの近代．中公新書．

コラム 7.2

北欧流，夏の過ごし方！

コラム6.1（p.89頁）で紹介されているように，ヨーロッパには「ヴァカンス」の習慣がある．つまり，年に数回の少なくとも2週間程度の休暇を取る慣習である．ヴァカンス取得の状況は国／地域／個人の経済状態によりさまざまであるが，経済的に豊かで，なおかつ福祉制度の充実した北欧諸国において，その取得率は高くなっている．

「北欧諸国といった場合，『諸国』に相当する国はどの国か？」という疑問は，地域区分という重要な地理的命題とかかわるため，あえて説明を避ける．ここでは，一般的イメージで北欧に区分されるフィンランドを事例に，北欧の夏の過ごし方を紹介したい．

地図が手元にある方は，いわゆる「北欧」の載っているページを開いてみてほしい．フィンランドの南端はおよそ北緯60°，北端は70°である．真冬に太陽が昇らない極夜と真夏に太陽が沈まない白夜が見られるのは，北緯66°以北の北極圏であり，その範囲はフィンランドの北部のみである．しかし，フィンランドの国土は高緯度地方に広がることから，夏場には日没が晩の11時近くになる．

ムーミンの故郷フィンランドは，森と湖の国であり，夏季の長い日照時間を森と湖で楽しむのが北欧流の夏のヴァカンスである．フィンランドの森と湖を訪れるのはフィンランド人ばかりでなく，隣国のスウェーデンからも多くの観光客がヴァカンスにやってくる．北欧諸国では，伝統的な生活文化に根づいた「牧歌的情景（ルーラルティ）」を求めるルーラルツーリズムが文化として定着しているのである．

　さて，農村でのヴァカンスはさぞかし優雅なものであろうと日本人は思いがちである．しかし，北欧流は「伝統的な生活文化」を実践して楽しむのである．写真7.4は，ヘルシンキ郊外の森のなかのセカンドハウスである．「ねじれ」や「そり」の少ない年輪の密な針葉樹林を利用したログハウスであり，一見するとステキなセカンドハウスである．しかし，写真をよく見てほしい．ログハウスの左手にドラム缶があるのがわかるだろうか．このドラム缶，湯を沸かすのに使われるのである．

　近年では電気・ガス・水道完備の便利なセカンドハウスも増えているようであるが，電気・ガス・水道なしのセカンドハウスであえて不便な，けれども家族の協力なしでは成り立たない生活を実践するのである．電気・水道・ガスなしのセカンドハウスでは，薪拾い，薪割り，水汲み，火おこし，薪くべなど，やるべきことが山積みである．優雅どころではない．しかし，こうした不便だけれども「空気のおいしさ」や「水のおいしさ」など自然の恵みを堪能し，家族という社会の最小単位での役割分担から個々の良さを引き出しあい，工夫を凝らす姿勢を身につけている．ヨーロッパの周辺の，いわば辺境に位置にする国ゆえの「夏の過ごし方」なのである．

写真7.4 ヘルシンキ郊外のセカンドハウス（フィンランド，2004年）

［大島規江］

参考文献

菊地俊夫（2008）：地理学におけるルーラルツーリズム研究の展開と可能性—フードツーリズムのフレームワークを援用するために．地理空間，**1**(1)：32-52．

8　ヨーロッパ人の地理的想像力

　ルネッサンス期以降のヨーロッパ人は，地図上に表象された領土の民となることで国家と固く結ばれてきた．そして，領土に対して言語や歴史を一体化させてとらえる神話が，国民国家という擬制を生み出した．第二次世界大戦後の欧州統合は，生存空間の確保をめぐるナショナリズムの争いを克服する試みであるが，EUになった現在も，国民神話を生産し続ける主権国家クラブのあり方を払拭したわけではない．他方，近代国家の成立を導いたヨーロッパ人の地理的想像力のなかで，もう一つ見落とすことのできない側面として，ランドスケープに対する顕彰意識がある．都市や地域のネットワーク再構築が進むグローバル化時代にあって，国民国家の枠組みを超え，人びとのかかわりによって進化し続けるランドスケープの価値があらためて問われる．

8.1　領域国家が分立するヨーロッパ

8.1.1　『パン・ヨーロッパ』を繙く

　今日ヨーロッパは政治的にも，経済的にもはたまた文化的にも，世界の中心ではない．世界はヨーロッパより解放せられた．

　爾余の大国が世界の人民および原料品を相互に分割し，大陸を経営しつつあるにかかわらず，フランスはラインを，イタリアはアドリアを凝視している．したがってヨーロッパの世界政策的活動能力は，その不和により麻痺している．

　ヨーロッパには自由に対する要求が秩序に対する努力よりも強く，また最小の国家といえども生活能力および競争能力を顧慮することなく，その完全なる主権を欲している．

『クーデンホーフ・カレルギー全集1』
43～46頁（抜粋）

　これは，オーストリアの政治思想家・活動家，リヒァルト・クーデンホーフ・カレルギーの代表作『パン・ヨーロッパ』（1923年）から，第一次世界大戦後のヨーロッパ情勢に関する基本認識について述べた部分を抜粋したものである．戦争による疲弊からの再興の可能性を欧州統合に託した汎ヨーロッパ運動は，再度の大戦勃発による挫折を経験しつつも，のちに結実する統合の歩みに対して思想的に貢献した．ゆえに，『欧州共通教科書』（ドリューシュ，1994）などでは，クーデンホーフを欧州統合の父の一人に位置づけている．

　『パン・ヨーロッパ』を繙くと，小規模な領域国家が分立するヨーロッパの限界とともに，統合の根拠とされたヨーロッパの共通的基盤について，当時の先端的思想家の発想を知ることができる．それは，1世紀近くを経た今日でも，ヨーロッパ人の地理的想像力に関する理解を深めるうえで，きわめて示唆に富んでいる．

　『パン・ヨーロッパ』が著された時代のヨーロッパの地図を見てみよう．そこには，近代以降に台頭したナショナリズムの帰結が映し出されている（図8.1）．東ヨーロッパでは，第一次世界大戦で崩壊したオーストリア＝ハンガリー帝国のあとに，大幅に領土を縮小したハンガリーをはじめ，チェコスロヴァキア，ユーゴスラヴィアなど，いくつもの新国家が誕生した．バルト海周辺では，フィンランドのほか，エストニア，ラトヴィア，リトアニアがロシアの支配を脱し，独立を宣言する．そして，ヴェルサイユ条約の裁定により，ドイツとロシアの領土が割譲され，ポーランドが独立国として再興した．

　第二次世界大戦とその後の長い冷戦を経験したヨーロッパは，小国の割拠という意味ではクーデンホーフがとらえた戦間期ヨーロッパとさほど違わない．それは，近代ヨーロッパが民族自決を旗印に生み出した政治地図であり，国民国家樹立と

図 8.1 両大戦間期のヨーロッパ（1930年頃）
変化が激しかった国境は，およその形状を示してある．

いう虚構に満ちた理想の表現でもある．世界的にみれば「小さな」国が蝟集（い しゅう）するヨーロッパは，今日，28 の加盟国（2018 年現在）が構成する EU として，イギリスの離脱問題などの不安定要因をかかえつつも，国際政治の場で存在感を保とうと腐心し続けている．

8.1.2 国家と人民を結びつける領土

ところで，ルネッサンス期以降のヨーロッパの歴史に大きな影響を与えた発明に，今日われわれが当然としている地図による空間認識がある．中世の社団国家は，地域範囲と構成員のいずれの面でも明確な輪郭をもたず，王権と都市やギルドの微妙な力関係のうえに存立していた．若林（2009）が指摘したように，そうした中世的な国家から地表面上に権力を張りめぐらせる領域国家への移行を支えたのが，メルカトルの世界図をはじめ，経緯度系による位置づけを可能とした地図の力である．かつて抽象的にイメージされていた国家の構成員は，地図上に具象化された領土の民となることで，国家と固く結ばれていった．ウェストファリア条約（1648 年）以後のヨーロッパでは，人民（ピープル）と領土（テリトリー）を携え，それらの排他的な統治を追求する主権国家が次々と確立されてゆく．

フランス革命に触発されてヨーロッパ全域に拡大したナショナリズムは，前近代の絶対王権を解体し，これを凝集力のある国民（ネーション）がつくる国家，すなわち国民国家の枠組みへと変換しようとした．その際にも，国家と国民の結合にとって，地図に表される領土が決定的な意味をもった．測量と人口センサスという道具を手にした近代国家は，領土を資源の権威主義的配分のアリーナとし，そうした配分の仕組みに参加する資格を有する人びとに対して，国民としての忠誠を求めたからである．近代国家の領土的基盤は，教育，福祉，納税，兵役など，国家と個人が結ぶ権利・義務関係の網の目によって可視化されている．国民国家フランスの成立は，フランスという領域国家に住む人びとがフランス語やフランス文化，そして神話化されたフランスの歴史を共有するフランス国民となることを意味した（竹中，2015）．

領土がもつ重要性は，ドイツ人のように，近代国家の成立に先立つアイデンティティを主張する民族にあっても変わらない．むしろ，所与の枠組みたる領土を基盤に国民をつくろうとしたフランスなどに比べて，領土問題が先鋭化しやすいとも考えられる．民族が国家樹立の意思をもったその日から，国民国家の地位を獲得しようと領土確保に奔走するからである．中央・東ヨーロッパでとりわけ顕著な民族と領土の整合性をめぐる紛争について，すでに引用した『パン・ヨーロッパ』は，両大戦間期のヨーロッパに的を定めることで，鋭い指摘を行っている．

> 国境の正しい確定はヨーロッパにおいては不可能である．なんとなればほとんどいたるところに国境画定に標準となるべき着眼点が相互に矛盾して存在するから．

> 東ヨーロッパにおいて正しい国境を画することが不可能なのに顧み，世界大戦における戦勝諸国はこの解きほぐすことのできぬ節々を一刀両断的に武力によって切り離そうと決心した．

> かくして東ヨーロッパのすべての戦勝国民国家は強力なる少数民族を包蔵している．ほとんどすべてのこれら国民的少数者は多数者に抑圧せられ

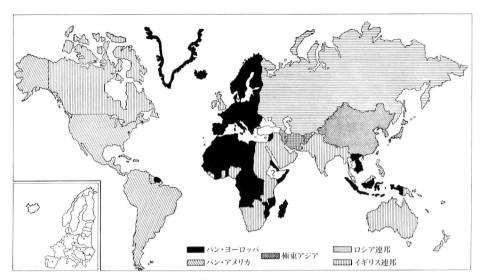

図 8.2 世界の中のパン・ヨーロッパ
鹿島守之助訳編 (1970):クーデンホーフ・カレルギー全集 1. 鹿島研究所出版会, 付録地図を一部改変.

ていて,彼らの希望の全部を新戦争による彼らの新祖国の崩壊につないでいる.

『クーデンホーフ・カレルギー全集1』
158～159頁(抜粋)

クーデンホーフの議論にあるように,第一次世界大戦の戦後処理に際しては,戦勝国の利益を優先し,中央・東ヨーロッパにおける実際の民族分布を軽視する,擬制的な国民国家創出のための線引きが行われた.周知のとおり,この戦後処理の失敗が大きな火種となり,中央・東ヨーロッパにおける民族対立を利用して支配圏の拡大をはかるナチズムの無謀が加わって,ヨーロッパは再度の大戦を経験することになる.そして,ソ連が東ヨーロッパ諸国を自らの衛星国とした冷戦期を経て,1980年代末以降に東ヨーロッパの共産主義体制が崩壊すると,「本来の」領土を取り戻そうとする民族主義が噴出した.チェコとスロヴァキアの分離がその平和的な事例であり,最も暴力的な側面は,激しい内戦を惹起したユーゴスラヴィアの解体にみることができる.

他方,『パン・ヨーロッパ』を今日的視点から再評価する際に,大きな違和感を抱かせる論点として,植民地支配に関する記述があげられる.本章冒頭の引用をもう一度参照してほしい.イギリス,アメリカ合衆国,日本といった世界の大国が世界を分割しようとするなかで,ヨーロッパ諸国は,ヨーロッパ内の対立に明け暮れ,世界的な視野からの戦略的行動に失敗しているとクーデンホーフはいう.そして,26の国家,約500万km^{2}の領土,約3億の人口を有するパン・ヨーロッパ国家集合体は,アフリカや東南アジアの植民地を従えることで,世界で最も強大な勢力になりうると主張した(図8.2).

考えてみると,近世以降に発達した世界図が支えたのは,国境線の内側に権力を張りめぐらせる領域国家の形成だけではない.ウェストファリア条約によって建前上は対等の主権を約束しあったヨーロッパ諸国は,世界図の上に定量化された地球という限りある資源地の分割支配を虎視眈々とねらった.第二次世界大戦後の植民地独立を経た現在のヨーロッパは,非ヨーロッパに対して平等な主権の行使を否定した過去を乗り越え,新たな世界認識のなかに自らを位置づけ直すことに成功したといえるだろうか.パレスチナ出身の思想家サイードが1970年代末に著した『オリエンタリズム』は,東洋と対峙する西洋のまなざしに沈潜する帝国主義的な思考様式を抉り出した名著である.それは,グローバル化時代といわれる今も,ロングセラーとして読み継がれている.

8.1.3 主権国家クラブとしての EU

再びヨーロッパのなかに視点を戻そう.クーデンホーフは,パン・ヨーロッパ会議の招集から関

図 8.3 1ユーロ硬貨の図柄
通貨同盟などにより法定通貨としてユーロを導入している極小国は省略した．欧州中央銀行の資料に基づいて，記念硬貨を除く最新の図柄（2018年5月現在）のみを示した．図柄に付属する説明は，欧州中央銀行の資料をもとに作成．

税同盟の締結と単一経済域の結成を経て，ヨーロッパ合衆国へいたる欧州統合の道筋を描いた．第二次世界大戦後，クーデンホーフの提案にかなり近い経路をたどって統合を進めてきたヨーロッパは，今日，統合体の中に国家をいかに位置づけようとしているだろうか．手がかりとして，1ユーロ硬貨の図柄に注目してみよう（図8.3）．

共通通貨ユーロは，2018年現在，EU加盟国のうち19か国の法定通貨とされ，市民生活のなかでEU統合を身近に感じさせる代表的な制度となっている．ユーロ圏全体に共通するユーロ紙幣のデザインは，さまざまな時代を代表する建築様式にモチーフを得ていて，特定の実在のモニュメントなどを描いたものではない．対照的にユーロ硬貨では，表面が共通デザインとされる一方で，裏面は各国独自の図柄を採用している．

19か国の図柄を注意深く観察すると，いくつかのタイプの存在が浮かび上がる．すなわち，①国家元首の肖像：オランダ，スペイン，ベルギー，ルクセンブルク．②歴史上の著名な人物やそ

の作品：イタリア（ダヴィンチの作品），オーストリア（モーツァルト），スロヴェニア（プリモシュ・トゥルバル）．③民族や国の歴史にまつわる文物：アイルランド（ケルト文化），キプロス（先史時代の芸術），ギリシャ（古代アテナイ），ドイツ（神聖ローマ帝国にさかのぼる紋章），ポルトガル（建国当時の王室），マルタ（マルタ騎士団），ラトヴィア（独立国だった時代の硬貨），リトアニア（中世起源の国章）．④理想とする価値：フランス（自由，平等，博愛）．⑤国土や自然環境の特徴：エストニア（国土の輪郭），スロヴァキア（国を象徴する三山），フィンランド（白鳥），といった具合である．概括的にいえば，立憲君主制をとる国は国家元首を掲げ，共和制国家の場合は，おのおのが誇る時代の歴史や文化によりどころを求める傾向にある．そうしたなかで，共和国が理想とする普遍的価値を表現したフランスはやや異色である．

以上のように整理すると，EUを構成する国々は，硬貨表面のデザインに象徴される抽象的なヨーロッパ観を共有しつつも，その裏側に刻まれたイコンが示すように，主権国家としての国民神話を今なお生産しているといえそうである．クーデンホーフは，キリスト教とギリシャ文明を起源とする科学・芸術・文化で結ばれたヨーロッパにあって，言語の多様性を口実として煽り立てられた国民的排外主義は，克服すべき近代の悪弊だと主張した．この意味で，第二次世界大戦後の欧州統合の流れは，近代国家の編制に起因する摩擦・紛争を乗り越える試みとして大きな意義をもつ．にもかかわらず，今日のEUがメンバー間の駆け引きのうちに危うい均衡を維持している，主権国家クラブであることを忘れるべきではない．

8.2 境界づけられるヨーロッパ社会

8.2.1 民族＝地域の空間認識

二度の大戦を通じて大規模な国家再編が起きた中央・東ヨーロッパに対して，西ヨーロッパでは，国民国家が安定的な国境線に守られているようにみえる．その一方で，既存国家の枠組みに対して居心地の悪さを訴える少数集団も少なくない．イギリスにおけるスコットランド人やウェールズ人，フランスのブルターニュ人やコルシカ人，スペインの（あるいはスペインとフランスにまたがる）カタルーニャ人やバスク人などが代表例である．

このような少数集団については，はたして独立した民族といえるのかという疑問を呈する人もいるだろう．しかし，民族の名にふさわしい凝集力に富んだ集団であるか否かにかかわらず，地域として自治や独立を求めるスコットランドやカタルーニャの問題は歴然と存在している．近代ヨーロッパが国民という擬制を生み出したのと同様，既存国家のなかの少数者とされる民族にも，近代社会の形成を通じて集団としての輪郭を露わにしたものが少なくない．そして，それら集団が存立基盤を確立するために採用した戦略もまた，国民国家の場合と同様，資源を自らの権威のもとに配分することのできる領土の確保であった．地図の世界認識は，国民＝国家のみならず，その枠組みに収まらない民族＝地域の同一性を支える強力な道具立てとなったのである．

既存国家の枠組みのなかで，上に述べた民族＝地域の関係定立のプロセスを示す興味深い事例として，ベルギーにおける政治社会の動態をあげることができる．欧州統合の端緒が開かれた1950年代から，ベルギーの首都ブリュッセルには共同体関係の多くの機関が置かれてきた．現EUの執行機関たる欧州委員会の本部も然りである．その背景には，フランス語（ワロン語）とオランダ語（フラマン語）の2言語の存在が象徴するように，ラテンとゲルマンの接点をなすベルギーの独特の位置がある．では，ベルギー国家の枠組みのなかで，それらの言語集団はいかに制度化されてきたのだろうか．

ベルギーは，1830年，オランダ連合王国からカトリック地域が分離することで独立国家の地位を確立した．このため，宗教的にはカトリックが主流であるが，言語からみると，オランダ語を話す北部のフランデレンとフランス語を使用する南部のワロンという，異質な2つの地域が併存している．独立当初は，ワロンが経済産業の力でフラン

図8.4　ベルギーの6つの政府

デレンを上まわると同時に，フランス語が国際通用性や教養・文化の言葉としての威信を有していた．このことを背景に，フランス語中心の集権的国家制度がつくられた．

19世紀後半になるとオランダ語の地位向上をめざす運動が活発化し，1898年，両言語の平等を定める法律が制定される．しかし，フランス語話者がベルギー全国をフランス語のみで通すことができるのに対して，オランダ語話者はフランス語を修得しない限り社会的な地位向上が望めないという，不平等状態は解消されなかった．結果として，オランダ語の権利要求運動は，フランデレンからフランス語を追い出そうとする，地域別一言語主義の主張へと転じてゆく．並行して，フランデレンの産業発展によって南北の経済格差が逆転し，やがて，フランデレンが財政的にワロンを支える構造が顕在化した．

両大戦期を経て，地域別一言語主義に沿った法改正が進められ，1963年の言語法をもって現行制度の骨格が完成する．これにより，ベルギー全土がオランダ語地域とフランス語地域に截然と二分され，南東部の9つの基礎自治体はドイツ語地域とされた．各地域内では，行政，裁判，軍隊など，あらゆる公的場面における使用言語が唯一の公用語に限られる．教育で使用する言語についても，両親の母語の如何にかかわらず，居住地域によって一意に決められる．例外が活発な人口流入を受けたブリュッセル首都圏であり，社会生活のなかで両言語を使用している人が多い．そうした実態をもとに，首都圏の19基礎自治体が二言語地域として制度化され，都市圏の膨張を受けた圏域の見直しも行われている．

1970年代以降のベルギーは，言語集団間の積年の対立に決着をつけるべく，先述の言語地域を「共同体」，フランデレンとワロンにブリュッセル首都圏を加えた3つを「地域」として制度化し，各々に行政府と議会の設置を認めた（図8.4）．このうち，オランダ語共同体とフランデレン地域の間では，のちに行政府と議会が統合された．ブリュッセル首都圏は，独立した地域の地位を得たものの，二言語併用地域ゆえに，共同体の管轄としては，フランス語共同体とオランダ語共同体が併存する．結局，連邦制を定立した1993年憲法のもとでは，王制によって国の統一が維持される一方で，ベルギー連邦政府（図中のF）を筆頭として，フランデレン地域共同体政府（LR1），フランス語共同体政府（L2），ドイツ語共同体政府（L3），ワロン地域政府（R2），ブリュッセル地域政府（R3）という，6つの政府が存在することとなった．

はたして，かくも複雑な連邦制は，政治的な意思決定の仕組みとして機能するのであろうか．近年のベルギーの政治動態をみるにつけ，悲観的な見方を余儀なくさせる要因が少なくない．とりわけ2010年，政治的危機のなかで実施された前倒し総選挙では，フランデレンの独立性を大きく掲げる新フラームス同盟が第一党となり，政権合意は困難を極めた．結局，ワロンを基盤とする社会党から首相が擁立され，新フラームス同盟を除外した連立工作が行われる．社会党にキリスト教民主主義および自由主義の各政党が協力し，かろうじて政権が発足したのは，選挙後，実に541日が経過した後のことであった．

ベルギーの連邦制は，共同体に対して人に関する権限（教育，文化，医療など），地域に対して土地に関する権限（地域計画，産業，環境など）を与えるという，一見合理的な構成原理を採用している．しかし実際には，連邦制が言語集団間の対立の図式と結合し，フランデレンとワロンという単純な二分法の空間認識を社会の隅々まで広げる装置として働いた．それは，イデオロギーや社会運動で結ばれていた政党や労働組合までもが，言語＝地域の利害に左右される地域別の組織へと分解したことに如実に表れている（若林，2015）．全国政党不在の状態は，ベルギーのガバナンスを不安定化する大きな要因となったのである．

本来，言語は社会的コミュニケーションの基本手段であるとはいえ，土地に張りついているものではない．交易の結節点たる商業都市で多くの言葉が飛びかい，コスモポリタンな都会における言語を超えた交流が豊かな文化を生み出すというのは，歴史が教えるところである．ベルギーの地域別一言語主義は，個人を対象化する制度の装いをとりつつ，集合的な言語権の保証を追求するあまり，属地的な近代国家の編制原理を言語＝地域に当てはめる結果になっている．連邦化によって国家の安定をはかろうとする政策が，社会の境界線を過度に単純化させ，ジグソーパズルのピースのごとき解体しやすい構造を生んだのである．そこから抜け出すためのヒントは，EUの機関が集まる中心地として発展し，多様な言語が日常的に使用されるブリュッセル首都圏の活力にあるのかもしれない．

8.2.2 分極化する社会

　EUは国民国家の連邦です．それは無二の構築物です．70年の平和をもたらしたのです．フランスのこと，そしてドイツとの素晴らしい関係のことを思います．ヨーロッパは平和と民主主義をもたらしました．1980年代にスペイン，ポルトガル，ギリシャに自らを開き，その何年か後には旧ソ連陣営の国々に開きました．ヨーロッパは脆い構築物です．2008〜2009年の金融危機の結末，移民の危機，難民たちの境遇，テロの攻撃，イギリスのEU離脱（……）われわれを守ってくれないヨーロッパは機能していない，という意識です．グローバル化が進み，ヨーロッパが危機的状況にある今，歴史的なアイデンティティに後戻りする動きがあることは当然です．人々が自分の民族や地域の方を居心地良く感じるのは当然です．もし，そうしたヨーロッパにとっての試練に加えて，最も古い国民国家—歴史的なものとしてフランス，イギリス，スペインの3つがあります—が崩れるなら，ヨーロッパが崩れてしまうでしょう．

　　　　　マヌエル・ヴァルスへのインタビュー
　　　　スペイン*El País*紙2017年9月30日付（抜粋）

これは，オランド大統領のもと，2014〜2016年にフランス首相を務めたマヌエル・ヴァルスがスペインの新聞社からのインタビューに応えて発した言葉である．ヴァルスは，バルセロナでスペイン人とイタリア系スイス人の間に生まれ，フランスで育った．カタルーニャ系の姓（カタルーニャ語式の発音ではバイス）をもち，スペイン事情に通じているフランスの政治家の一人である．

インタビューのちょうど翌日，カタルーニャ自治州政府は，独立を問う住民投票を違憲判決に抗って強行した．独立主義者らは，自らがスペイン国家による抑圧の被害者だと喧伝し，州議会で独立を宣言して国際的な調停を求めた．しかし，EUをはじめ，ヨーロッパ各国政府は，これをスペインの国内問題として取り合わなかった．ヴァルスの言葉は，独立主義者の行動がヨーロッパ各国に好意的に受け止められない理由を理解するためのヒントを与えてくれる．

カタルーニャ・ナショナリズムの胎動は，ヨーロッパ全域でナショナリズムが吹き荒れた19世紀後半までさかのぼる．スペイン国家を近代化に遅れをとった後進的な存在とみなし，カタルーニャ語を核とする文化で結ばれた民（ネーション）としてカタルーニャ人の存立を主張することが，言説上の基本的な特徴である（de Carreras, 2017）．政治運動としてみると，共和主義の左翼ナショナリストと保守系の穏健ナショナリストに大別される．1970年代後半，フランコ独裁終焉とともにスペインが民主化・分権化されたのちは，後者の穏健勢力が結集した「集中と統一」が中心となり，プジョルを首班とする自治州政権を確立した．その戦略は，

中央政権への協力姿勢をちらつかせながら自治権拡大のための譲歩を引き出し，左翼を含むナショナリストの基盤拡大をはかることにあった．

そうしたなかで独立問題の火種を蒔くきっかけになったのは，逆説的なことに，2003年自治州議会選挙後のカタルーニャ社会党を中心とする左翼勢力への政権交代である．かつてのバルセロナの名物市長マラガイを擁立し，カタルーニャ共和主義左翼を連立に引き込んだ社会党は，ナショナリストと競うかのように自治権拡大に向けたパフォーマンスを始めた．最大の目標とされたのが，自治州の基本法たる自治憲章の改正である．折しも，全国政党の社会労働党が中央政権を保守系の国民党から奪回したことは，社会労働党と兄弟関係にあるカタルーニャ社会党にとってまたとない好機を意味した．とはいえ，中央・自治州ともに社会党政権の基盤は脆く，政権維持のためにナショナリスト勢力の協力を必要とした．結果として，自治憲章改正は，市民社会から発する必要性よりも，むしろ党利党略による駆け引きの材料となることで，国会承認にいたった．

2010年に自治州政権を取り戻した「集中と統一」は，改正自治憲章の相当数の条項に対する違憲立法判決が下ると，これを国家による不当介入として非難した．さらに，2000年代末以降，不動産バブル崩壊によりスペイン経済が深刻な不況に見舞われるなか，カタルーニャ自治州のナショナリスト政権は，国の不公平な財政移転制度から莫大な不利益を被っていると主張した．その根拠とされた推計は，外交・軍事のような地域分割できない国の支出をカタルーニャに無関係のものと扱い，国の起債でまかなわれている交付金を独立国カタルーニャの仮想収入に計上するなど，検証に耐えないものだったが（Borrell and Llorach, 2015），社会のなかに被害者意識を撒き散らすには十分であった．

国とカタルーニャ自治州の関係がこじれた大きな理由は，ラホイ首相の率いる国民党中央政権がカタルーニャの異議申立てに対して政策論議を通じた解決を模索せず，司法権に訴えたことにある．しかし同時に，民主化後40年を経たスペインに対して，「正す」べき後進的社会を見るような視線を向けつづけた，独立主義者の言説が孕む欺瞞を見落とすべきでない．それは，国際的に受け入れられなくとも，当のカタルーニャの人びとのアイデンティティを翻弄し，共存を危うくする力をもっている．カタルーニャ社会の分極化にこそ，独立運動の過熱がもたらした根本的な問題の一つがある．

選挙結果から検討してみよう．カタルーニャ社会党がかろうじて自治州政権を維持した2006年選挙では，「集中と統一」が人口密度の低い内陸農村部で高い得票率を上げたのに対して，社会党は，州都バルセロナを取り巻く都市圏を中心とする支持を得た（図8.5）．2017年，憲法の発動による自治権政府解任後に実施された選挙では，ポストナショナリズムの政治を訴え，都市部の票を押さえた市民党が第一党に躍り出た．その裏返しとして，解任された自治州首相プッチダモンを戴く独立主義者の選挙連合「カタルーニャのための団結」は，内陸農村部を中心に支持を集めたものの，自治体によって支持率が大きく割れた．選挙結果は，護憲派と分離独立派に二分されたカタルーニャの現実とともに，地域社会を複雑に切り裂く対立の構造を露呈させた．

ここで思い起こすべきは，カタルーニャ語とスペイン語が日常的に使われる多言語地域としてのカタルーニャの現実である（竹中，2009）．そうした多様性は，活発な人口流入や他地域との交流がもたらした歴史的・社会的現実であり，開かれたモダンな社会と評価されてきたカタルーニャの資産でもある．独立運動の先鋭化は，複合性に支えられた社会の豊かさを破壊しかねない．

地図上に引かれた国境はすべて人為の結果であって，本源的に「自然」な国境は存在しない．国民国家の限界とは，すでに言い古された議論である．今日，その再検討から浮かび上がるのは，近代国家と民族分布の不一致が引き起こした数々の紛争よりも，むしろ地域＝民族の一致を追求する議論が孕むより本源的な限界である．先に引用したヴァルスは，第二次世界大戦後のヨーロッパが長期にわたる平和を維持できたことを強調する．

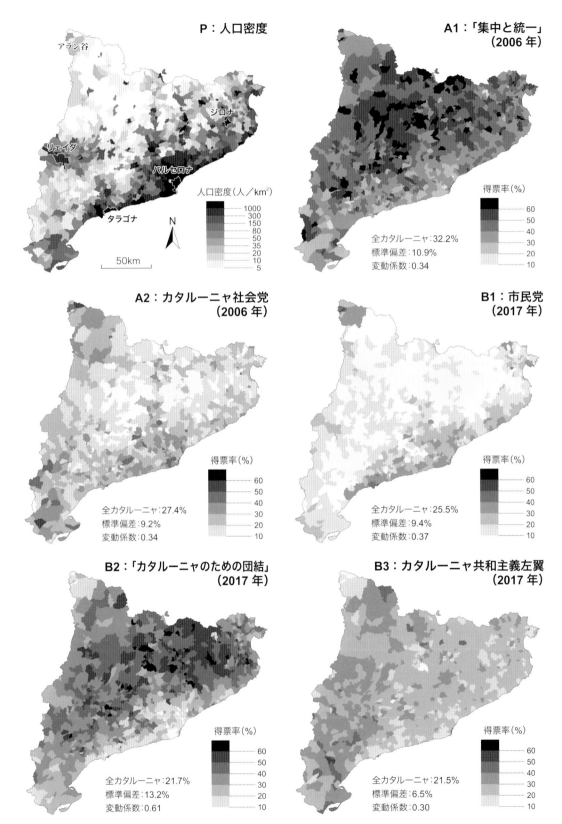

図 8.5　カタルーニャ自治州議会選挙における基礎自治体別得票率分布（2006 年／2017 年）
全カタルーニャの得票率は，基礎自治体単位の得票数の集計に基づく．カタルーニャ自治州のデータに基づいて作成．

それが可能だったのは，完璧な国民国家が存在するからではない．むしろ，不完全な国民国家を共存のためのルールとして受け入れ，小規模な国家が割拠するヨーロッパの弱みを補うための方法論として統合を追求したからではないか．

8.3 風景と結ぶアイデンティティ

8.3.1 近代国家による国土の表象

ルネッサンス期以降のヨーロッパ人は，地図のなかに自国を定置し，将来の姿を構想するようになった．そうした認識枠組みが絵画や文学における風景の発見と結ばれたとき，国土の美しさや豊かさの表象が成立する．国家の形成過程への風景のかかわりは，地理学の視点から近代化を考える際に欠かせない論点である．そこで，このテーマについて，試行錯誤の末に近代領域国家の体をなすにいたった北欧諸国に注目して考えてみたい．ジョーンズやオルヴィックなど，北欧の景観理論家の議論（Jones and Olwig, 2008）が重要な手がかりを与えてくれる．

17世紀半ば，デンマーク軍を下したスウェーデンは，ロスキレ条約によってスカンディナヴィア半島南部のスコーネ（Skåne）を併合した．現代人の目には，デンマークの飛び地がスウェーデンの支配下に移ったことで，大陸の輪郭に沿う「自然」な国境が生まれたと映る．反対に，シェラン島東端に位置するデンマークの首都コペンハーゲンは，今の国境を前提にすれば，国土縁辺の落ち着きの悪そうな位置を占めている．しかし，バルト海と北海を股にかけた中世のデンマークにあっては，コペンハーゲンこそが両海の接合点にあたる要の地であり，この港湾都市を中心に海路で結ばれた諸地域は，デンマーク人の「自然」な領土をなしていた．

デンマークを抑えて北欧の主導権を握ったスウェーデンは，強力な陸軍が支える軍事的優位性を盾に，フィンランドやノルウェーを版図に加えようと試みる．スウェーデンによる領土拡大の野心はやがて失敗と帰すが，土地と人を管理する近代国家の仕組みは着実に整えられていった．その過程は，歴史的な地域単位であるランドスクープ（landskap）に代わる県制の施行に端的に表れている．ランドスクープは，中世以前にさかのぼる慣習法を基盤とし，その効力が及ぶ範囲によって地理的に定義される．県制の導入によってスウェーデンがめざしたのは，集権国家としての上からの効率的な国土管理だった．

19世紀になると，ランドスクープを構成する土地の姿形や人びとの生活が客体化され，スウェーデンの地域文化として表象されてゆく．これは，「サブライム（荘厳な）」や「ピクチャレスク（絵になる）」といった審美的価値をわがものとした，近代ヨーロッパの風景画の流れに位置づけられる変化である．同時に，ナショナル・ロマンティシズムと総称される近代のロマン主義から多くの作家たちが動機づけを得て，地域の風土や歴史に憧憬のまなざしを向けたことも見逃せない．伝統文化の価値化には，学術研究も深くかかわっていた．とりわけ，「分類学の父」といわれる博物学者・生物学者リンネが作成したスウェーデン各地の調査記録は有名である．

地域文化に対する顕彰意識を視覚的表現へつなげた初期の試みに，1891年，スウェーデンの首都ストックホルムに開園した野外博物館スカンセンがある（図8.6）．国内各地の伝統的家屋を移築し，生活風景とともに再現したスカンセンは，ヨーロッパにおける同種の野外博物館としては，最も初期の事例に位置づけられる．現在，ユールゴーデン島の丘陵地に広がる30haほどの敷地に150棟もの移築建造物が配置され，18世紀以来のスウェーデンの歩みがディスプレイされている．

園内を見て回ると，スカンセンが単なる伝統的建造物の寄せ集めではなく，入念にデザインされた地域文化ミュージアムであることが理解される．丘の上に着いた訪問者が最初に行き遭うのは，職人工房や各種小売・サービス店舗が立ち並ぶ旧市街である．奥へ進むと，スカンセンの創始者ハゼリウスの邸宅の脇を通って，町のショッピングストリートと夏を楽しむダンス場へと導かれる．ここから右手はスコーネ地方をはじめ，スウェーデン南部の農村風景である．緩やかな斜面を下るにつれて，中庭を囲む農家，土着種の家畜を放つ

図 8.6 野外博物館「スカンセン」
スカンセンの公式地図をもとに作成.

牧場,村の教会と屹立する鐘楼,農業労働者の住宅などが視界に入ってくる.反対に左手に進めば,ヴェルムランドからラップランドにいたる中部・北部の農村世界である.そこでは,林業労働者の小屋,夏の放牧場,水車小屋と鍛冶屋などが寒冷地の典型的な文物として紹介されている.そして園内最奥部まで足を踏み入れた訪問者を待っているのは,ワシミミズクやヘラジカといったスウェーデンの自然界の象徴である.

スカンセンは,スウェーデンの国土を一望する鳥瞰的な視点と各地に降り立ったときに目前に迫るであろう眺めを結合したという意味で,国民を育てるために開かれた風景ミュージアムとしての性格を強く帯びている.そこに表象されているのは,多様な地域文化を包み込むスウェーデンの国土の豊かさだといえないだろうか.

8.3.2 物語の中に立ち上がる風景

1905年,百年近く続いたスウェーデンによる支配を脱して,ノルウェーが独立した.かつてのバルト帝国の面影を失くしたスウェーデンは,大幅に縮小した領土の上で,国民国家の再建をめざすことになる.この過程で,前世紀末に覚醒した地域の風景へのまなざしは,国土に対する顕彰意識へと高じていった.

時代の転換を象徴した政策に国立公園の設立がある.1909年,スウェーデン政府は,北部山岳地域を中心に9つの国立公園を指定した.先立つ1872年に発足したアメリカ合衆国のイエローストーン国立公園に範をとった政策であり,ヨーロッパでは初の国立公園に位置づけられる.志賀重昂の『日本風景論』(1894年)がヨーロッパに劣らぬ日本の山岳風景の美しさを称揚したように,近代に設立された国立公園には,風景のうちに社会が共有すべき価値を見出し,それを称揚する役割が託されていた.とくに,ロマン主義から強い影響を受けた初期の国立公園は,国土の美を体現する眺めの保護に重きを置いていた.この意味で,ナショナル・アイデンティティを創出する

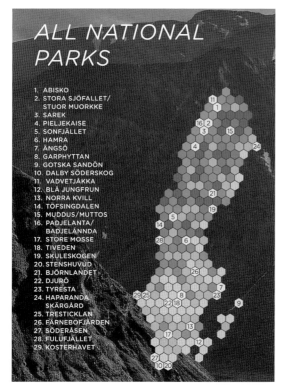

図 8.7 スウェーデンの国立公園ネットワーク
スウェーデン環境保護局の資料による．

ための仕掛けとして，国家によって風景が生産されたということもできるだろう．

以後およそ1世紀を経た現在，スウェーデンの国立公園（図8.7）は，国際的・科学的基準に準拠する自然環境保護政策へと性格を変えたが，国土への顕彰意識を根底にもつことに変わりはない．29を数える国立公園は，「山岳」「湖水」「海岸」など，6タイプに類別される．そしてそれらが，山岳風景を背景に，国土を象る緑の細胞図の上にマッピングされて広報パンフレットに登場する．首都に最も近いティレスタ国立公園では，国土の形にフロアをデザインしたビジターセンターが整備され，この国が擁する多様なランドスケープの自然環境を縮小展示している．

スウェーデンにおける国立公園の設立と時期を同じくして，ラーゲルレーヴによる『ニルスのふしぎな旅』（原著タイトルは『ニルス＝ホルゲルソンのふしぎなスウェーデン旅行』）が刊行された．スウェーデン教育会の依頼を受けて小学生の地理読本として書かれた書物であるが，その後長きにわたって，スウェーデン人の自文化理解に計り知れない影響を残すことになる．作品のなかでラーゲルレーヴは，3年間に及ぶ現地調査から得た体験を自らの筆の力でフィクションの世界へと縫合してみせた（竹中, 2011）．

　下界はいちめんに大きな布が広がったようで，それには大小さまざまの市松もようが，数かぎりなく染めだされていた．
（いったいぜんたい，どこへきたのだろう．）
と，ニルスはふしぎに思った．いくら飛んでも市松もようばかりだ．いびつなのがあり，細長いのがあり，形はまちまちだが，みなまっすぐな線でかこまれた四角い形ばかりで，まるいのや，まがったのはひとつもない．
（……）
「下に見えるのは，なんて大きな市松なんだろう．」
と，ひとりごとをいった．すると，ニルスのまわりを飛んでいたガンがさけんだ．
「畑や牧場だよ．畑や牧場だよ．」
　そういわれてみると，大きな市松もようの布に見えるのは，以前とおったことのあるスコーネの平原だとわかった．それがなぜ，このような格子柄に見え，いろいろな色に見えるのかが，だんだんわかってきた．

　　　『ニルスのふしぎな旅（1）』35～37頁（抜粋）

魔法で小人にされてしまった少年ニルスがガチョウの背に乗り，ガンの群れとともに故郷のスコーネからスウェーデンを一周旅行する旅に飛び立った直後をとらえた一節である．スカンセンがスウェーデンの地域文化をテーマパークの空間に集めたのとは対照的に，ラーゲルレーヴは，鳥の背から下界を見下ろす少年の眼を介することで，国土全体を一望可能なスケールへと圧縮した．バルト海の島々から首都ストックホルムを経てラップランドにいたる道程で，自然地理や動植物の生態，人間による資源利用などを学んでいったニルスの物語には，故国の風土をおりなす無数の場所に対する人間の想像を喚起する力強さがある．日常性のなかに埋もれたランドスケープは，関係性のうちに全体像を描き出す語りの力によって，スウェーデンの風景として立ち上がったのである．

そもそも，ランドスケープはドイツ語のラントシャフト（Landschaft）に対応するスウェーデン語であり，字義通りには「土地の性質」を意味する．また，英語のランドスケープは，視覚的側面に着目する概念であるが，土地の特徴をとらえるという点では変わりはない．土地と人のかかわりから編み出される地域とその客体化によって浮かび上がる眺めは，北欧に固有の文脈を超えて，今日，欧州ランドスケープ条約（2000年）の成立を受けた各国のランドスケープ政策において，ともに重要な切り口とされている．

8.3.3 ランドスケープの価値

歴史的地域としての北欧のランドスケープは，国民統合を追求する近代国家のもとで，ナショナル・アイデンティティを表象する風景へと意味づけされていった．とはいえ，人びとの間で，古い慣習法で結ばれたランドスケープへの意識が消失したわけではない．現在でも，スウェーデン人の多くが自分の出身地を25のランドスケープで表現し，天気予報では，ランドスケープが地域単位として用いられている．近代行政制度としての県の圏域が度々変更されてきたのに対して，歴史的ルーツを有するランドスケープは安定している．

そうした土地に根ざしたアイデンティティというべきランドスケープの持続性から，われわれは何を読み取るべきだろうか．言語に対して特権的な地位を与え，地域に結わえつけることで国民国家を表象したナショナリズムが当初より内包する限界は，グローバル化とともに人や情報の移動が活発化するなかで，多くの人びとの気づくところとなった．とすれば，ランドスケープには，国家による価値づけを超えて，人びとのかかわりによって進化する回路が備わっていないだろうか．最後に，この大きな問いについて，バルト海湾奥に位置するオーランド諸島を事例として考えてみよう．

オーランド自治政府は，正式名称をÅlands landskapsregering（オーランド・ランドスカープ政府）という．歴史的地域たるランドスカープを今日まで継承するオーランドのアイデンティティは，孤立した島嶼ではなく，スウェーデンとフィンランドの接点に位置するクロスロードの地としての歩みと深く結ばれている．

かつてフィンランドとともにスウェーデン領の一部をなしていたオーランド諸島は，1809年，スウェーデンがロシア帝国との戦争に敗れたことで，フィンランドとあわせてロシアに割譲された．ロシア革命後のフィンランド独立に際しては，スウェーデンへの復帰を求める島民の声が高まり，これを阻もうとするフィンランドとの間で緊張が高まった．結局，国際連盟事務次官だった新渡戸稲造の裁定によって，自治権付与と引き換えにオーランド諸島のフィンランドへの帰属が決定された（図8.1参照）．以来，オーランド諸島は，自治法が保証する立法権に裏打ちされた強い自治政府を維持し，EU加盟後も関税同盟の適用対象外にとどまるなど，独特の地位を保っている．住民の約9割は，オーランド諸島唯一の公用語たるスウェーデン語の母語話者である．

しかし，オーランド住民による自治権の主張をスウェーデン文化擁護運動として短絡的にとらえるべきではない．そのことを理解するためのヒントとして，オーランドらしさを視覚に訴える風景のイコノグラフィーに注目してみよう（写真8.1）．

氷河が削り取った岩盤を背に，わずかな堆積物がつくる浜に立地する漁業集落は，海の民として糧を得てきた島民の来歴を物語る．首邑マリエハムンの港には，帆船で世界交易に挑んだオーランド諸島の船乗りたちを顕彰して，20世紀初めに活躍したポンメルン号が展示されている．赤味を帯びた花崗岩で壁面を固めた教会は，オーランドがカトリック世界に属していた13世紀頃に建立された．現在は，国ごとに組織は異なるものの，スウェーデンとフィンランドに共通するルター派の教会である．

メイポールは，字面通りには5月初めの豊穣祈願の祭りの際に立てる柱である．類似の慣習はヨーロッパ各地にみられるが，夏の到来が遅いオーランド諸島では，夏至の祭りと結ばれている．各村で意匠を凝らしたメイポールを立て，ダンスを楽しむ．小規模ながらスカンセンと相似形の趣向

写真8.1 オーランド諸島の風景のイコノグラフィー（フィンランド，2017年）
A：漁師集落（シェリングスンド），B：中世起源の教会（エッケルー），C：メイポール（ヤン・カールスコーデン野外博物館）．

をとるヤン・カールスコーデン野外博物館では，船のマストを連想させる丈高のメイポールの傍らに，スウェーデン風の赤塗り・白縁の木造工房が置かれている．

これらの例が示唆するように，バルト海の交流の結節点たるオーランド諸島のアイデンティティをスウェーデン文化という一枚の層で理解することはできない．自治権獲得後およそ1世紀が経った今，フィンランドの一部であることも，メインランドのスウェーデンとは異なるアイデンティティの一部だからである．オーランド諸島を特徴づけるのは，フィンランドとスウェーデンの両方と接点をもつがゆえに意識化される，二重のアイデンティティというべきものであろう．

そして，もう一つ忘れてはならないのは，オーランド諸島の自治法が守ろうとする伝統のなかで，島固有の文化がもつ重みである．それは，オーランド議会の選挙権や不動産取得権にかかわる島民権の賦与が，スウェーデン語能力とともに島内居住を条件としていることに端的に表れている．

6500を数える島や岩礁に対する呼び名，その背景にある土地利用，限られた資源を補完するための物々交換の慣習，結氷期に安全に島々の間を渡るための氷に関する知識など，オーランド諸島には，世代を越えたローカル知が蓄積されている．かつてスウェーデンとフィンランドを結ぶ郵便の道の中継点だったオーランド諸島では，19世紀末まで，郵便役務が島民たちに課されていた．氷の知識は，氷が薄い秋や初春の旅の危険を減じるために，死活的に重要だっただろう．そして，島の生活を根底から規定したのは，最終氷期の厚い氷で削り取られ，氷が融解した後に露出した岩盤とその上に薄く形成された土壌という，厳しい自然条件である．氷河融解後の土地の隆起により，海岸線は刻々と変化し，今もそれが続く．

創立期のオーランド博物館を統括したドレイヤーは，児童向け読本『オーランドとオーランドの人々』(1943年)の序文において，自らのランドスケープと強い絆で結ばれたオーランド諸島の人びとのために同書を著したと述べている．この言葉がもつ意味を今日の生活世界へと敷衍するならば，オーランド諸島の風景のイコノグラフィーは，訪問者向けの広告であるだけでなく，現地に生きる人びとのなかに宿るアイデンティティと結ばれているといえないだろうか．

生態環境を基盤とする人間活動の蓄積を通じて文化を形成するランドスケープは，近代以降，風景として価値化されることで，集合的アイデンティティを表象するメディアとなった．しかし，人，情報，資本のグローバルフローが飛びかう今日，地域のアイデンティティを地図上に截然と引かれた境界線と対応させることはできない．EU統合に代表される超国家的な統合が進む一方で，生活の基本単位たる都市や地域のネットワーク再構築が進んでいるからである．そうした流動的で不定形な空間に生きるわれわれにとって，存在論的世界であり，同時に表象される客体でもあるラン

ドスケープの価値があらためて問われる．地域に対するアイデンティティを確認し，その未来を探求しつづけるヨーロッパの人びとの地理的想像力から学べることは少なくない． ［竹中克行］

引用・参考文献

鹿島守之助訳編（1970）：クーデンホーフ・カレルギー全集1　クーデンホーフ＝人・思想・行動　パン・ヨーロッパ．鹿島研究所出版会．

竹中克行（2009）：多言語国家スペインの社会動態を読み解く―人の移動と定着の地理学が照射する格差の多元性．ミネルヴァ書房．

竹中克行（2011）：地域主義と民族集団．加賀美雅弘編：世界地誌シリーズ3　EU．pp.77-90．朝倉書店．

竹中克行（2015）：世界図にみる文化の境界―ヨーロッパ人がつくった地図と地球儀を再考する．竹中克行編：グローバル化と文化の境界．pp.1-16．昭和堂．

ドルーシュ，F. 編，木村尚三郎監修，花上克己訳（1994）：ヨーロッパの歴史―欧州共通教科書．東京書籍．

ラーゲルレーヴ，S. 著，香川鉄蔵・香川　節訳（1998）：ニルスのふしぎな旅（全4巻）．偕成社．Lagerlöf, S. (1906-1907)：*Nils Holgerssons underbara resa genom Sverige.*

若林　広（2015）：連邦制の動態と政治・文化の境界―ドイツとベルギーの比較において．竹中克行編：グローバル化と文化の境界．pp.31-46．昭和堂．

若林幹夫（2009）：地図の想像力（増補）．河出書房新社．

Borrell, J. and Llorach, J. (2015)：*Las cuentas y los cuentos de la independencia.* Los Libros de la Catarata.

de Carreras, F. (2017)：La densa espiral del silencio, In Borrell, J. *et al.*：*Escucha, Cataluña. Escucha, España*：*Cuatro voces a favor del entendimiento y contra la secesión.* pp.103-192, Península.

Jones, M. and Olwig, K. R. eds. (2008)：*Nordic Landscapes*：*Region and Belonging on the Northern Edge of Europe.* University of Minnesota Press.

コラム 8.1

まちとつきあう地中海の人びと

　スペイン地中海岸のタラゴナは，古代ローマがイベリア半島支配の拠点とした都市で，古名をタラコという．今も多くの遺構が残存し，なかでも，歴史地区の一角をなすローマ競技場跡（写真 8.2）が異彩を放っている．1980 年代初めの「ピラッツ特別計画」によって競技場の遺構を覆っていた映画館やガレージなど，現代の建造物がすべて撤去され，市民の知らなかった古代の競技場が姿を現した．とはいえ，古代ローマ遺跡を顕彰したムッソリーニ体制期のイタリアの政策とは趣向が異なる．12 世紀以降，古代タラコの廃墟の上に都市が再建される過程では，競技場跡をすっぽり囲むかたちで新たな市壁が築造され，南東角には，要塞都市の威厳を高めるためにカルロス 5 世の塔が建設された．今日われわれが競技場跡で目にする無骨な構造物が体現しているのは，古代という単一の時間ではなく，歴史のなかの歴史とでもいうべき重層化した時間なのである．修復に際しては，中世の市壁に大胆な切れ込みを入れ，現代の目抜き通りから古代空間へのアクセス路とする工夫が施された．

　都市空間に埋め込まれた遺構は，進化し続ける都市の履歴の途上にあって，市民がその編集者になる機会を与えてくれる．タラゴナでは，リエナクトメント（歴史再現）の大イベント「タラコ・ビバ」が毎年 5 月に開催されている．2 週間の会期中に演劇，ワークショップ，試食会，ガイドツアー，講演など，数百にのぼる演目が古代遺跡を舞台として繰り広げられる．ローマ競技場の階段席を支える穹窿のなかでは，石材と漆喰で固められた物質的空間と演者の言葉がつくる精神世界があわさって，観る者をタラゴナからタラコへの時空の旅へと誘い込む（写真 8.3）．演目のなかには，参加者自らが古代風の儀式に列席し，演者の語りに導かれて晩餐を楽しむ，といった凝った趣向のものもある．そうした創意の実現を支えているのは，美術品修復専門家，知識の豊富なガイド，飲食店経営者など，地元の裏役たちである．演じる側もプロの役者だけではなく，リエナクトメントの市民グループに参加する向上心の強いアマチュアがたくさん活躍している．

　都市の個性は，人と土地のかかわり，そしてかかわりを共有する人びとのつながりの交点に立ち現れる．グローバルフローの影響に押し流されず，都市の個性を進化させるには，都市と人のコミュニケーションが決定的に重要である．地中海都市では，街路・広場，都市形態，建築，遺跡，共同施設，祭りなど，空間の共同利用にかかわるさまざまな仕掛けが，都市と人のかかわりあいを支えるメディアとして機能している．タラゴナの古代遺跡やそれを舞台とするリエナクトメントだけが特別なのではない．建物の構造壁に埋もれた古代の遺構をインテリアとして活用する店舗経営者，中世の囲郭都市が残した物理的フレームを商都の舞台づくりに生かす行政と事業者，市民研究者に町の楽隊，街角の老舗店などが力をあわせ，教区教会の司祭から祝福を受けて街頭で繰り広げられる祭り．それらはすべて，楽しみ，感動をともにする場を生活風景の一部とし，都市に対して編集の手を加え続ける人びとの営為なのである．まちとつきあうセンスにこそ，地中海都市の活力の源泉がある．

［竹中克行］

写真 8.2　タラゴナ歴史地区の一角に残る古代ローマ競技場の遺跡（スペイン，2016 年）

写真 8.3　古代ローマ遺跡の内部で繰り広げられる「タラコ・ビバ」の演技（スペイン，2016 年）

> コラム 8.2

海洋国家ポルトガルの今

　日本人にポルトガルに対するイメージをたずねると，南蛮文化や鉄砲伝来など大航海時代をリードした海洋国家ポルトガルのイメージをあげる人が圧倒的に多く，現在のポルトガルの姿について語れる日本人は少ない．そこで，ここでは現代ポルトガルの地域像の素描を試みることにしたい．

　ポルトガルは，イベリア半島の南西端に位置する本土と，大西洋に浮かぶアソーレス（アゾレス）諸島，マディラ諸島から構成される人口約1000万人の国である．面積は日本の約4分の1にすぎないが，本土の南部と北部の間には自然・文化の面での明瞭な地域差が存在する．降水量が少なく夏に高温となる南部では，コルクガシなどの乾燥に強い常緑広葉樹が点在する地中海的な風景（モンタード景観）が広がり（写真8.4），民家も白い漆喰の外壁を特徴とする．一方，南部に比べて起伏に富み降水量が多い北部では，山地は豊かな森林で覆われ，伝統的な民家は石造りである（写真8.5）．このような国土の南北のコントラストは，ポルトガルの地域構造を理解するうえでの基本となっている．

　ポルトガルでは，かつて農業生産性の高い北部に人口が偏在していたが，1960年代以降，都市化・工業化の進む沿岸部への人口集中が進んだ結果，現在では首都を中心とした「リスボン大都市圏」と，国内第2の都市であるポルトを中心とした「ポルト大都市圏」が，国内人口の4割以上を占めるにいたっており，全体として沿岸部への人口集中が顕著となっている．しかし，都市化の波から取り残された内陸部では，過疎化や高齢化が深刻な問題となっており，沿岸部と内陸部との間の経済的・社会的な地域格差が拡大しつつある．

写真 8.4 南部のモンタード景観
（ポルトガル，2010年）
コルクガシ・トキワガシなどの常緑広葉樹が点在する農地では，家畜の放牧や小麦・ヒマワリなどの栽培が行われている．

写真 8.5 北部の伝統的な民家（ポルトガル，2010年）
石造り二階建てが基本で，2階が居住空間，1階は家畜小屋，農具置場などとして利用される．外階段を上った「ベランダ」に玄関がある．

　一方，ポルトガルでは国際的な人口移動が古くから活発で，とくに1960年代から1973年まではフランスをはじめとする西ヨーロッパ先進諸国に多くの移民を送出してきた．近年では移民数は減少しているが，いまだに西ヨーロッパ先進諸国への短期型移民は多い．また，ECへ加盟した1986年から1990年代にかけて，EUの構造政策の恩恵を受けてポルトガルは著しい経済成長を遂げたが，社会資本の整備が進められるなかで建設労務を担う労働力が不足し，アフリカの旧植民地諸国から多くの移民が流入した．さらに，近年ではブラジルや東ヨーロッパ諸国からの出稼ぎ労働者も増加しており，ポルトガルは移民の送出国と受入国という2つの顔をあわせもっている．

　2000年代に入るとポルトガル経済は低迷し，2009年のギリシャの財政危機を契機にポルトガルは大きな財政赤字をかかえる国として日本でも知られるようになった．2013年には失業率が16％を超えたが，その後は財政再建が進められ，失業率も10％を切るまでに回復している．とくに近年の経済成長を牽引しているのが観光業で，2005年に596万人であった外国人宿泊者数は，2017年には2倍以上の1459万人にまで増加している．イギリス・スペイン・フランスをはじめとするEU諸国からの観光客が多く，ヨーロッパの大衆的な観光地として高い人気を誇っている．

［池　俊介］

9 移民と社会問題

　日本においても外国人労働者の受け入れに関する議論が行われ，外国人人口の比率からみれば日本はすでに移民国家だとする記事も新聞紙上にみられるようになった．移民について知り，考えることは，現代社会において必須といえるだろう．しかし翻ってみるなら，今までも日本に長期居住する外国人は少なくなく，支援団体や研究者によって30年以上にわたりそのような人びとに向けた法整備の必要性が主張されてきた．現在の議論はそういった研究の到達点なのだろうか，それとも新たな局面の表れなのだろうか．われわれが移民・外国人について何を考え，何を問題にしなければならないのかについて，ここではヨーロッパの事例をみながら考えていきたい．

9.1　移民と国境・国籍

　「移民」という言葉は，文字通りには移動した人・している人という意味となるが，現代世界において用いられる際には，国境を越えて，とくに国籍とは異なる国で生活する人びとというコノテーションをもっている．まずは，この国境と国籍について押さえておきたい．

　現代のような意味での国境は，ヨーロッパでは1648年のウェストファリア条約以降，その他の地域でも19世紀から徐々に画定されるようになった．それは，国境をはさんだ両国の排他的な権益分断線であるため，その後も20世紀を通じて，また現在にいたるまで，画定をめぐる争いが続いている．国境の内側に住む人びとを国民として定義し，国家がその移動に関して一元管理をしようとするようになったのも，19世紀以降のことである（トーピー，2008）．

　そのような国民国家の形成においてモデルとなった国の一つにフランスがある．革命により身分制度を廃し，被支配者とは異なる主権者としての国民を定義し，国家のかたちを再定義した．その際，旧体制では人びとが生まれた土地に縛られていたということを批判し，国籍を属人的なものとするという発想から，フランス国籍をもつのはフランス国民の子孫という考え方（血統主義と呼ばれる）が採用された（宮島，2014）．しかし，外国人が居住許可を得ることは比較的容易であったため，むしろ兵役につかなければならないことや，兵役によって労働市場で国民が外国人より不利になるということから，この制度に対する異論が少なくなかった（ノワリエル，2015）．19世紀の末には，フランスの人口減少が問題視されたこともあり，フランス生まれの子どもは拒否しなければフランス国籍になること，また両親がフランス生まれであればその子どもはフランス国籍を拒否できないことが決められた（現在は拒否することもできる）．出生地により国籍を付与するという考え方は出生地主義と呼ばれる．

　フランスと対比されることの多いドイツでは，1913年に現在につながる制度としての国籍法が制定された．すでに出生地主義という考え方も確立していた時代だが，ドイツは血統主義的な制度を選んだ．出国したドイツ人は，それまでは10年経つと国籍を失うことになっていたが，この法律によってドイツ国籍を維持できるようにし，帰還しやすくしたのである．他方で国内の外国人，たとえばポーランド人たちに積極的に国籍を付与することはなかった．第二次世界大戦後，東西に分断されたドイツにおいて，この国籍法は東ヨーロッパから逃れてくる民族的ドイツ人を国民として受け入れるのに役立つこととなる．しかし冷戦体制崩壊以降のドイツ社会は，東ヨーロッパから来る人びとを他の移民と区別しなくなり（ブルーベイカー・キム，2016），1999年には出生地主義を大きく取り入れた．

以上の例から読み取れるのは，国民とは誰かということは，早くとも19世紀から徐々に確定されたものにすぎず，近年でも変わり続けているということである．現在の国民国家体制では，どの国も国境に囲まれ，国民と外国人を区別するという考えが基盤となっているが，それらを所与のものととらえることはできない．国籍法は，それぞれの時代と社会状況に応じて常につくり直されており，その思想が浸透するのには数十年の時間がかかる．フランス人の多くが自身をノルマン人（ノルマンディー地方の人という意味）やブルトン人（同じくブルターニュ地方の人という意味）といった古くからの区分ではなく，フランス人だと認識するようになったのは，せいぜい19世紀の末のことだという．そしてそこからフランスで働いていたベルギー人やイタリア人への差別が顕在化する（Vaillant, 2008）．

現在，移民について定義する際には，国境と国籍のどちらか，あるいはどちらをも考慮するが，その定義の仕方も国によって大きく異なっている．そこには，国境を越えて移動する人びとのとらえ方，つまり出国する人びとと入国する人びとがその社会においてどのようにイメージされているかがかかわっている．フランスでは統計上，外国生まれのフランス人がフランスに移動した場合，その人びとを移民として計上することはない（表9.1）．フランス生まれの外国人も移民ではない．（ただし一般に「移民」といったときには，どこで生まれたかではなく外見で判断されていることも少なくない．）他方ドイツでは，ドイツ生まれのドイツ人であっても，その親が外国生まれであれば「移民の背景をもつ」者として統計に載ってくる（表9.2）．つまり，一口に移民といっても，考え方，とらえ方にはかなりのヴァリエーションがあるということを押さえておく必要がある．

9.2 現代ヨーロッパにおける移民の契機

国籍についての考え方が19世紀以降に形成されてきた背後には，国民国家の制度がつくられていくのと同時に，国境を越えた行き来も増加したことが反映されている．しかし，現代ヨーロッパの移民について考えるにあたっては，第二次世界大戦後からの5つの契機がとくに重要である．労働移民とその家族，非正規移民，EU統合，高度技能移民受け入れ，そして難民である．それぞれが別の背景をもち，社会統合において別の困難につながっている．

9.2.1 移民労働者と家族の統合

ヨーロッパ各国は，19世紀から第二次世界大戦までも，各地からの労働移民を受け入れていたが，第二次世界大戦後は，戦争による労働力不足と復興や経済成長のための需要のなかで，とくに非ヨーロッパ諸国からの労働移民の政策的な受け入れを行った．西ドイツのようにトルコやモロッコといった送り出し国との2国間協定が中心となった国もあれば，フランスやイギリスのように旧植民地からの受け入れが中心となった国もある．1960年代のヨーロッパの高度成長を支えたのは，非ヨーロッパからの労働者であった．

表9.1　フランスの統計上の移民の分類

	フランス人		外国人
（国籍取得）	出生	帰化	―
フランス生まれ	非移民		
外国生まれ			移民

Insee（フランス国立統計局）の定義などをもとに作成．

表9.2　ドイツの統計上の移民の分類

	非移民	移民の背景を有する人			
国籍	ドイツ人	ドイツ人		外国人	
移動の経験	なし	あり	なし	あり	なし
具体例		外国で生まれた民族的ドイツ人，外国籍で生まれ帰化した者など	左の例の子どもや，外国人の子どもで本人が帰化した場合など	本人が移動した外国人	左の例の子ども

近藤潤三（2007）：移民国としてのドイツ―社会統合と平行社会の行方．木鐸社をもとに作成．

しかし，1970年代のオイルショック前後に不景気に差し掛かるなかで，移民受け入れ各国は次々に新規の受け入れを停止し，帰国の奨励を始めた．ヨーロッパで生活を始めた移民は，帰国することによって再度ヨーロッパで働けなくなることを恐れ，母国から家族を呼び寄せて定住する道を歩みはじめた．現在はそのとき移動した子どもや，ヨーロッパで生まれた子どもが，さらに子どもを育てる世代となっている（第二世代，第三世代と呼ばれることもある）．ヨーロッパでの生活が長くなるなかで帰化を選択する人びとも多く，また出生地主義が強いヨーロッパの多くの国籍法によって，子ども世代の多くはヨーロッパ国籍をもっている．

9.2.2 非正規移民

ヨーロッパ各国が移民の制度的な受け入れを停止したのちも，人の移動は進んだ．とりわけ1960年代に独立したアフリカ諸国からは，1970年代以降に大きな労働力移動が起きた．彼らの多くは非正規に移動したため，劣悪な労働条件と住環境のなかで生活することになる．とくに清掃や夜間警備など，都市の周辺化された労働を担ってきたのは彼らである．そのようにヨーロッパで必要とされている労働をしながら，滞在のための公的な権利が認められていないことに，人権団体から政府への批判が多く行われてきた．子どもの人権を守るために，移民の子どもたちの通う学校が主体となって権利を主張してきたこともある．裁判所も人権に重きを置き，警察や入国管理を担当する部局とは異なる判断をしたことが少なくない．このような流れのなかで，政府による非正規移民の正規化，つまり滞在許可の付与ということも定期的に行われてきた．制度よりも人間としてどのように考えるかという観点が重視されるのは，ヨーロッパの特徴といえる．

9.2.3 EU統合

1993年，マーストリヒト条約によってEUが発足した．その基盤となる考え方は，人，モノ，サービス，資本の国境を越えた自由な移動である．EU加盟国の国籍をもつEU市民は，EUの他の加盟国で自由に労働することができ，地方参政権

写真9.1　ハラールの精肉店（フランス，2013年）

などさまざまな権利が付与されている．さらには1985年にフランス，西ドイツ，ベネルクス三国の間に結ばれたシェンゲン協定が拡大し，2018年現在ヨーロッパ26か国のシェンゲン圏内（EUの規則になっているがEU加盟国とは一致していない）においては，入国・出国審査も行われておらず，さらに行き来は容易になっている．

結果として，自らの国籍とは異なる国で働くという条件が同じであっても，EU市民には滞在国でのビザや滞在許可の申請は必要とされず，EU域外からの移民とは権利にも差が生まれることとなった．またEU共通の移民政策も導入されることとなり，EUの外からの新規の受け入れは厳しく制限するようになった．とりわけシェンゲン圏内の行き来は自由であるため，その圏内と圏外を分ける国境管理は一層厳重にとらえられることとなり，2004年にはその専門機関であるFrontex（欧州域外国境管理協力機関）も設置された．

9.2.4 高度技能移民

EUは2009年に「ブルーカード指令」を制定し，技術や学歴と収入を基準に移民を選別して積極的に受け入れる制度をつくった（小井戸，2017）．EUの決定以前に同様の制度をつくっていた国もあるが，基本となる考え方は，優秀な労働力を確保してEU全体で世界での競争力を高めていくことである．選別された高度技能移民は，5年就労すると永住権の取得可能性が開け，家族の呼び寄せも容易であるなど，厚遇されている．

イギリスではブレア政権の頃から金融・IT技

術者や投資家・起業家，また看護や教育，農業分野での受け入れが推進されるようになり，年齢や年収，語学力などをポイント化する「ポイント・システム」と呼ばれる制度を2006年からもっている．フランスでは2007年に「労働力不足職種」リストがつくられ，パリ周辺にあたるイル・ド・フランスでは，比較的高い技能が必要とされる29職種についてEU域外に開くとした．ドイツでは，2012年から外国の大学卒業者のドイツでの求職を可能とし，さらにドイツの大学の卒業者は2年の就労で永住権を交付するなどの制度をもっている．

9.2.5 難民

1951年の「難民の地位に関する条約」（以下「難民条約」とする）では，難民は「人種，宗教，国籍，政治的意見やまたは特定の社会集団に属するなどの理由で，自国にいると迫害を受けるかあるいは迫害を受ける恐れがあるために他国に逃れた」人びとと定義されている．UNHCR（国連難民高等弁務官事務所）は，さらに「武力紛争や人権侵害などを逃れるために国境を越えて他国に庇護を求めた人々」を難民としている（UNHCR, 2018）．

世界で難民に向きあっているUNHCRの存在自体が，ヨーロッパに起源をもっている．第一次世界大戦後，探検家であったフレデリック・ナンセンが，戦争捕虜やロシア難民，トルコ・ギリシャ紛争を逃れた人びとの保護にあたった．この経験を生かし，第二次世界大戦のなかで避難を余儀なくされた人びとの救済のために一時的な組織としてつくられたのがUNHCRである．しかし現在まで庇護を求める人びとは絶えることなく，この機関の使命がつきる様子はない．条約により，難民はパスポートやビザなどの書類がないことを理由に罰せられることはなく，また難民を元いた国に追い返すことは認められていない．

ヨーロッパ諸国は，人道的な観点および外交政策から，多くの難民を受け入れてきた．世界各地で紛争が起きるたびに，歴史的な関係がある国々を中心として，そこから避難してきた人びとを受け入れたのである．たとえばフランスでは内戦時のヴェトナムやカンボジアから10万人もの難民を受け入れた経験がある．しかしそのヨーロッパにおいても，近年は難民の受け入れに積極的とはいえない．EUは輸送会社にパスポートやビザのチェックをさせるようにし，また「安全な第三国」を経由した難民は受け入れないなどの措置をとっており，難民条約との離齬を指摘する論者も少なくない．

その状況のなかでEUにおいて衝撃ととらえられたのは，2015年にシリア情勢の悪化を受けて100万人単位の難民がトルコを経由してヨーロッパに渡ってきたことであった．ドイツはEUの規定にかかわらず難民を受け入れると表明し，多くの人びとを迎え入れたが，国内の反発も強めることとなった．EUは加盟国に難民受け入れ枠を設定しようとしたが，ハンガリーをはじめ拒否する国も少なくなく，翌年，EUは支援金などの代わりに難民をとどめることでトルコと合意した．現在は大きな移動の流れは休止しているが，シリア情勢の安定によるものではなかったことは，この例を考えるうえで留意しなければならない．

以上のように，一言で移民といっても，そのさし示す内容はきわめて多様であり，一面的な理解に陥らないように注意する必要がある．そしてヨーロッパが，時代ごとの要請に従って，ある面ではいつも移民の受け入れを進めており，別の面では常に規制を強化してきたことも，これら5つの契機から読み取ることができるだろう．

9.3 統計からみるヨーロッパの移民

現在のヨーロッパにおける移民を統計から概観したい．すでにみたように，移民は国境と国籍でとらえられるため，国境を越えたこと，外国で生まれたこと，外国籍であることのどれかが統計の基準に用いられている．表9.3と表9.4は，国境を越えたことをもって移民としている．またシェンゲン圏には国境審査はないため，データは外国人登録や居住登録，労働登録，健康保険や税金などの登録データから算出されたものである．

2015年単年度の統計でみると，465万人が

表 9.3 EU 諸国への年ごとの移入民数（人）

国名	2013 年	2014 年	2015 年 計	15 歳未満	%	女性	%	他の EU 諸国から	%	EU 28 か国以外の国から	%
アイルランド	59,294	67,401	76,888		−	40,335	52.5	26,022	33.8	31,035	40.4
イギリス	526,046	631,991	631,452		−	306,294	48.5	258,430	40.9	300,060	47.5
イタリア	307,454	277,631	280,078	36,054	12.9	129,076	46.1	56,852	20.3	197,281	70.4
エストニア	4,109	3,904	15,413	1,471	9.5	6,006	39.0	3,337	21.7	4,529	29.4
オーストリア	101,866	116,262	166,323		−	69,345	41.7	64,878	39.0	90,248	54.3
オランダ	129,428	145,323	166,872	27,411	16.4	79,010	47.3	57,520	34.5	82,763	49.6
キプロス	13,149	9,212	15,183	753	5.0	8,688	57.2	5,908	38.9	6,330	41.7
ギリシャ	57,946	59,013	64,446		−	28,857	44.8	19,111	29.7	18,778	29.1
クロアチア	10,378	10,638	11,706	775	6.6	5,165	44.1	2,318	19.8	6,919	59.1
スウェーデン	115,845	126,966	134,240	30,133	22.4	60,641	45.2	29,015	21.6	90,470	67.4
スペイン	280,772	305,454	342,114	53,742	15.7	172,488	50.4	97,794	28.6	213,991	62.5
スロヴァキア	5,149	5,357	6,997	2,452	35.0	2,895	41.4	4,699	67.2	1,359	19.4
スロヴェニア	13,871	13,846	15,420		−	6,205	40.2	2,686	17.4	10,849	70.4
チェコ	30,124	29,897	29,602	4,176	14.1	13,278	44.9	11,622	39.3	11,748	39.7
デンマーク	60,312	68,388	78,492	12,930	16.5	35,946	45.8	24,093	30.7	37,060	47.2
ドイツ	692,713	884,893	1,543,848	305,992	19.8	573,968	37.2	440,940	28.6	999,414	64.7
ハンガリー	38,968	54,581	58,344	4,748	8.1	25,193	43.2	15,286	26.2	27,889	47.8
フィンランド	31,941	31,507	28,746	5,040	17.5	13,586	47.3	7,301	25.4	13,933	48.5
フランス	332,640	339,902	363,869	63,884	17.6	186,843	51.3	86,335	23.7	188,096	51.7
ブルガリア	18,570	26,615	25,223	3,071	12.2	11,730	46.5	1,915	7.6	12,314	48.8
ベルギー	120,078	123,158	146,626	26,263	17.9	63,217	43.1	55,299	37.7	74,570	50.9
ポーランド	220,311	222,275	218,147	34,883	16.0	92,612	42.5	34,789	15.9	70,278	32.2
ポルトガル	17,554	19,516	29,896	4,050	13.5	14,774	49.4	7,405	24.8	9,751	32.6
マルタ	8,428	8,946	12,831	1,444	11.3	5,326	41.5	5,311	41.4	5,746	44.8
ラトヴィア	8,299	10,365	9,479	1,721	18.2	3,899	41.1	1,473	15.5	3,822	40.3
リトアニア	22,011	24,294	22,130	2,434	11.0	10,151	45.9	1,907	8.6	3,925	17.7
ルクセンブルク	21,098	22,332	23,803	3,632	15.3	10,806	45.4	14,256	59.9	7,935	33.3
ルーマニア	153,646	136,035	132,795		−	59,125	44.5	13,588	10.2	26,169	19.7
EU 28 か国	3,402,000	3,775,702	4,650,963			2,035,459	43.8	1,350,090	29.0	2,547,262	54.8

表は暫定値を含んでいる．
Eurostat による．

EU 28 か国に移入し，281 万人が移出している．EU 加盟国間の移動は 135 万人となっており，移入数の約 3 割を占めている．9.2.5 項でみた 2015 年の特殊事情を鑑みれば，平年はもっと大きな割合が EU 間の移動で占められていると考えられる．また，EU と非 EU の行き来のなかには，EU 諸国の国籍をもった人びととの移動も含まれている．EU 統計局によれば，465 万人のうち非 EU 国籍の人びとは 240 万人である（Eurostat, 2017）．そしてこの 240 万人には EU が積極的に受け入れようとしている高度技能移民も，議論の的となった難民も含まれているのである．

移入が多い国を順にみると，ドイツ，イギリス，フランス，スペイン，イタリアであり，ここ数年は同じ傾向である．EU のなかの経済大国に多くの人びとが移動している．他方，移出が多い国をみると，ドイツ，スペイン，イギリス，フランス，ポーランドであり，移入が多い国と重なる面も多い．移民の送り出しと受け入れは，必ずしも一方的なものではないということである．もちろん，表 9.4 に示したように，移入数から移出数を引くと移入超過の国は 28 か国中 17 か国を占め，ドイツやイギリス，イタリアのように，その差が非常に大きな国もある．しかし，たとえば移出超過となっているルーマニアは，自国に戻る人の数も最も多く（Eurostat, 2017），一方的な人口流出のみ

表 9.4　EU 諸国からの移出民数（人）

国名	2013年		2014年		2015年	
	計	移入―移出	計	移入―移出	計	移入―移出
アイルランド	83,791	−24,497	80,912	−13,511	77,128	−240
イギリス	316,934	209,112	319,086	312,905	299,183	332,269
イタリア	125,735	181,719	136,328	141,303	146,955	133,123
エストニア	6,740	−2,631	4,637	−733	13,003	2,410
オーストリア	54,071	47,795	53,491	62,771	56,689	109,634
オランダ	112,625	16,803	112,900	32,423	112,330	54,542
キプロス	25,227	−12,078	24,038	−14,826	17,183	−2,000
ギリシャ	117,094	−59,148	106,804	−47,791	109,351	−44,905
クロアチア	15,262	−4,884	20,858	−10,220	29,651	−17,945
スウェーデン	50,715	65,130	51,237	75,729	55,830	78,410
スペイン	532,303	−251,531	400,430	−94,976	343,875	−1,761
スロヴァキア	2,770	2,379	3,644	1,713	3,870	3,127
スロヴェニア	13,384	487	14,336	−490	14,913	507
チェコ	25,894	4,230	28,468	1,429	25,684	3,918
デンマーク	43,310	17,002	44,426	23,962	44,625	33,867
ドイツ	259,328	433,385	324,221	560,672	347,162	1,196,686
ハンガリー	34,691	4,277	42,213	12,368	43,225	15,119
フィンランド	13,893	18,048	15,486	16,021	16,305	12,441
フランス	286,820	45,820	274,002	65,900	297,969	65,900
ブルガリア	19,678	−1,108	28,727	−2,112	29,470	−4,247
ベルギー	102,657	17,421	94,573	28,585	89,794	56,832
ポーランド	276,446	−56,135	268,299	−46,024	258,837	−40,690
ポルトガル	53,786	−36,232	49,572	−30,056	40,377	−10,481
マルタ	5,204	3,224	5,907	3,039	8,655	4,176
ラトヴィア	22,561	−14,262	19,017	−8,652	20,119	−10,640
リトアニア	38,818	−16,807	36,621	−12,327	44,533	−22,403
ルクセンブルク	10,750	10,348	11,283	11,049	12,644	11,159
ルーマニア	161,755	−8,109	172,871	−36,836	194,718	−61,923
EU 28 か国	**2,812,242**	**589,758**	**2,744,387**	**1,031,315**	**2,754,078**	**1,896,885**

Eurostat による．

ではない．

　移入する人びとは男性が 56％ で女性より少し多い．ドイツでは最も極端に男性が多く，女性の方が多いのはキプロス，アイルランド，フランス，スペインのみである．年齢でみると，EU 全体の中央値が 42.6 歳であるのに対し，移入民の中央値は 27.5 歳である（Eurostat, 2017）．移民が EU の若い労働力人口となっていることが読み取れる．

　2016 年 1 月 1 日現在，EU 28 か国には 2070 万人の非 EU 市民が住んでおり，EU 全体の人口の 4.1％ を占めている（Eurostat, 2017）．外国生まれであることを基準にするなら，同日現在で 3510 万人が EU の外で生まれた人びとであり，1930 万人が国籍国ではない EU 諸国で生まれている．EU 諸国において外国生まれであることは全く珍しいことではなくなっている．

　外国籍人口の多い国はドイツ，イギリス，イタリア，スペイン，フランスで，全体の 76％ をこれらの国々だけで受け入れている．外国人に EU 市民が多いのは，多い順にベルギー，アイルランド，キプロス，ルクセンブルク，ハンガリー，マルタ，オランダ，スロヴァキア，イギリスの 9 か国であり，その他の国では非 EU 市民の方が多い．他の EU 諸国に住む自国民が 100 万人を超えているのは，ルーマニア，ポーランド，イタリア，ポルトガルの 4 か国であり，ルーマニアが突出して多く 300 万人に迫っており，ポーランドも 200 万人を超えている．これらの国はとくに EU 内への移民送り出し国ということができる．ただし，イギリ

表 9.5 EU 各国における外国人人口の国籍と外国生まれ人口の出生国（2016 年 1 月 1 日現在）

国名	外国籍			外国生まれ		
	1位	2位	3位	1位	2位	3位
アイルランド	ポーランド	イギリス	リトアニア	イギリス	ポーランド	リトアニア
イギリス	ポーランド	インド	アイルランド	ポーランド	インド	パキスタン
イタリア	ルーマニア	アルバニア	モロッコ	ルーマニア	アルバニア	モロッコ
エストニア	ロシア	国籍なし	ウクライナ	ロシア	ウクライナ	ベラルーシ
オーストリア	ドイツ	セルビア	トルコ	ドイツ	ボスニア・ヘルツェゴヴィナ	トルコ
オランダ	ポーランド	トルコ	ドイツ	トルコ	スリナム	モロッコ
スウェーデン	シリア	フィンランド	ポーランド	フィンランド	イラク	シリア
スペイン	ルーマニア	モロッコ	イギリス	モロッコ	ルーマニア	エクアドル
スロヴァキア	チェコ	ハンガリー	ルーマニア	チェコ	ハンガリー	ウクライナ
スロヴェニア	ボスニア・ヘルツェゴヴィナ	コソヴォ	マケドニア	ボスニア・ヘルツェゴヴィナ	クロアチア	セルビア
チェコ	ウクライナ	スロヴァキア	ヴェトナム	ウクライナ	スロヴァキア	ヴェトナム
デンマーク	ポーランド	トルコ	ドイツ	ポーランド	ドイツ	トルコ
ドイツ	トルコ	ポーランド	イタリア			
ハンガリー	ルーマニア	中国	ドイツ	ルーマニア	ウクライナ	セルビア
フィンランド	エストニア	ロシア	スウェーデン	旧ソ連	エストニア	スウェーデン
フランス				マグレブ3国以外のアフリカ	アルジェリア	モロッコ
ブルガリア	ロシア	シリア	トルコ	ロシア	シリア	トルコ
ベルギー	フランス	イタリア	オランダ	モロッコ	フランス	オランダ
ポルトガル	ブラジル	カーボヴェルデ	ウクライナ			
ラトヴィア	国籍なし	ロシア	ウクライナ	ロシア	ベラルーシ	ウクライナ
リトアニア	ロシア	ウクライナ	国籍なし	ロシア	ベラルーシ	ウクライナ
ルクセンブルク	ポルトガル	フランス	イタリア			
ルーマニア	イタリア	モルドヴァ	トルコ	モルドヴァ	イタリア	スペイン

フランスについては Insee, Tableau de l'economie francaise, edition2018, Insee References. でフランスの統計基準の移民のみ．EU 28 か国のうち，キプロス，ギリシャ，クロアチア，ポーランド，マルタについては，データがないために表から割愛した．Eurostat をもとに作成．

スとドイツ，フランスがこの 4 か国に続いており，移民受け入れ国が送り出し国でもあることはここでも確認できる（Eurostat, 2017）．

9.4 争点化される移民

以上のようなデータを踏まえたうえで，移民が「争点」となるケースをみていきたい．そこには，それぞれの国で誰が「移民」と考えられがちであるのか，そして問題視されるのかが反映されている．表 9.5 は，ヨーロッパの国々の外国人人口の国籍上位 3 位と，外国生まれ人口の出生国上位 3 位をまとめたものである．この多様性のみをみても，問題の表れや認識は多様であり，「ヨーロッパの移民問題」という表現がいかに多様なものを一面化してしまうかを読み取れるだろう．ここでは，2016 年から 2018 年にかけてヨーロッパで行われたいくつかの政治キャンペーンから考えてみたい．

9.4.1 イギリスの EU 離脱

2016 年 6 月，イギリスの EU 離脱の是非を問う国民投票が行われ，離脱を支持する人びとが残留を求める人びとをわずかに超えた（51％，2016 年 6 月 25 日朝日新聞）．残留を訴えていたキャメロン首相は辞任し，政権を引き継いだメイ首相が EU での手続き・交渉を開始した．移民はこの国民投票において大きな争点となっていた．

イギリスは第二次世界大戦後に南アジアからの移民を多く受け入れており，ロンドンなどの大都市を歩いていると，生活する人びとが非常に多様であることをみてとれる．しかし，移民の多い都市部は，国民投票において EU への残留を求める人びとが多かった．EU 離脱をめぐる議論のなかで問題となっていたのは，EU の原則である人の自由移動にかかわる移民，つまり EU 域内からの

移民であった．

イギリスはEU以前からのメンバーの特権でシェンゲン協定に入っておらず，国境審査を残しているが，移動の自由という原則は共有している．21世紀に入ってから積極的な移民受け入れ策をとっていたイギリスでは，EU域内から多くの低熟練労働者を受け入れた．とくに農業は，全就労者数に占める移民の割合が7%と他のセクターと比してずば抜けて高くなった（若松，2016）．それにより，それまで移民とのかかわりが薄かった農村部で，移民に対する懸念が高まるようになった．イギリス独立党のファラージ党首は移民が増えることを治安の悪化と結びつけ，EU離脱を呼びかけて多くの支持を集めた．

2018年12月現在，イギリスはEUと離脱のための交渉を続けているが，9.3節でみたようにイギリスは他のEU諸国で暮らす国民も多い．すでにイギリスに住む移民を強制的に追い出すことは難しく，また交渉期間のうちにイギリスに移動する人びとを止めることはEUの規定上できない．今後，この意識がどのような社会情勢に結びつくのかについては，見守っていく必要がある．

9.4.2　フランス大統領選挙

次に2017年5月のフランス大統領選挙をみておきたい．長い間，左派と右派が二大勢力となっていたフランスでは，1980年代から排外主義的な政党「FN（国民戦線）」が台頭しはじめ，1995年の大統領選挙では，決選投票（フランスの選挙では第1回投票で有効投票数の半数以上を得られなければ上位2者で決選投票が行われる）において初めてFNの党首ジャン＝マリ・ルペンが右派のジャック・シラクと争うこととなった．このときは，左派の候補者が複数いたことにより票が割れたことが問題だとして，左派も右派も候補者を絞りこむようになったが，2017年の選挙では，その左派の統一候補も，右派の統一候補も，決選投票に進むことができなかった．

決選投票を争ったのは，FNの党首であったマリーヌ・ルペンと，彼女の正反対の公約を中心として掲げたエマニュエル・マクロンである．FNの主張は，EU離脱と移民の排斥に特徴づけられ

写真9.2　カレーの難民キャンプ（Yug/Shutterstock.com，フランス，2016年）

写真9.3　選挙ポスター（ベルギー，2012年）

ていた．フランスのマスメディアでいう移民には2つのイメージがある．移民を意味する言葉でも，イミグレ（immigré）といったときには，労働者あるいは家族としてフランスで生活する人びとであり，ミグラン（migrant）といったときには，難民などをさしている（難民réfugiéという言葉を避け，移民と呼んでいることに受け入れ態勢の硬化が表れている）．FNは結党時から前者の移民，とくに第二次世界大戦後にヨーロッパの外からフランスに渡ってきた移民の排斥を訴えており，近年は後者の移民，とくにイギリスに渡る機会を得るためにドーヴァー海峡に沿ってフランスに滞在する人びとなどもその攻撃対象としている．（写真9.2）

FNの躍進の背後には，フランスの長期にわたる不景気と失業率の高さがある．影響を大きく被っているのは移民の方であることを多くの研究が示してきたが，この党は移民が仕事を奪ったり，

社会保障を独占したりしているなどと訴え，支持を集め続けている．フランスの左派と右派という構図が崩れたのは，そのような訴えに既存政党が応えられていないことをも示している．マクロン大統領も移民の権利向上などについては積極的とはいえない．

9.4.3　ドイツ連邦議会選挙

2017年9月，ドイツは連邦議会の選挙を行った．2005年から首相を務めるアンゲラ・メルケルの4期目が予測され，選挙前はあまり話題にならなかったが，結果的には与党が大きく議席を減らしたうえに，連立先との交渉に時間がかかり，新しい政権の発足には半年近くかかることとなった．EUの「盟主」とみなされていたドイツのこのような不安定さは，EUの今後への懸念が高まることにもつながっている．

ドイツの選挙において争点となった「移民」は，何といっても2015年の難民受け入れであった．ドイツはすでにシリア難民を積極的に受け入れる方針をとっていたが（久保山，2016），2015年8月31日，メルケル首相はダブリン規則（第10章参照）にかかわらずドイツで難民を受け入れると発表した．EU内で最初の到着国の1つであったハンガリーが受け入れを拒み，国境線上に鉄条網を張るなどの措置をとっていることへの批判が高まっていたからである．また，密航船が難破するという事件が相次ぎ，子どもの遺体写真が報じられたこともあった．当初は列車で到着する人びとを歓迎していたドイツ社会であったが，あまりに多くの人びとが流入し，またそのなかから集団暴力事件が起きたことなどから，メルケル首相の受け入れ措置はしだいに批判されるようになっていった．

実際には，人材不足に悩むドイツにおいて，企業や小規模自治体では難民の就労への期待も高かった（久保山，2016）．しかし批判の高まりを受け，メルケル首相も難民の受け入れを制限することを決め，既述のトルコとの協定なども進めた．それでも，右翼政党「AfD（ドイツのための選択肢）」はメルケル首相の判断について責任追及をすると訴え，選挙では第三党にまで躍進した．

このように，移民は現在ヨーロッパにおける選挙の際に大きな争点となりがちであるが，それが誰を指示しているのかはかなり異なっている．にもかかわらず，ヨーロッパのなかにおいても，他の国の移民排斥の論理を利用しながら議論をしているところがあり，実態がますますみえにくくなっている．移民排斥を訴える政党の躍進は，この間にオランダ，オーストリア，イタリアなどでもみられたが，問題はそれによって政権与党も移民に対する態度を硬化させるか，ときにはそれらの排外主義的な政党と連立を組むことで，国民の支持を得ようとすることである．すでにみたように移民の内実は非常に多様であり，また多くの移民が生活しているという実態のなかでは，単に排斥するという選択肢は現実にはありえない．このような選挙キャンペーンは，単純に国内の差別感情や格差を是認することになり，移民の身体や精神の安全にもかかわる結果を招きかねないのである．

9.5　社会問題とのつながり

9.5.1　移民をめぐる社会問題

移民と社会問題といったときに，どこの国でも排外主義的な政党やグループが「治安の悪化」「福祉の集中」「文化の衝突」などをあげがちである．しかし，それらを移民の問題とするのは，議論のすり替えである．たとえ移民による犯罪があったとしても，移民＝犯罪者ではないことは疑いようがない．移民の多い地区の治安が問題視されるとするなら，それは貧困や社会的不平等などが背景にあり，困難な状況を招いている社会全体の問題である．文化的な差異はあるかもしれないが，それはいつも「衝突」するものではない．むしろ，国境線が引かれ，国民の考え方がつくられた19世紀の状況をたどるなら，移民によって初めて異質なものが混入したかのようにとらえることこそ問題である．どこの国にも内部に先住民文化や地域文化などの多様性があり，国民国家は常にそれらを統合（あるいは隠蔽）するかたちで形成されているのである．では，移民に関連した社会問題とはどのようなことだろうか．

表9.6 EU内における労働市場への移民の統合状況（2016年，20〜64歳，％）

	自国民	外国人	外国人内訳	
			EU市民	非EU市民
雇用				
雇用	71.7	64.4	74.7	56.5
有期雇用	12.8	19.1	16.1	22.1
パートタイム雇用	18.4	24.9	22.6	27.1
失業				
失業率	7.9	13.4	8.8	17.6
うち長期失業の割合	49.2	45.0	39.9	47.4

Eurostat News, 20/07/2017, http://ec.europa.eu/eurostat/web/products-eurostat-news/-/DDN-20170720-1?inheritRedirect=true による．（2018年5月2日確認）

表9.7 EU内における教育の観点からの移民の統合状況（2014年，％）

	自国民	外国人	外国人内訳	
			EU市民	非EU市民
18〜24歳の人びとのなかで前期中等教育までで教育課程を離れた割合				
男性	11.8	24.4	21.0	26.2
女性	8.6	22.2	17.6	24.8
平均	10.2	23.2	19.2	25.5
18〜64歳の人びとの教育到達レベル				
前期中等教育	23.4	36.4	25.9	43.9
後期中等教育	49.4	37.3	43.2	33.1
高等教育	27.3	26.3	31.0	23.0

Eurostat news release 145/2015 - 21 August 2015, Proportion of early school leavers in the EU notably higher for non-EU citizens than for nationals. による．

　第二次世界大戦後の労働移民の組織的な受け入れに際し，最初に表れた問題は労働条件であった．移民たちは労働者を集めるのが難しいきつい労働現場に集められ，ときには劣悪な環境で働くことが求められており，権利意識にめざめれば解雇された（トレンハルト，1994）．現在にいたるまで，国境を越えて，国籍とは異なる国で生活するとき，滞在許可を得るためには職場からの書類が必要となるため，労働条件を拒否することは難しい．この問題は滞在のステイタスが不安定であるほど起こりやすい．

　居住環境はそれに続く問題である．職場が住宅を提供しない場合，すぐに適当な住宅に入れるとは限らず，ときには自分たちで間に合わせにつくった建物に住まざるをえない．フランスでは第二次世界大戦後，大都市周辺にビドンヴィルと呼ばれるスラムが形成され，その解消には1980年代までかかった．そのような環境が形成されるまで，フランスが対応策をとらなかったことにも，移民労働者に対する無関心と差別があったといえる．

　不景気に陥ったときには，真っ先に失業するのは移民である．表9.6の統計には，国民よりも外国人が，EU市民よりも非EU市民が，失業しやすく，またそれが長期化しやすいことが表れている．移民が国民から仕事を奪うということは，統計的な事実とはいえない．失業しやすいという状況は，貧困に陥りやすいことを意味する．ヨーロッパで移民の多い地区での貧困が問題になりはじめたのは，1980年代以降のことである．

　教育についても，移民第一世代は言葉が不自由なことも少なくなく，親世代の支援が得られないために学業において困難に陥る子どもも多い．そこに親世代の雇用や収入の不安定さがかかわってくることもある．表9.7で示されているように，18〜24歳の人びとのなかで前期中等教育までで教育課程から離れた人の割合は，国民と外国人で2倍の差があり，非EU市民は4人に1人となっている．フランスなど小学校から留年する可能性のある国では，義務教育年齢である15歳までに誰もが前期中等教育にあたるコレージュの卒業資格を得ているとは限らないことも付け加えておきたい．また，18〜64歳の人びとのなかで後期中等教育を受けている割合も，国民では75％を超えているのに対し，外国人は63.6％と10ポイント以上も低い．このような状況がまた，移民の仕事へのアクセスを難しくしていく．

　さらに，外見が差別の対象となることもある．とりわけ非ヨーロッパ系の移民は，国籍を取得していても，支配的な民族や文化から周辺化され，移民と名指されることもある．マスメディアでは「移民出自の」という形容詞をつけて呼ばれることもある．外見で確認されることがなくとも，貧しい地域の出身であったり，イスラム教徒に特徴的な名前であったりすると，就職活動においても面接に呼ばれにくいという問題も報告されている（NHK, 2016）．

表9.8 フランス大都市圏の移民・外国人の住居（2002年）

	所有	賃貸	使用貸借	戸建て	集合住宅	高齢者住居	簡易宿泊所	仮設建造物	独立した部屋	住居以外
EU	644,807	414,420	60,066	625,679	464,722	5,396	1,757	917	11,071	9,751
アルジェリア	76,649	238,452	7,011	75,193	234,082	959	5,331	390	3,896	2,261
モロッコ	58,681	192,720	8,294	59,365	191,811	419	1,424	367	4,137	2,172
チュニジア	36,397	82,464	3,279	22,896	95,930	327	479	96	1,474	938
旧仏領アフリカ	22,559	109,356	3,981	20,017	111,093	160	1,140	1,601	2,179	1,147
トルコ	18,200	55,985	1,362	13,710	59,881	273	78	72	911	622
旧仏領インドシナ	33,481	45,628	2,048	24,044	54,516	420	139	50	1,143	845
その他	183,005	238,831	23,929	152,052	277,673	2,398	1,382	317	7,380	4,563
計	1,073,779	1,377,856	109,970	992,956	1,489,708	10,352	11,730	3,810	32,191	22,299

Tchibindat, S. (2005)：*Le logement des Algériens en France：Historique et inventaire des prodlématiques actuelles*. L'Harmattann. をもとに作成.

以上のような問題は，移民の社会統合における困難であり，個人の努力だけでは解決しないものが多い．個々の困難の表れに移民であるかどうかだけを問い，非難して，人びとの人間としての存在を総合的にとらえないのであれば，困難に陥った移民をさらに追い込むことになりかねない．

9.5.2 地理学的なアプローチ

移民・外国人について，より地理学的に考えていきたい．地理学の特徴である空間性を意識するとともに，地域や国の特性，場所の形成や変遷を一般化しすぎずにとらえることが，この分野における地理学的アプローチの重要な基点である．

同じ国からの移民であっても，受け入れ国の違いによって異なる困難をかかえることがある．たとえばヨーロッパにおけるトルコ人移民は，ドイツ，オランダ，フランスの3国において，それぞれ民族差別，無理解，宗教差別という異なる課題に向きあってきた（内藤，2004）．それぞれ，ドイツの民族意識，オランダの多文化主義，フランスのライシテと呼ばれる非宗教性の原則が，同じ国から来た移民たちを違った観点から問題視される状況に追いやっているのであり，国の特性を意識することによって初めて明らかになる視点といえる．

住宅不足についても，移民がみな同じ状況にあるとはいえない．少し古いが，2002年のフランス大都市圏における外国人の住宅事情の調査をみると，移民が出身地によって異なる住宅に住んでいることが明らかとなってくる（表9.8）．また，た

とえばパリにおいては，移民向けの住居が集中している行政区とほとんど存在しない行政区があり，後者は地価が高いが，前者は地価が比較的低いもののこれ以上は受け入れようとしないという問題があることも明らかになっている（荒又，2009）．

移民が多いといわれる地区（統計上の多さではなく，多いと認識されている地区）は，多くの場合，貧困や非行，差別などの集中する地区となっている．その地区が歴史上どのように形成されたのか，現在置かれている状況をより高次のスケールでどうとらえ直せるのかなどは，やはり地理学的な課題である．そこには移民たちが自らつくり出す自助組織のほか，受け入れ社会の市民による支援組織，また行政による監視のための組織あるいは共生のための組織が設置されることも少なくない．たとえばパリのグット・ドール地区は，戦後すぐにアルジェリア移民の多い地区と認識されるようになり，多くの支援団体が活動してきた．

高度技能移民については，現在のところ受け入れ社会から問題視されることは少なく，当人たちも社会問題の当事者であるという意識は小さいと考えられるものの，彼らの求める労働環境・住環境のために都市に大きな変化が起きているという現実もある．スペインの地理学者フランセスク・ムニョスは，グローバル化によって建築や都市デザインは都市ごとの違いをイコライザーのように調整する道具となったと指摘した（ムニョス，2013）．世界経済の司令塔となる企業の本拠地で

あるグローバルシティにおいては，オフィスやそこで働く人びとの住宅供給のために，低所得層向けであった地域において排除圧力が生じており，以前からの移民の多い街区はその対象となることも多い（サッセン，2008）．高度技能移民の生活空間を都市の大きな変容とのかかわりで考察するのは地理学的な課題といえる．

境界というのも地理学的な用語であり，国境管理について考えることは重要な課題といえる．その手法は年々高度化しており，国際空港では金属探知機だけではなく，全身をスキャンする機材やICチップ，さらには指紋や光彩などを用いた生体管理なども導入が進んでいる．このような「スマート化」は，「望ましくない」とされる移民を排除するためだけでなく，高度移民が指紋などを登録すれば入国管理に時間をとられることがなくなるなど，あくまで国が理想とする経済・社会の実現のために用いられているといえる（森・ルバイ，2014）．

境界において「不法移民」に疑われた人びとは，収容施設で過ごすことになる．イタリアのランペドゥーザ島は多くの難民がたどり着く地であるが，審査はときには長期になり，そこで重大な人権侵害が起きていることが報告されている（北川，2012）．それらの機関が他の人びとからみえにくいところに設置されていることから，問題が認識されないことも少なくない．

9.6 想像力をもつこと

経済がグローバルに展開するなかで，企業は世界から資源を得て，さまざまなレベルの開発にかかわり，あらゆる地を市場としている．その極となる都市・地域には政治，経済，社会，文化的資源が集まっており，またそこにすべてが集まってくるように世界は構造化されている．人間だけが動かずにいることは不可能だろう．たまたま生まれた地域で安全に育ち，移動をせずに教育を受け，仕事を得られる人は，それほど多くはない．もはや自主的であれ，強制的であれ，生活場所を求めて移動するのが世界の実態であるという認識から始める必要がある．

写真9.4 パリの難民受け入れセンター（フランス，2017年）

しかし長年移民を受け入れてきたヨーロッパにおいても，近年，移民に対するさまざまな差別意識の広がりがみられる．とりわけ，移民が働かず，高福祉のヨーロッパに寄生しているという見方も強い．実際には移民が受け取っている社会保険料の総額は支払っている額よりもずっと少ないという調査があるのだが（森・ルバイ，2014），差別的な見方が移民排斥を訴える政党の得票率を上げ続けている．これを「再国民化」（高橋・石田，2016），あるいは「福祉国家ナショナリズム」（久保山，2017）と呼ぶ人もいる．

しかし，実態的には，各国政府は福祉政策によって国民の平等性を確保することよりも，経済活動を維持するために競争を強化し，格差を許容する方向に動いている（久保山，2017）．高度技能移民の積極的な受け入れを選択したのは，イギリスでもドイツでも社会民主政権の時代であり，これらの政権は伝統的右派でも左派でもないという意味で「第三の道」と呼ばれた．現在は主要政党がこの方向性を疑問視する様子はない．選挙のときに用いられる国民的な一体性の想像力と現実の政策は，かなり異なっているといえる．

その意味で，移民について考える際には，もはや国民や国境といった大きな枠組みから始めることは困難である．国家的な政策ではなく，人間として人びとの実態を知らなければならない．日本についても，島国だから国民は単一民族からなっており，ヨーロッパとは異なるというような考えは，歴史的にも実態的にも間違いであることを認

識し，すでに生活している人びとの生を真摯に受け止めるところから始める必要がある．そのうえで，自分が他者と向きあうにあたって何を難しいと感じるのかについては，率直かつ真剣な議論を通じて解決していく必要があるだろう．

ヨーロッパの移民問題から学べることは，移民の受け入れによる衝突などでは決してない．むしろ経済中心の思想の行き詰まり，そしてその結果としての差別意識の広がりなのであり，議論の出発点を間違えないようにしたい． ［荒又美陽］

引用・参考文献

荒又美陽（2009）：フランスにおける移民の住宅問題―パリ市の現状と課題．平成 20〜22 年度科学研究費補助金基盤研究 A（海外学術調査）課題番号 2080014 研究成果中間報告書「フランスの移民問題の現状及び社会統合政策上の課題に関する調査研究」平成 21 年 5 月（研究代表者宮島 喬）, pp.15-28.

北川眞也（2012）：ヨーロッパ・地中海を揺れ動くポストコロニアルな境界―イタリア・ランペドゥーザ島における移民の「閉じ込め」の諸形態．境界研究, **3**：15-44.

久保山亮（2016）：ドイツにおける難民の社会統合―労働市場統合と自治体の役割に焦点をあてて．難民研究ジャーナル, **6**：100-134.

久保山亮（2017）：ドイツⅠ 移民政策のパラダイム・シフト―国民福祉国家から国民競争国家へ．小井戸彰宏編：移民受入の国際社会学―選別メカニズムの比較分析. pp.166-195. 名古屋大学出版会.

小井戸彰宏編（2017）：移民受入の国際社会学―選別メカニズムの比較分析．名古屋大学出版会.

サッセン, S. 著, 伊豫谷登士翁監訳（2008）：グローバル・シティ―ニューヨーク・ロンドン・東京から世界を読む．筑摩書房.

高橋 進・石田 徹編（2016）：「再国民化」に揺らぐヨーロッパ―新たなナショナリズムの隆盛と移民排斥のゆくえ．法律文化社.

トーピー, G. 著, 藤川隆男監訳（2008）：パスポートの発明―監視・シティズンシップ・国家．法政大学出版局.

トレンハルト, D. 編, 宮島 喬ほか訳（1994）：新しい移民大陸ヨーロッパ―比較のなかの西欧諸国・外国人労働者と移民政策．明石書店.

内藤正典（2004）：ヨーロッパとイスラーム―共生は可能か．岩波書店.

ノワリエル, G. 著, 大中一彌ほか訳（2015）：フランスという坩堝―19 世紀から 20 世紀の移民史．法政大学出版局.

ブルーベイカー, R.・キム, J. 著, 佐藤成基ほか訳（2016）：ドイツと朝鮮における越境的メンバーシップの政治―国境外の民族同胞問題の再編成．グローバル化する世界と「帰属の政治」．pp.117-199. 明石書店.

宮島 喬（2014）：多文化であることとは―新しい市民社会の条件．岩波書店.

ムニョス, F. 著, 竹中克行・笹野益生訳（2013）：俗都市化―ありふれた景観, グローバルな場所．昭和堂.

森千香子・ルバイ, H.（2014）：国境政策のパラドクス．勁草書房.

若松邦弘（2016）：イギリス―政策の脱政治化と政治問題化のなかの EU 域内移民．岡部みどり編：人の国際移動と EU―地域統合は「国境」をどのように変えるのか？．pp.79-91. 法律文化社.

Eurostat (2017): Migration and migrant population statistics-statistics explained. http://ec.europa.eu/statistics-explained/（2018 年 3 月 1 日確認）

UNHCR（日本）(2018): http://www.unhcr.org/jp/what_is_refugee（2018 年 3 月 5 日確認）

Vaillant, E. (2008): *L'Immigration* (nouvelle édition). Milan.

NHK ドキュメンタリー WAVE「苦悩する仏イスラム社会～テロ後何がおきているのか」2016 年 1 月 10 日放送.

> コラム 9.1

中東発ファストフード，世界を席巻

　写真のような肉の塊を見たことのある方も多いのではないだろうか．2010年10月，羽田空港新国際線旅客ターミナル開港にあわせてリニューアルオープンした国内線の第二旅客ターミナル3階．ここに中東発ファストフード店がお目見えした．

　写真9.3のような肉の塊は，トルコではケバブ，バルカン半島ではチェヴァプ，イランではキャバーブなどと呼ばれるが，いずれも肉塊をローストした料理の総称である．オランダやドイツなどのトルコ系住民の多い地域では，ハンバーガーと並ぶお手軽なファストフードとしてこのケバブが定着している．ケバブは，一般的に立方体状の肉塊を鉄串に刺して1日以上かけて焼いたものである．

　オランダでは，トルコ系住民のファストフード店ではケバブ（Kabab），モロッコをはじめとするアラビア語系住民のそれではショアルマ（Shoarma）と呼ばれている．トルコ系ケバブ店ではおもに羊や鶏の肉塊が，通りからよく見えるところで肉汁を垂らしながら焼き上げられている．小腹の空いているときには，つい立ち寄ってしまいたくなる．

　店内で食事をしたい人には，肉とともに野菜が皿に盛って提供される．これらをナンのような平たいパンの袋状部分に詰めて，お好みでソースをかけて食べる．おおむね，3種類のソースがついてくるが，どのソースも美味である．ソースは羊あるいは山羊の乳からつくられるヨーグルトをベースとし，それにオリーブオイルやニンニク，さまざまなハーブが加えられている．そのまま，出された味を楽しむのもよし，自分でブレンドしてオリジナルソースをつくるのもよし．いろいろな味を創作できる楽しみもある．テイクアウト用ケバブ／ショアルマは，店員がパンに肉と野菜を詰めてソースをかけたうえで渡してくれる．

　ケバブもショアルマも，イスラムを信仰するムスリム／ムスリマの食べ物であったことから，オランダでは豚肉のケバブ／ショアルマに遭遇することはない．生粋のオランダ人も大好きなケバブ／ショアルマであるが，トルコ系やモロッコ系住民による小規模店舗経営が多く，2011年現在のところ，オランダ人経営の，あるいはチェーン展開するケバブ／ショアルマ店はない．しかしながら，ケバブ／ショアルマがすでに「オランダの食文化」の一つであることは間違いないであろう．羽田空港第二旅客ターミナルに行く機会があれば，ぜひケバブを楽しんでいただきたい．　　　　　　　　　　　［大島規江］

写真 9.5　アムステルダムのケバブ店（オランダ，2010年）

コラム 9.2

ヨーロッパとイスラム

ヨーロッパの移民をめぐる議論において陰に陽に争点となりがちなのは，イスラムとの関係である．近年，イスラム国（ISIS）を名乗る組織によるテロ行為推進表明などがあり，それこそが問題となっているかにみえる．しかし，ヨーロッパにおけるイスラムへの見方は，長い期間をかけてつくられたものである．

エドワード・サイードは，その著書『オリエンタリズム』のなかで，中東に関する文献（文学作品を含む）を通じ，イスラムがヨーロッパとは対称的だというイメージがつくられてきたことを示した．ヨーロッパはそのような理解をもとに，自分たちが中東を支配するのは文明化された民が現地の圧政から人びとを救い，彼らを文明化していくことを意味するのだと主張した（「文明化の使命」）．このように自分たちの文化を被支配文化よりも上位にみる見方を植民地主義（コロニアリズム）と呼ぶ．アジア・アフリカ諸国の多くが独立したのは1960年代であり，ヨーロッパはムスリムに対して植民地主義的な見方を脱しているとはいいがたい．

最初にムスリム移民をそれとして問題視したのはフランスで，女性たちが身につけるスカーフを公教育の場では外すべきであるとし，それを拒否した中学生たちが退学させられるという事件が1989年に起きた．スカーフは家父長的なイスラムの男性たちによって押しつけられたものであるか，熱狂的な宗教的帰依を表すとみなされ，非宗教性（ライシテ）を原則にもつ公教育の場にはふさわしくないとされたのである．長い議論の結果，フランスは2004年に法律で小学校から高校までの公教育の場ではスカーフを禁止した．フランスは19世紀末から公教育の非宗教化を進めてきたが，それはキリスト教の影響力を排するためのものであり，当初は教師の側を規制するものであった．それを学校における力関係の弱い生徒，とくに社会のなかで弱者の立場に置かれやすい女性を排斥する根拠としたことは，現代フランス社会のイスラム差別をはしなくも表しているといえる．その後もフランスは衣食住のさまざまな場面でイスラムの習慣を規制しようとし続けている．

イスラムは表現の自由を認めないという批判もある．1989年，イギリスの作家サルマン・ラシュディの『悪魔の詩』にイスラムを挑発する表現があるとして，イランの指導者ホメイニ師が死刑宣告を発した．2004年にはオランダの映画監督が，イスラム批判のために挑発的な作品を発表し，殺害された．2005年にはデンマークでイスラムの預言者ムハンマドの風刺画をめぐって議論が巻き起こり，2015年にはイスラムを侮辱するような風刺画を掲載し続けたフランスのシャルリ・エブド紙の事務所で銃乱射事件が起きた．暴力は絶対的に否定されなければならないが，ヨーロッパ社会のなかで決して強い立場に置かれていないイスラム教徒たちが侮蔑的な表現にさらされ続けているという構造もとらえる必要がある．表現の自由のみが争点だとすると，取りこぼす問題が大きい．

ヨーロッパで起きる差別はキリスト教との近親性ゆえに起きているともいえるが，第二次世界大戦後に移動した労働移民とその家族，また中東やアフリカからの難民にはムスリムも多く，もはやイスラムはヨーロッパ内部の宗教となっている．1400年にわたって信仰されてきた世界第2位の宗教を簡単に理解できると思わずに，当面の対立を防ぐための知恵が求められているところである．しかし，中東情勢などと関連して，問題が年々複雑化しているところでもある． ［荒又美陽］

参考文献
オースタハメル, J. 著, 石井　良訳（2005）：植民地主義とは何か．論創社.
サイード, E. W. 著, 今沢紀子訳（1993）：オリエンタリズム．平凡社ライブラリー.
平野千果子（2002）：フランス植民地主義の歴史．人文書院.

10 統合するEUと国境地域

EUは,「諸地域からなるヨーロッパ」という標語に示されるように,各地域を均一化するのではなく,各地域の特性や多様性を尊重したうえで,欧州統合を全体として進めていこうとしている.統合の深化と拡大により地域間格差が拡大し,地域間競争が激化しているなかで,EUと地域はそれぞれどのような戦略をもち,環境変化に対応してきたのか.また,「国境のないヨーロッパ」として域内の国境障壁機能が低下するなかで,国境および国境地域がどのような意味をもつようになったのか.本章では,EUの地域政策と国境地域に焦点をあて,具体的事例としてライン川上流地域での国境を越える地域連携の動きを明らかにするとともに,近年の難民問題がEUの国境管理において引き起こした議論について考察する.

10.1 EUの地域政策

10.1.1 共同体レベルでの地域政策の開始と強化

EUの前身であるECによる地域政策が本格的に実施されはじめたのは,1975年のERDF(欧州地域開発基金)の発足後である.政策の開始の背景には,統合の深化と拡大をめぐる域内の地域間格差の問題と政治的な要因があった.そもそも,ECの設立当初には,域内の地域間格差はまだ表面化しておらず,地域間格差への関心も希薄であった.しかし,1973年のイギリス,アイルランド,デンマークのEC加盟により,域内の地域間格差は顕在化していく.さらに,イギリスは,EC加盟によって生じる共通農業政策予算の純負担分を,ERDFからの資金の獲得によって軽減させようとし,地域政策の開始を強く要請した(辻,2003).こうした状況を背景に,1975年にERDFが設立され,それまで各国レベルで実施されていた地域政策が共同体レベルでも行われるようになった.このようにして始まったECの地域政策は,加盟国間,そして地域間の経済的格差を縮小し,EC全体としての結束を強化することを目的としていた.すなわち,域内地域間の経済的不均衡は欧州統合にとって障害となるため,その是正のために共同体レベルでの地域政策が重視されてきたのである.

その後,ECそしてEUの地域政策の展開も,統合の深化と拡大とに密接に関係している.地域政策は,まず1988年に大規模な改革が実施され,大幅に強化された.その背景には,1987年の単一欧州議定書の発効によって1993年の市場統合が政治日程として浮上してきたことと,スペイン,ポルトガルの加盟(1986年)によって地域間格差が拡大したことがあった.

1988年のEC地域政策改革のおもな内容は,次のとおりである.まず財政面では,資金運用方式の問題を改善するために,「構造基金」として「ERDF(欧州地域開発基金)」「ESF(欧州社会基金)」「EAGGF(農業指導保証基金)」の3つを総合的に運用するようにし,予算額も増大した.ECおよびEUの地域政策が「構造政策」とも呼ばれるのは,この基金の名称に由来する.制度面では,低開発地域や衰退工業地域など目的対象が明確化され,最も必要とされる地域に支援が集中できるようにした.また,地域指定の対象となる空間スケールを,EUの統計局(Eurostat)が策定した地域基準(NUTS)に基づいて設定した.NUTSは域内の地域を3つのレベルに分類している.ドイツを例にとると,NUTS-1は州(Land)に該当し,NUTS-2は州行政区(Regierungsbezirk)に,NUTS-3は郡(Kreis)に相当する.

加えて,単独のプロジェクト方式ではなく,それらを調整して統合する多年度のプログラム方式が採用された.さらにその政策過程に「パートナーシップ原則」が導入されて,地方自治体の参加

が重視されるようになった．

こうした改革を通じて1990年代以降，ECおよびEUの地域政策はさらに展開していった．市場統合（1993年）や通貨統合（2001年）といった統合の深化が，域内の財やサービス，労働力の流動化をより促進し，地域間不均衡を引き起こしたとともに，相対的に発展の遅れた東ヨーロッパ諸国のEU加盟が計画され，地域政策においても東方拡大への対応が求められるようになったのである．その後，2009年に発効したリスボン条約では，これまでの社会的・経済的結束に加えて，領域的結束（territorial cohesion）という概念が加えられた．現在では，EUでは単に地域間格差の是正だけではなく，社会的・経済的な分断の克服という包括的な視点から地域政策に取り組んでいるといえよう．

10.1.2 EU東方拡大への対応と「欧州2020」

EUの地域政策は多年度予算となっており，近年では2000～2006年，2007～2013年の期間に区切られ，2018年現在の現行の期間が2014～2020年である．これらの時期は，EUの東方拡大が生じた時期にあたる．そのため，この時期のEU地域政策は，東方拡大に対応したEUの全体戦略と相互に関連して策定されている．

EUは，東方拡大を見据えて1997年に「アジェンダ2000（Agenda 2000）」を公表し，全体的な指針や行動計画を示した．加盟申請国に対しては，①「Phare」（EU基準の適用のための制度改革，インフラ整備など），②「SAPARD」（農業・農村開発支援），③「ISPA」（環境保護，ヨーロッパ交通ネットワーク支援）といった「加盟前援助」プログラムを通じて，EUへのスムーズな加盟を可能とするべく整備が進められてきた．

さらに，2000年3月に合意されたリスボン戦略において，「成長」「雇用」「イノベーション」に重点を置いたEUの発展戦略が示された．EUの地域政策もこうした東方拡大に対応したEUの全体戦略に沿って修正され，2007～2013年のプログラムにおいて，それまでの政策メニューから大きな変更が行われた．ここで簡潔に2000年以降の地域政策の展開を把握しておこう（表10.1）．

表10.1 EU地域政策のプログラム内容

(a) 2000～2006年

名称		対象
目的別プログラム	目的1	低開発地域
	目的2	構造的衰退地域
	目的3	失業対策
共同体イニシアティブ	INTERREG Ⅲ	国境地域協力
	Leader +	持続可能な農村開発
	Urban Ⅱ	都市再開発
	Equal	労働市場整備
漁業支援		漁業部門
イノベーティブ・アクション		技術革新・研究開発など
結束基金		1人あたりGNIがEU平均の90％未満の加盟国，おもに環境・交通インフラ

(b) 2007～2013年

名称	対象
収束	低開発地域
地域の競争力と雇用	「収束」対象以外の全地域
欧州領域的協力	INTERREG ⅣA（越境的連携）
	INTERREG ⅣB（トランスナショナルな連携）
	INTERREG ⅣC（地域間連携）

(c) 2014～2020年

名称	対象
成長と雇用への投資	低開発地域（1人あたりGDPがEU平均の75％未満）
	移行地域（1人あたりGDPがEU平均の75％以上90％未満）
	先進地域（1人あたりGDPがEU平均の90％以上）
	結束基金支援地域（1人あたりGNIがEU平均の90％未満の加盟国）
欧州領域的協力	INTERREG ⅤA（越境的連携）
	INTERREG ⅤB（トランスナショナルな連携）
	INTERREG ⅤC（地域間連携）

European Commission（2015）*European Structural and Investment Fund 2014-2020：Official Texts and Commentaries.* および European Communites（2008）：EU Cohesion Policy 1988-2008：Investing in Europe's future. *Inforegio Panorama*, No.26 をもとに作成．

2000～2006年を対象としたEU地域政策は，2004年の新規加盟による混乱を解消し，EU拡大を成功に導くことを主眼としている．その内容は「目的別プログラム」「共同体イニシアティブ」「結束基金」「加盟前援助」の大きく4タイプに分類することができる．この時期の特徴は，目的別プログラムのなかでも低開発地域の発展を目的とした「目的1」の占める割合が最も大きいこと，欧州委員会の主導によってEU域内全体にわたるような諸問題の解決をめざす「共同体イニシアティブ」が設置されていることである．そこでは，「インターレグ（INTREREG）Ⅲ」（越境的地域連携），「アーバン（Urban）Ⅱ」（都市再開発），「リーダープラス（Leader＋）」（持続可能な発展のための農村社会・経済開発），「イコール（Equal）」（労働市場の整備）の4つの事業が設置された．しかしながら，その予算規模は地域政策の予算総額の約5％にすぎなかった（European Communities, 2008）．

　2007～2013年のEU地域政策は，2007年のルーマニアとブルガリアの加盟によるさらなる域内格差拡大を抑制することを課題とするとともに，リスボン戦略に沿って「成長」「雇用」「イノベーション」に重点を置いている．この時期になってはじめて，域内の全地域にEU地域政策が適用されることになり，さらに，そのなかでもとくに経済的に貧しい国や地域に対し集中的な投資が行われることになった．すなわち，東方拡大とリスボン戦略という2000年以降のEUの全体的な方向性に沿って，地域政策がシフトしたのである．その結果，政策の内容が大きく変化した．

　政策内容は，「収束」「地域の競争力と雇用」「欧州領域的協力」の3つの目的別プログラムに整理された．「収束」プログラムは，1人あたりGDPがEU平均の75％に満たない地域が対象となる．「地域の競争力と雇用」プログラムは，「収束」プログラムが適用されない地域すべてが対象である．「欧州領域的協力」プログラムは，国境を越えた地域協力を促進するプログラムであり，国境をはさんだ隣接する地域間の協力や，バルト海沿岸地域などのより広域な地域間の協力を対象としている．さらに，リスボン戦略をより反映し，技術革新・知識基盤型経済および環境・リスク予防の分野での越境的な地域連携も含まれる．

　これら3つのプログラムのうち，予算配分額が最も多いのは「収束」の2828億ユーロであり，全体の81.5％を占める．2番目は「地域の競争力と雇用」で549億ユーロ（全体の16％），「欧州領域的協力」は87億ユーロ（全体の2.5％）である．このことから，1人あたりGDPの値がEU平均の75％未満という，より貧しい地域に集中的に支援が行われていることが読み取れる．

　現行の期間（2014～2020年）は，EUの中期戦略「欧州2020（Europe 2020）」に沿ってプログラムが実施されている．「欧州2020」は2010年に策定されたEUの経済成長戦略で，「賢い成長（Smart Growth）」「持続的成長（Sustainable Growth）」「包摂的成長（Inclusive Growth）」を柱とする10か年計画である．これらの3つの柱の実現のため，雇用，研究開発，気候変動・エネルギー，教育，貧困・社会的排除の5部門を重点としている．地域政策もこれらの路線を踏襲している．

　地域政策は11の重点テーマからなり，「賢い成長」に関するテーマとして，①研究，技術開発，イノベーション，②ICTへのアクセス・利用・質の向上，③中小企業の競争力強化があげられている（表10.2）．「持続的成長」に関しては，④低

表10.2　「欧州2020」と地域政策の重点テーマの関係

「欧州2020」の目標	地域政策の重点テーマ
賢い成長	研究，技術開発，イノベーション
	ICTへのアクセス・利用・質の向上
	中小企業の競争力強化
持続的成長	低炭素経済への移行
	気候変動対策，リスク予防と管理
	環境保全・保護，資源の効率性
	持続可能な交通，インフラネットワークの障害解消
包摂的成長	持続可能で質の高い雇用，労働力の流動性
	社会的包摂，貧困や排除の撲滅
	教育，職業訓練，生涯学習
	公共部門や利害関係者の能力向上，行政の効率化

炭素経済への移行，⑤気候変動対策，リスク予防と管理，⑥環境保全・保護，資源の効率性，⑦持続可能な交通，インフラネットワークの障害解消が，「包摂的成長」に関しては，⑧持続可能で質の高い雇用，労働力の流動性，⑨社会的包摂，貧困や排除の撲滅，⑩教育，職業訓練，生涯学習，⑪公共部門や利害関係者の能力向上，行政の効率化がそれぞれ重点テーマとされている．

2014～2020年では，EUの総予算の32.5％にあたる3519億ユーロが地域政策の予算として計上されている（European Commission, 2015）．そのうち「成長と雇用への投資」として，1人あたりGDPがEU平均の75％未満の低開発地域に1822億ユーロ（地域政策予算の約52％），75％以上90％未満の移行地域に354億ユーロ（同，約10％），90％以上の先進地域に544億ユーロ（同，約15％），さらに，1人あたりのGNIがEU平均の90％未満の加盟国が援助対象とされる結束基金地域に634億ユーロ（同，約18％）が配分されている．「欧州領域的協力」としては，102億ユーロ（同，約3％）が配分されている．すなわち，地域政策では1人あたりGDPやGNIを基準にしてEU域内を区分し資金が提供される．このことは，EU域内のすべての地域がいずれかの地域区分に属しているということ，つまりEUの地域政策の適用地域であるということを意味する．なお，実際に地域政策が適用される事業は，EUが総費用のうち50～85％を負担し，残りを国や地域などが負担することになる．

地域政策は複数の基金を通じて資金が提供されるが，それらの基金の整備もEUの深化と拡大に沿って進められてきた．現行の予算枠組みでは5つの基金が設けられ，それらは「ESI（欧州構造投資）基金」と総称される．前項で取り上げたERDF（欧州地域開発基金），ESF（欧州社会基金）に加えて，CF（結束基金），EAFRD（欧州農業農村振興基金）およびEMFF（欧州海洋漁業基金）の基金がESIを構成しており，これらが共通の規定で運営されることになる．

ここで2000年以降のEU地域政策の特徴を，各予算期間の比較から把握しておきたい．まず，プログラムの合理化が進み，より簡潔になった．同時に，2007年からはEUの地域政策史上はじめて，域内すべてが対象地域となった．地域間格差の是正という当初の目的に加えて，地域の競争力や社会的包摂の強化のために低開発地域だけではなくEU全域が適用対象となったのである．つまり，EUの全地域が地域政策の影響を受けることになったといえる．このことは，財政的支援による直接的な経済的影響にとどまらず，EU政策過程に関する影響，たとえばパートナーシップ原則の遵守などによる，より民主的で分権的な政策過程の確立が，EU域内の地域レベルで一層進展することを意味する．とくに，かつて社会主義時代に中央集権型行政システムであった東ヨーロッパ諸国の地方自治体にとっては，その地方行政のあり方に大きな影響を及ぼすものであると考えられる．さらに，最もめだった変化は国境地域の重視である．それまでは国境地域を対象としたプログラム（INTERREG）は，「共同体イニシアティブ」の1事業にすぎなかった．しかし，2007年以降はEU地域政策の柱のうちの1つに位置づけられ，その重要性が増したのである．

10.1.3 統合の深化・拡大と地域間格差

EUの地域政策関連予算は増加の一途をたどっている．2000～2006年には2350億ユーロであった地域政策予算は，2014～2020年の期間では約3518億ユーロが計上され，前期比で約1.5倍の増加となった．現在は，EUの総予算の約3分の1を地域政策関連が占めていることとなる．

EUは事後評価報告書（European Commission, 2016）で，地域政策の成果として2007～2013年に約100万人の新規雇用が生まれ，中小企業対策として約40万件の事業に補助金が投入され，約12万件のスタートアップが生じたと公表している．研究・イノベーションの分野では，約12.5万件の研究開発に地域政策の資金が投下され，新たに約4万人の研究開発職の雇用が生まれた．

このように，統合の深化と拡大にともない，EU地域政策のプログラムと予算の充実化がはかられてきたが，一方で，現在も域内の地域間経済格差は依然として存在している．ここでは，

NUTS-2レベルでの1人あたりGDP（2016年）の指標を用いて，域内地域間格差の一端を把握しておきたい．1人あたりGDPでは，域内の最も豊かな地域と貧しい地域との差はきわめて大きく，EU平均を100とした場合，最高値はロンドン西部（Inner London-West）の611，第2位がルクセンブルクの257，最低値はブルガリア北西部（Severozapaden）の29である（Eurostatのデータによる）．この値を10年前の2006年のものと比較すると，ロンドン西部は554，ルクセンブルクは261，ブルガリア北西部は26であり，格差が固定化していることがうかがえる．新規加盟した東ヨーロッパ諸国の多くの地域がEUの平均以下の水準となっており，とくにブルガリアやルーマニアはEU平均の50％にも満たない地域がほとんどである．さらにドイツやイタリア，スペインに顕著にみられるように，旧加盟国でも国内の地域間格差は依然として解消されていない．

以上から，ヨーロッパでは統合の深化と拡大の過程のなかで，地域間格差を是正し域内の結束を高めるためにEU地域政策が発展してきたが，依然として格差が存在しており，東方拡大によってさらに新たな段階に直面しているということが指摘できよう．

10.2 EU統合と国境地域

現行の「欧州領域的協力」プログラムは，元来，国境地域における連携の強化を目的としてきたプログラムが発展したものである．国境地域は，統合が進むEUにおいてその地理的条件から，特別な支援が必要な地域として扱われてきた．

本節では，まず，EUにおいて国境地域がどのように位置づけられ，地域政策を通じていかなる対策がとられてきたのかを明らかにする．次に，国境地域における越境的な地域連携の発展に着目し，その全体的な動きを把握する．

10.2.1 EU地域政策における国境地域

国境地域は，EU地域政策開始当初から重要視されてきた地域ではない．その歴史は比較的新しく，国境地域であることがプログラムの適用条件となったのは，1990年からである．国境を越えた地域協力を目的としたプログラムは「インターレグ（INTERREG）」と総称され，1990～1993年のINTERREG I以来，現行（2014～2020年）のINTERREG Vへと発展してきた．当初は共同体イニシアティブ枠の1つにすぎず予算規模も小さかったが，2007～2013年の期間から，共同体イニシアティブ枠がなくなり，「欧州領域的協力」としてEUの地域政策の柱の1つとなった．

2014～2020年の期間における欧州領域的協力は，以下の3つに分類されている．第1に，INTERREG V Aとして88の「越境的連携」があり，重点分野は起業家支援や中小企業支援，観光，文化，環境保全，都市・農村関係，交通，コミュニケーション，インフラ整備，職業支援など幅広い分野を網羅している．これらのなかには，域内国境地域だけではなく加盟前の近隣国（IPA Cross-border）も含まれており，総額約66億ユーロが計上されている．第2は，INTERREG V Bとして「トランスナショナルな連携」があり，越境的連携よりも広域のスケールを単位とし，13の連携が実施されている．バルト海地域やアルプス地域，地中海沿岸地域などが対象とされ，約21億ユーロである．第3は，INTERREG V Cとして「地域間連携」が実施されており，約5億ユーロが配分される．それらはさらに以下の4つのプログラムに分けられている．INTERREG Europeでは地方自治体などへの支援，URBACT IIIでは都市開発，ESPONでは地域政策に関する情報のデータベース化，INTERACT IIIでは欧州領域的協力のためのガバナンスの向上が，それぞれ対象とされている．

インターレグ開始当初の予算規模は約11億ユーロにすぎなかったが，2014～2020年は，欧州領域的協力プログラム全体で101億ユーロが配分された．これは地域政策予算の約2.75％に匹敵する．そのなかでも越境的連携に約66億ユーロが配分され，欧州領域的協力プログラム総予算の約65％を占める．このことから，欧州領域的協力が地域政策の重要な柱の一つとなり，とりわけ国境で隣接した地域，すなわち国境地域がEU地域政策において重要な位置づけを有するようになったこ

とがうかがえる．

　国境地域にこうした対策がとられた背景には，同地域がヨーロッパの地域構造において相対的に発展が遅れている地域として位置づけられていることがある．2009年にEU委員会の地域政策総局が発表した報告書によると，NUTS-3レベルを単位とした場合，EU内に国境地域は547地域あり，EU総人口の約39.5％を占める．しかし，国境地域の1人あたりのGDPはEU平均値の88.3％と低い水準にある．また，病院や大学へのアクセシビリティという面でも，国境地域はEU平均の水準よりも低いことが指摘されている．

　すなわち，EUは相対的に発展が遅れた地域である国境地域の発展を促進するために，1990年代以降，国境地域対策を展開してきた．そして，現在では国境地域はEU地域政策のなかでもきわめて重要な位置を占め，そこでの連携の促進が求められているのである．

10.2.2　国境地域連携の発展とその要因

　前項でみたように，EUでは1990年以降，国境地域における連携を促進するための地域政策が展開されてきたが，各国境地域においてはすでに独自に連携の動きが形成されてきた．それらの連携の枠組みは，ユーロリージョン（Euroregion）と呼ばれるものが多い（飯嶋, 1999）．

　ヨーロッパにおいて広範に活発化しているユーロリージョンとEUとをつなぐものとして重要な役割を果たしているものには，越境的な地域連携の連合組織「AEBR（欧州国境地域協会）」がある．AEBRには2018年現在，約220組織が加盟している．設立は1971年で，1960年代からすでに活動していたレギオ・バジリエンス（Regio Basiliensis）や，ユーレギオ（Euregio），フランスのノール・パドカレ（Nord Pas-de Calais）などの連携組織や自治体が加盟した．その後，AEBRは「欧州評議会（Council of Europe）」などの外部の組織にも積極的に働きかけていく．とくに1980年代半ば以降は，ECそしてEUとの協力関係を強め，インターレグ・プログラムの策定に協力し，越境的な連携に関する技術的・専門的協力を強めている．

　AEBRの活動の歴史は，EUが地域政策を通じて越境的地域連携を支援する以前から，国境地域の地方自治体は自発的に連携してきたことを示している．それらの国境地域はネットワーク化し，1970年代から草案作成協力などを通じて，欧州評議会をはじめとした国際的な組織との関係を強化し，それらの組織の取り組みに自らのインタレストを反映させてきた．1990年代に入りEUの国境地域対策インターレグ・プログラムが実施されるようになった背景には，前項で明らかにしたEU側の意図に加えて，国境地域の地方自治体のこうした戦略と行動があった．国境地域の地方自治体は，AEBRの活動を通じてEUと直接的な関係を一層強化させ，意見を表明する機会を確保し，EUの政策に反映させてきた．こうした歴史的な経緯が，EU地域政策で国境地域対策が重要な政策分野に格上げされた要因の一つといえる．

　それではなぜ，国境地域が自発的に連携してきたのか．この問題にも，統合の深化という環境変化が大きな影響を及ぼしている．ここでは，連携活発化の要因として，地域間競争の激化，越境的な国境地域対策の需要，地方分権化，そして地域意識の再生をあげ，順に検討する．

　EU統合の深化は，国家の相対的な地位の低下と，国家間障壁の低減という問題にかかわっている．地域にとってみれば，従来までの国家による後ろ盾が減少するなかで，ヨーロッパレベルでの競争に投げ込まれることを意味する．各国の首都や経済の中心地でさえ，その地位の激変が問題視されている．ましてや国家の「周辺」として位置づけられてきた国境地域は，その影響を最も受けやすいといえる．国境地域では，ヨーロッパレベルにおける地域間競争に打ち勝つために，同じような危機意識や目的意識をもった他の地域とともに国境を越えて連携していこうとする動きがめだっているのである．

　各国境地域がもつ課題には，インフラストラクチャーの整備など共通するものが多い．越境的連携による一体的な施策は，従来の各国ごとに行われる国境地域対策よりも効率的である．そのため，国境を越える交通網や上下水道の整備，共同での

河川管理や廃棄物処理などが求められ，国境をまたぐ両側の地域における協力が促進された．

さらに，こうした連携を可能としたのは，各国での地方分権化の進展である．EU 加盟国では，1980 年代以降における国家の役割の後退のなかで，国によって温度差はあるものの，地方分権化が進み，地方自治体の権限や行政能力が強化されてきた．そうした状況下で，地方自治体は，自らの地域の活性化のために隣接する地域と国境を越えて連携を行うことが，制度的にも能力的にも可能となった．

また，地域意識の再生も連携活発化の重要な要因である．越境的な地域連携には，地方行政の仕組みの違いなどさまざまな困難がある．そうした困難を克服し，連携を進めていくには，地域としての連帯感が不可欠である．地域住民の連帯感を醸成する言語，文化，歴史などの共通性は，連携活動の大きなインセンティブになる．ヨーロッパには，歴史や文化などの側面からみて，一つのまとまりのある地域として存在していたにもかかわらず，国民国家の成立によって分断された地域や，国境線の変更により分断された地域も少なくない．欧州統合の深化によって，従来の国民国家概念の相対化とともに，国民国家形成以前に存在していた地域意識が再生しはじめてきた．以下で取り上げるオーバーライン地域（Oberrhein）の連携も，そうした特徴をもつ．こうした地域では，国民国家の相対化という文脈のなかで，越境的地域連携を新たな発展戦略として認識しはじめるようになったのである．

10.3　フランス・ドイツ・スイス国境の動態

本節では，ドイツ・フランス・スイス 3 か国間の国境地域であるオーバーライン地域を事例として，欧州統合下で国境地域がどのように変容し，また EU が地域政策を通じて国境地域にいかに影響を及ぼしているのかを明らかにする．その際，大きく 2 つの点に留意する．第 1 は，国境地域における越境性の特徴と，国境を越える地域連携の形成過程である．第 2 は，EU 地域政策と地域連携の相互関係である．

10.3.1　オーバーライン地域の経済構造

ライン川上流部のオーバーライン地域には，「ユーロリージョン・オーバーライン（Euroregion Oberrhein）」（総面積 2 万 1517 km^2，人口約 600 万人，2012 年）と呼ばれる越境的地域連携の枠組みが存在する．

オーバーライン地域は，ドイツのバーデン・ヴュルテンベルク州の南バーデン地方およびラインラント・プファルツ州南部，フランスのバ・ラン県およびオー・ラン県からなるアルザス地方，スイスのバーゼル都市州およびバーゼル地方州を中心とした北西スイス地方からなる（図 10.1）．域内の主要都市は南バーデンのフライブルク（Freiburg），アルザスのストラスブール（Strasbourg），コルマール（Colmar），ミュールーズ（Mulhouse），北西スイスのバーゼル（Basel）である．同地域にはライン川地溝帯を取り囲むようにして東部にシュヴァルツヴァルト（黒い森），

図 10.1　ユーロリージョン・オーバーライン地域の概要図
Oberrheinkonferenz（2008）：*Oberrhein Zahlen und Fakten* をもとに作成．

西部にヴォージュ山地があり，ジュラ山地の北端がオーバーライン地域の南部境界である．

まず，オーバーライン地域全体の経済構造を分析する．その際，同地域を構成する3か国の各国境地域の差異に着目したい．オーバーライン地域全体の失業率は5.1%（2012年）で，EU平均（10.4%）よりも低い水準にある．しかし，域内には相当な地域的差異がみられる．北西スイスの失業率は2.8%で最も低い水準を示すのに対し，アルザスの失業率の高さ（9.2%）は北西スイスの3倍以上に相当する（Oberrheinkonferenz, 2014）．同様に，1人あたりの域内総生産額（2012年）に関しても，オーバーライン地域全体では3万9331ユーロ（2012年）で，EU平均（2万9500ユーロ）よりも高い水準にあるが，域内の格差は大きく，最も額の大きい北西スイス（6万1571ユーロ）は南プファルツ（2万8598ユーロ）やアルザス（2万8916ユーロ）の2倍以上の水準である．失業率および1人あたり域内総生産額から，ユーロリージョン・オーバーライン地域では，北西スイスが最も良好な経済的パフォーマンスを示しており，それに南バーデンが続き，アルザスと南プファルツが先の2地域と比較して劣った状況にあるということができる．

同地域の産業構造をみると，産業別の就業者割合（2012年）はオーバーライン地域全体で第一次産業1.8%，第二次産業27.0%，第三次産業71.2%であり，域内の各地域はほぼ同じ傾向である．しかし，より詳細にみれば主要産業という点で地域的差異が存在する．アルザスではミュールーズに立地するプジョー・シトロエン社の自動車工場に代表されるように自動車産業が，北西スイスではバーゼルのノバルティスを代表する国際的製薬企業にみられるように製薬産業，化学産業，金融産業が，南バーデンではシュヴァルツヴァルトの観光産業や卸売・小売業が主要部門である．

以上のように，オーバーライン地域を構成する3か国の各地域はそれぞれ異なる経済構造を有している．しかし，そうした違いにもかかわらず，それら3地域間にはさまざまな面で国境を越えたつながりや共通性がみられる．そこで，次にオーバーライン地域における越境性の諸相を明らかにする．

10.3.2　越境性の諸相

オーバーライン地域は，中世にはライン川の水運によって結ばれた，一つの経済圏であった（ジュイヤール，1977）．現在でもグレンツゲンガー（Grenzgänger, 独語）やフロンタリエ（frontaliere, 仏語）と呼ばれる，国境を越えて通勤する労働者（以下，越境的通勤者とする）が多くみられる．このことは，同地域における地域労働市場としての一体性と，その越境性の存在を意味している．2012年のデータによると，ユーロリージョン・オーバーライン地域では全就業者数の約33%にあたる9万3300人が毎日国境を越えて通勤している（Oberrheinkonferenz, 2014）．3地域のうち，アルザスが最も多くの越境的通勤者を出し，北西スイスと南バーデンへの越境的通勤流動は合計で5万3800人以上である．その一方で，北西スイスおよび南バーデンからアルザスへ向かう越境的通勤の流れは，わずか2000人にすぎない．南バーデンからは，北西スイスへ3万3700人が国境を越えて通勤している．北西スイスには，アルザスおよび南バーデンから6万5100人の越境的通勤者が流入している．このことはユーロリージョン・オーバーライン地域では，同地域の越境的通勤者の約7割弱が北西スイスの地域労働市場に吸収されており，北西スイスが地域産業の一大拠点になっていることを意味する．

北西スイスのなかでも，同地域において越境的通勤者を最も多く吸引しているのは，バーゼル市である．バーゼルに向かう越境的通勤者は，アルザスのサンルイ市（St.-Louis）や南バーデンのレーラッハ市（Lörrach）など，バーゼル市に近接した隣国の市町村に多く居住している（写真10.1, 10.2, 10.3）．彼らは，化学・製薬産業，卸売・小売業，事業所サービス業などに多く従事している．

こうした越境的通勤流動は，オーバーライン地域における越境的な地域労働市場の存在を意味し，経済面における同地域の越境性を最も顕著に示している．同時に他面では，越境的通勤流動の発生は，北西スイスにおける高い賃金水準や労働

写真 10.1　バーゼル・サンルイ国境
（スイス・フランス国境, 2012 年）

写真 10.3　三カ国国境地点
（スイス・フランス・ドイツ国境, 2010 年）

写真 10.2　スイス・ドイツ国境遊歩道
（スイス・ドイツ国境, 2012 年）

力需要に示されるように，3 地域間の経済格差を背景にしている．すなわち，越境的通勤流動はオーバーライン地域の経済における越境性を示すと同時に，域内の経済格差の存在をも明示している現象であるととらえることができる．

次に，オーバーライン地域における越境性を示すものとして，文化面に注目したい．それは，アルザス語に代表されるアルザス文化の存在であり，アルザス文化を基盤にしたアルザス地域主義の展開である．アルザスでは歴史的には，書き言葉としてのドイツ語と話し言葉としてのアルザス語が用いられ，南バーデンや北西スイスと同じドイツ語文化圏に属している．政治的には，アルザスは 19 世紀後半以来，戦争のたびに国境線が変更され，フランスとドイツの間で帰属が数回にわたって変化してきた．その間には，アルザスを取り巻く政治環境のたび重なる変化を背景に，自治主義や分離主義を唱えるアルザス地域主義が強まり，一部の急進派によるナチスへの対独協力をも生み出した．そのため，第二次世界大戦後の一時期は対独協力という「負の遺産」から，自治主義や分離主義を唱えることがタブー化され，アルザス地域主義は沈黙化せざるをえなくなった（坂井, 1995）．一方，戦後フランス政府は国民統合の名のもとで地域言語に対して厳しい姿勢をとった．アルザス語は公教育の場での使用が禁止された．

しかしながら，1960 年代後半から 1970 年代前半にかけて，アルザス語やアルザス文化の擁護や発展を目的とした，文化団体によるドイツ語講座の開催などを通じて，アルザスの地域主義が再び表面化してきた．1980 年代の社会党政権による地方分権化政策は，そうした動きをさらに促進させた．アルザス地域主義運動における最も重要な課題はアルザス語の保持であった．1982 年には，アルザス地域語としてのドイツ語教育が認められ，アルザス地域主義運動の一層の進展を促した．

このような経緯で再び浮上してきたアルザス地域主義は，戦前の自治主義や分離主義と比較すると，フランス国家の枠内で地域言語・文化の擁護を求める，より穏健化したものとなっている．

ここで注目すべきは，1970 年代以降，アルザス地域主義は，地域としての独自性をフランス国内だけではなくヨーロッパという空間に位置づけるという戦略をとるようになったことである．隣接する南バーデンと北西スイスとの文化的・言語的共通性を背景に，国境を越えた地域連携化という

方向性が見出されているのである．オーバーライン地域は，ヨーロッパの経済的中心地域，いわゆる「ブルーバナナ」の一部をなす．この地政学的な利点をさらに活用するため，この地域は帰属国家の一地域としてではなく，むしろEUひいてはヨーロッパ全体の枠組みのなかに直接自らを位置づけようとしている．つまり，「フランスのアルザス」ではなく，「EUのアルザス，ヨーロッパのアルザス」，そして「EUのオーバーライン，ヨーロッパのオーバーライン」としての意識を強めているのである．

10.3.3 越境的地域連携の形成

オーバーライン地域では，1960年代から越境的地域連携が進展し，その制度化が進められてきた．そうした取り組みの特徴は，行政によって上から一方的に進められてきたのでなく，民間と行政の協力によって発展してきたという点にある．

地域連携の制度化に向けた最初の取り組みは，北西スイス側の動きから始まった．1963年に，北西スイス側の越境的連携協会であるレギオ・バジリエンシスがバーゼルに設立された．同協会の設立にあたってイニシアティブをとったのは，バーゼルにある経済団体などの民間部門であった．バーゼル都市州とその周辺部が隣接するアルザスおよびバーデンと連携して，同国境地域を経済的・政治的・文化的に発展させるという試みのもと，行政や地元の高等教育機関から大きな賛同を得て，相互に協力することによって同協会が設立された．

その後，アルザス側と南バーデン側でも同様な越境的連携協会が設立される．アルザスのレギオ・デュ・オ・ラン（Regio du Haut Rhin），南バーデンのフライブルガー・レギオ・ゲゼルシャフト（Freiburger Regio Gesellschaft）である．これらの3協会には，それぞれ管轄地域内の地方自治体とともに，大学や商工会議所，民間企業，さらに一般市民が会員として登録している．

越境的地域連携の試みがバーゼルから提起され，アルザスと南バーデンに受け入れられ，連携協会の制度化が進められていった背景には，バーゼル都市圏の拡大とそれへの対応にかかわる課題があった．3か国の国境線がまじわる位置にあるバーゼルの都市圏は，第二次世界大戦後ますます拡大していった．その結果，バーゼル市の近郊地域は国境を越えて，アルザスのサンルイ市，南バーデンのヴァイル・アム・ライン市やレーラッハ市へと広がっていった．そうした状況のなか，無秩序にスプロール化していくバーゼル都市圏を整備するために，バーゼル都市州はもちろんのこと，バーゼル地方州や，アルザスと南バーデンの近隣自治体，さらに域内の民間部門とが連携して対応することが求められるようになった．アルザスや南バーデンにとっても，バーゼルとの連携は自地域の整備と発展にとって必要不可欠であったのである．

10.3.4 ナショナル・リージョナル・ローカルレベルにおける連携の制度化

1970年代半ば以降になると，国や州といったより上位の政府間における越境的な地域連携が，徐々に制度化されていくようになる．まず1975年に，ドイツ・フランス・スイス政府によって，オーバーライン地域の越境的地域連携に法的根拠を与える「ボン協定」が締結された．

同地域における地域連携を総合的に調整する役割を担っているのは，リージョナルレベルにおける連携組織である「ドイツ・フランス・スイス・オーバーライン会議」（以下，オーバーライン会議，1976年設立）である．同会議の管轄地域が，ユーロリージョン・オーバーライン地域である（図10.1）．同会議は，州や県（アルザス），州（スイス），州行政区や自治体連合（バーデン）といったリージョナルレベルの地方自治体を中心に構成されている．環境・交通・空間整備・経済・農業・教育と職業訓練・保健衛生・災害・青少年問題・スポーツ・気候変動に関する作業グループや専門委員会も設置され，これらが越境的地域連携の総合的な調整と総合的な計画策定を実質的に担っている．なお，オーバーライン会議にはローカルレベルの地方自治体は参加することができない．そのため，1970年代後半以降，リージョナルレベルでの連携活発化の一方で，ローカルレベルの主体との連携の場が十分に整備されていないという状況

がしばらく続いた.

こうしたなかで1990年代前半に,オーバーライン地域の越境的地域連携は転換期を迎える.その転機は,1990年に開始されたEUのインターレグ・プログラムであった.このプログラムでは,パートナーシップ原則によりローカルレベルの行政と民間の役割が重視されることになっていた.インターレグ・プログラムによってEUからの財政的な支援を受けて地域連携がこれまで以上に発展していくことになるとともに,これまでに活躍の場が十分に保障されていなかったローカルな主体が事業の政策過程により強く参加するようになった.

このような変化を背景に,ローカルな地方自治体や大学,商工会議所などの民間部門は,越境的連携協会のイニシアティブのもとで,ローカルレベルでの連携組織であるレギオ・トリレーナ (Regio TriRhena) を1994年に設立した.レギオ・トリレーナの管轄範囲は,オーバーライン会議の管轄地域,つまりユーロリージョン・オーバーライン地域よりも狭い範域である.主要都市はバーゼル,ミュールーズ,コルマール,フライブルクであり,ストラスブールやカールスルーエは含まれない.レギオ・トリレーナにおいてもオーバーライン会議と同様に,経済,教育・研究開発,観光,交通,空間整備,環境,余暇・スポーツ,文化,メディア,社会生活といったさまざまな分野で作業グループが設置され,調査研究や計画案策定などを通じて越境的連携事業が促進されてきた.

以上のように,オーバーライン地域ではナショナル・リージョナル・ローカルの各レベルで複数の連携組織が形成されており,それらが相互に機能を分担する連携関係にある.ナショナルレベルで締結された「ボン協定」により連携活動の法的根拠が与えられ,リージョナルレベルの行政間の連携組織オーバーライン会議においてユーロリージョン・オーバーライン地域の総合的な連携計画が策定される.この総合計画に沿って,ローカルレベルの公的部門と民間部門の主体からなるレギオ・トリレーナは,その管轄地域を対象としてより詳細な事業計画を策定し,EUのインターレグ・プログラムを通じて連携事業を実施している.オーバーライン会議とレギオ・トリレーナの連携活動に対し,3地域連携協会は各地域代表団の事務局としての役割を担っている.

同地域における連携のこうした構造は,連携に参加する主体の多元性・多様性を反映している.そして,このことはEU地域政策と密接に関係している.そこで次に,EUのインターレグ・プログラムをより詳細にとらえ,EUの対応とそれが越境的地域連携に与えた影響を考察する.

10.3.5 オーバーライン地域のインターレグ・プログラム

EUは,オーバーライン地域の越境的地域連携に対し,1990年代以降,インターレグ・プログラムを通じてその発展を支援してきた.INTERREG Iでは1325万ユーロであったEUの補助金は,INTERREG Ⅳでは6700万ユーロ,INTERREG Ⅴでは1億970万ユーロへと増加し,その規模は拡大している.インターレグ・プログラムは,申請者がEU市民であれば,EU非加盟国との越境的連携に対しても適用される.そのため,EUに加盟していない北西スイスと,アルザス・南バーデンとの連携に対しても,EUによる財政的支援がなされてきた.インターレグが適用された事業には,最大50%までの費用がEUの構造基金によって支払われる.

ここでは,すでに終了したⅣ期 (2007〜2013年) の事業内訳をみてみよう.事業の内容は多岐にわたっているが,Ⅳ期では3つの重点テーマが設定されている.第1は,経済的ポテンシャルの活用であり,研究開発や起業,経済,観光などの分野での事業を通じて達成するとされている.第2は,統合された教育・労働・居住地域としてのオーバーライン地域の形成で,教育や2言語化,労働市場,余暇と文化政策,健康や社会政策,行政サービスなどの分野での事業が対象となる.第3は,環境保護,再生可能エネルギー,エネルギー効率化,交通分野での取り組みを通じた持続可能な発展である.Ⅳ期において事業数と補助金支出額がともに第1位の分野は研究開発であり,第2位は持続可能な開発・環境・エネルギー分野である

表10.3 オーバーライン地域におけるインターレグ・プログラムの事業内訳（INTERREG Ⅳ期，2007〜2013年）

	事業数	割合	補助金額（百万ユーロ）	割合
研究開発	32	20.4%	25.4	26.8%
経済，起業	9	5.7%	3.1	3.3%
職業訓練，雇用	15	9.6%	7.7	8.1%
持続可能な開発，環境，エネルギー	25	15.9%	16.5	17.4%
空間整備	16	10.2%	6.5	6.9%
交通	11	7.0%	7.5	7.9%
行政事務，公共サービス	8	5.1%	4.0	4.2%
健康，連帯，社会	12	7.6%	11.0	11.6%
市民社会，二言語化，教育	13	8.3%	6.0	6.3%
観光，自然・文化遺産，余暇	16	10.2%	6.9	7.3%
合計	157	100.0%	94.6	100.0%

注）表中の割合：事業数全体，補助金額全体にそれぞれ占める割合．
INTERREG Oberrheinのウェブサイトをもとに作成．

（表10.3）．また，空間整備や観光などに加えて，職業訓練，健康・連帯・社会や，言語・教育などでの取り組みも注目される．これらはリスボン戦略や「欧州2020」を反映しているといえよう．

オーバーライン地域のインターレグ・プログラムの政策過程には，州，県，市町村の地方自治体のほか，オーバーライン会議も組織として関与し，レギオ・トリレーナの事業として実施される．そのため，インターレグ・プログラムに適用される事業の内容は，オーバーライン総合地域計画との統一性が重視されることとなる．

ここでインターレグ・プログラムが適用された越境的地域連携事業の具体例として，バイオバレー（Biovalley）事業を紹介したい．同事業は，ライフサイエンス分野にかかわる企業，研究機関，行政機関のネットワークを強化し，それらの主体が有する資源のより有効な活用をめざしている（飯嶋，2012）．いわゆる産学官連携の一種である同事業は，1996年に開始された．

バイオバレー事業の特徴は，その対象分野が単にバイオテクノロジーだけではなく，より広くライフサイエンス分野全般にわたっていることである．すなわち，バイオテクノロジーを軸にした医療・製薬のほか，食品・農水産業，環境，さらには，研究開発や産業化を支える電子機器や精密機器の製造，ITなどが含まれている．

バイオバレーの目的は，企業，研究機関，行政機関間のネットワークを強化することによって，技術移転や情報の交換・共有の促進，新規企業の設立や成長を支援し，ライフサイエンス地域としての地域イメージを向上させることである．同事業を通じて新たな雇用を創出し，当地域のグローバルな競争力を向上させるとともに，発見・発明志向を有しながらもリスクに柔軟に対応でき，かつ国境の枠に限定されずに活動ができるような開放的な環境を創造していくことが期待されている．

バイオバレーによって推進されている個別の事業は，①域内における情報交換・コミュニケーションの促進，②バイオバレーブランドの確立，③起業支援と企業支援に分類できる．そこでは，加盟している企業，研究機関，大学などのデータベースの作成や，それらの情報を活用したマッチメイキングの実現，ライフサイエンスに関する会合の開催，会員向けの情報誌や対外的な広報誌の刊行，国際見本市への共同出展，ビジネス開発戦略の作成や投資家の探索など，新たに企業を創設するにあたり必要とされる幅広いサービスの提供などが実施されている．

以上のように，バイオバレー構想は南バーデン，アルザス，北西スイスにおける既存の諸制度や，知識・労働力など地域資源をネットワーク化しようとするものである．したがって，施設の建設・整備を主眼とするような旧来型のハード中心の開

発構想とは異なる新たな取り組みであり，むしろ既存の地域資源を有効に活用して地域の産業の優位性を高めることに主眼がある．

バイオバレー事業には，事業開始当初からEUのインターレグ・プログラムが適用され，EUから財政的に支援されている．そのため，事業の立案・決定・実施過程にはEU地域政策のパートナーシップ原則が反映され，民間も含めた地域のさまざまな主体の参加が求められている．事業計画を決定しEUに申請するのは，州や市町村，商工会議所，経済振興公社，大学などの代表者からなるバイオバレーインターレグ委員会である．バイオバレー事業には，EUだけではなく州や県，市町村などの地域の行政や民間などのさまざまな主体が出資している．EUの出資は，あくまでEU域内にあるアルザスと南バーデンに対する財政的援助であり，両地域の出資総額に相当する額となっている．これに対し，EUに加盟していない，したがってEUからの出資が得られないスイスに属する北西スイス側は，州政府のほかに連邦政府からの出資を得ている．

これまでの分析から，オーバーライン地域ではEUの国境地域対策インターレグ・プログラムが適用される30年近くも以前から，越境的連携が行われてきたことが明らかになった．ナショナル・リージョナル・ローカルの各レベルで連携組織が設立され，相互に機能を分担しながら連携するという構造が形成されてきた．そして，EUはインターレグ・プログラムを通じて越境的地域連携の発展を支援している．そこでのパートナーシップ原則の重視によって，一方では，政策立案過程において上記の連携を促進するとともに，他方では民間部門も含めた地域のさまざまな主体の連携事業への参加を促していることが判明した．オーバーライン地域の越境的連携の構造と発展過程は，EU地域政策の特徴であるパートナーシップ原則が，地域的次元において具体化されていることを示すものであるといえる．

国境地域における越境的な地域連携の進展は，欧州統合が影響を及ぼした地域の変容の一端を示すものである．それまで国境によって分断されてきた地域が，欧州統合の深化のなかで，自分たちの地域の発展のために国境を越えて連携し，共通するさまざまな問題に対処し，国境地域に新たな連携空間を創造・形成してきている．そして，こうした地域からの動きに対し，EUは域内の地域間格差の是正，結束の強化という目的から地域政策を通じてその発展を支援してきた．このような越境的地域連携という新たな動きは，新しい地域形成の可能性を秘めているものがあり，従来の国家や地域といった概念の再考を促している．すなわち，EU統合の過程における越境的地域連携の発展は，これまでの国家の枠組みを前提とした種々の地域形成とは異なる，むしろEUの新たな枠組みを前提とする新たな連携空間，ひいては地域が創造されつつあることを示唆しているのではないだろうか．

10.4　国境管理と難民問題

10.4.1　EUの国境管理政策

ここまで，EUの国境地域における地域連携についてみてきたが，近年，EUの加盟国と非加盟国との間の域外国境が難民問題との関連性で注目を集めている．本節では，EUの域外国境管理の取り組みと，近年の中東や北アフリカの政治的不安定化によって先鋭化した難民問題がEUの国境管理において引き起こした議論に焦点をあてて考察する．

ヨーロッパでは，1985年にフランス，西ドイツ，オランダ，ベルギー，ルクセンブルクの5か国で域内国境管理の撤廃を定めたシェンゲン協定が締結された．その後，同条約の締結国は拡大の一途をたどり，また，同協定は1999年発効のアムステルダム条約によってEUの基本条約に組み入れられた．2018年4月現在では，EU加盟国22か国およびノルウェー，アイスランド，スイス，リヒテンシュタインの非EU加盟国4か国からなる計26か国でシェンゲン圏が形成されている．シェンゲン圏内では，EU市民だけではなくEU域外の市民の旅券検査などの出入国審査（域内国境管理）が廃止され，原則的として自由に移動することができる．そのため，1990年代後半以降，

EUでは東方拡大による域外国境の移動も見据え，域外国境管理の重要性がより強く認識されるようになった．

こうした流れのなか，2004年にEUの組織として加盟国間の域外国境管理分野での協力促進・調整を目的としたFrontex（欧州域外国境管理協力機関）が設立された．ワルシャワに本部を置く同機関は，域外国境管理に関する共同作戦やパイロット事業，国境警備訓練，リスク分析，国境監視，不法移民の送還業務などにおいて加盟国の国境管理当局間を調整し協力する．各加盟国の国境警備員から派遣され配備される欧州国境警備チームや，加盟国とFrontexとの間の情報共有を目的とした欧州国境監視システムなどが整備されるなど，域外国境管理におけるFrontexの役割は拡大していった．とはいえ，国境管理における国家の主権は基本的に維持されており，Frontexは加盟国から独立して国境管理を行う権限を有せず，あくまでも協力の促進や調整を目的としたものである．そのため，同機関の権限や人員・装備の強化の必要性が求められてきた．

しかし，2011年の「アラブの春」以降，中東や北アフリカからEUをめざす難民の数が急増し，とりわけ2013年以降はシリア難民が大量にEU域内に流入したことにより，状況は急変した．域外国境に接する一部の加盟国において国境管理が機能不全に陥り，欧州難民危機と呼ばれるようになったのである．加えて，難民船沈没事故の発生や，密輸密航斡旋犯罪が頻発し，さらに，難民に扮して域外国境を越えてEU内に入国してくるテロリストへの懸念が高まるなか，これまでのFrontexではこうした事態に対応し，シェンゲン圏内の安全を確保することが難しいと認識されるようになった．

このためEUは2016年，域外国境管理をより強化するとともに緊急時にも迅速に対処できるように，Frontexを発展させて「欧州国境沿岸警備機関」（ただし略称は同じくFrontexである）へと改組させた．そして，Frontexと加盟各国の国境管理当局とで構成される「欧州国境沿岸警備隊」を創設させるにいたった．警備隊は域外国境での出入国に関する問題や犯罪に対処し，加盟国当局と共同で欧州統合国境管理を実施する．その内容は域外国境での出入国管理だけではなく，海上遭難者の探索や救助，共同作戦や緊急国境介入の実施，難民到着後の移住管理支援，治安の監視とリスク分析，難民送還の支援や調整，国境警備員の訓練などが含まれる．その際には，加盟国が割り当てられた人員をFrontexに派遣することが定められている．

2018年4月現在，イタリアとギリシャにそれぞれ5か所，ホットスポットと呼ばれる難民管理地区が設定されており，そこでは難民の登録，身元調査，難民申請などが行われ，FrontexはEuropol（欧州警察機関）やEASO（欧州庇護支援事務所）などの他の機関とともに協力・支援を行っている．

10.4.2　欧州難民危機

2011年以降，ヨーロッパ諸国には中東や北アフリカから大量の難民が流入した．とくに難民が急増した2015年は，UNHCRによると，同年に100万人以上の難民が地中海を渡りヨーロッパに流入し，それらの多くはアフガニスタン，イラク，シリアの出身であった．難民の31％が子どもであり，3770人が地中海で死亡もしくは行方不明となったと報告された（UNHCR, 2016）．

その主要な背景の一つに，いわゆる「アラブの春」による北アフリカ諸国の民主化の動きと，シリア内戦の長引く混乱によって引き起こされた政治的不安定化がある．EUへの難民の流入は，当初は北アフリカから地中海を渡ってイタリアに向かうルートが中心であったが，2013年10月にイタリア・ランペドゥーサ島沖での難民船沈没事故による大量の犠牲者が出てFrontexによる監視が強まる動きがあり，シリアなどからの難民はトルコを経由してギリシャからEUに入り，マケドニアやセルビア，クロアチア，ハンガリー，スロヴェニアなどのバルカン半島とその近隣国を通過して北上するルートを利用するものが主流となった．難民の多くはEU域内でも経済的発展度の高い国々，とくにドイツをめざし，「国境のないヨーロッパ」であるシェンゲン圏内を移動していく

写真 10.4　ハンガリー・セルビア国境間に張り巡らされたフェンス（BalkansCat/Shutterstock.com，ハンガリー・フランス，2016 年）

こととなった．こうした動きに対し，ドイツのメルケル政権は難民受け入れを表明したが，一方でハンガリーのオルバン首相はドイツの方針に反対してセルビアとの国境にフェンスを設置するなど，難民政策をめぐって EU 加盟国内の対立が表面化してきた（写真 10.4）．また，ドイツ国内でも政府の難民政策に反対する声が高まり，「AfD（ドイツのための選択肢）」に代表されるような排外主義をうたうポピュリズム政党が勢力をつけていった．こうした世論に大きな影響を及ぼしたのが，2015 年 11 月に起きたパリ同時テロ事件である．この事件では，テロ実行犯のうちの数名がシリア難民に扮して EU 域内に入りパリに到着するいたったことが明らかになると，シェンゲン協定によって守られてきた域内自由移動の権利について安全保障の観点からの議論が高まることとなった．

また，EU は難民の受け入れに関してダブリン規則を策定し，難民申請の処理は最初の到着国が責任をもつことを定めている．すなわち，もし難民が最初の EU 到着国であるギリシャやイタリアを通過してドイツで難民庇護申請をしても，受け付けられず到着国に送還されることとなる．しかし，この原則は域外国境に面した国の負担が大きく，難民の大量流入により現実的に実行不可能となり，ドイツは 2015 年秋にシリア難民へのダブリン規則の適用を除外し，第三国に到着した難民の受け入れを始めた．その後，EU は中東などからの難民の受け入れを経済規模などに基づいて加盟国に割り当てることを決定した．これは，ダブリン規則を厳密に運用すると，難民が最初に EU に到着することの多いギリシャやイタリアの負担が過剰になるからである．しかし，実際の各国の割り当てに沿った受け入れは進まず，また，ハンガリーとスロヴァキアは EU の割り当て決議について EU 司法裁判所に提訴し，ポーランドやチェコなども難民受け入れに反発するなど，EU の結束に暗雲が立ち込めている．

EU は合計で 2015 年に 132 万 2825 件，2016 年には 126 万 910 件の難民申請を受け付けた（Eurostat のデータによる）．この数字は，2014 年度の 62 万 6960 件の 2 倍以上にあたり，2015 年から 2016 年にかけていかに多くの難民が EU に急激に押し寄せたのかを示している．2017 年にはこうした状況は一段落し，難民申請数は 70 万 5705 件に減少している．また，Frontex は，2017 年の EU 域外国境の不法越境者数は約 20 万 4300 人であり，前年比で 6 割減少したことを公表した（Frontex, 2018）．最もピークであった 2015 年の不法越境数は 182 万人であったので，当時と比較すると約 9 割減少したことになる．Frontex は EU に難民が流入する主要なルートを 3 つあげている．2015 年に約 88 万 5000 人の不法越境者が通過したトルコからギリシャに渡る東地中海ルートは，2017 年には 4 万 1700 人と激減した．リビアからイタリアに渡る中央地中海ルートは，2017 年には約 11 万 9000 人の不法越境者が通過し，前年比 34％減であった．モロッコなどからスペインに渡る西地中海ルートは，2016 年の約 1 万人から 2017 年は 2.3 倍の約 2 万 3000 人に増加している．こうしたルートごとの違いは，EU と周辺国との協力体制の度合いに拠っている．とくに 2016 年 3 月に EU がトルコとの間で，エーゲ海を密航してギリシャをめざす不法越境者の流入抑制策を合意したことが反映されている．この合意は，EU はギリシャに入った不法越境者をトルコに送還しその費用を負担する代わりに，トルコに滞留するシリア難民を受け入れ，またトルコの EU 加盟交渉の手続きも前進させるという内容である．その結果，トルコからギリシャをめざす東地中海

ルートを用いる難民は激減した．しかし，2016年にクーデターが失敗した後のトルコではエルドアン政権が強権的な政治手法を強めており，EUとの溝が深まりつつある．今後，EUとトルコとの関係が不安定化し，万が一合意が崩れる場合には，EUへの難民流入の動きにも変化が生じることが考えられ，依然としてEUは難民問題について不安定リスクをかかえているといえるだろう．

　最後に，こうした一連の動きが国境という問題にどのような意味をもつのかを考察しておきたい．域内国境の廃止，すなわちシェンゲン圏の形成は，EUの内と外を明確に境界づけ，域外国境をより鮮明化させた．難民の大量流入にともなう域外国境管理の強化はそれが顕在化したものであり，域外国境の障壁機能がより強化されていくプロセスとしてとらえることができる．一方で，シェンゲン圏に一度入ってしまえば，域内国境は障壁として機能せず自由に移動が可能となる．パリ同時多発テロによって，テロリストにとってもシェンゲン圏内を自由に移動できること，そして加盟国間では内務警察協力がいまだ不十分であることが明らかになり，シェンゲン協定というシステムへの信頼も揺らいだ．こうしたなか，難民問題に対する加盟国間の意見の相違や対立が鮮明となり，その結果，国境管理の部分的復活という対策を一部の加盟国がとったことにより，「国境のないヨーロッパ」というEUの前提が崩れることになった．こうした動きは各国の政治状況にも影響を及ぼし，より一層の排外主義へと進む可能性もみせており，将来的にこのことが欧州統合の停滞につながっていく可能性も否定はできない．このように難民問題は，今後いかなる方向性で進むか現時点では不明瞭な部分も多いとはいえ，域内国境，域外国境の双方で，国境をめぐって欧州統合の新たな議論を呼び起こすものであるといえよう．

〔飯嶋曜子〕

引用・参考文献

飯嶋曜子（1999）：ヨーロッパにおける国境を越えた地方自治体間連携．経済地理学年報，**45**(2)：1-21.

飯嶋曜子（2012）：国境を越えた産業クラスターの形成―独仏スイス国境地域におけるバイオバレーを事例として．ドイツ学研究（獨協大学），**65**：69-87.

坂井一成（1995）：戦後アルザス地域主義の展開と特質―政治意識の変容をめぐって．一橋論叢，**114**(2)：452-467.

ジュイヤール，E. 著，大嶽幸彦訳（1977）：ヨーロッパの南北軸―大空間の地理．地人書房．

辻　悟一（2003）：EUの地域政策．世界思想社．

European Commission (2016): *Ex post Evaluation of the ERDF and Cohesion Fund 2007-13, Comission Staff Working Document*.

European Communities (2008): EU Cohesion Policy 1988-2008: Investing in Europe's future. *Inforegio Panorama*, No.26.

Frontex (2018): *Risk Analysis for 2018*.

Oberrheinkonferenz (2014): *Oberrhein Zahlen und Fakten*.

UNHCR (2016): *Global Report 2015*, pp82-93.

コラム 10.1

国境を越えた買い物ツアー

EUの深化とともに，国境のもつ意味は大きく変化している．しかし，グランドリージョンでは，EUに先がけて1980年代から国境の敷居を低くすることが試みられてきた．グランドリージョンとは，ドイツのザールラント州とラインラント・プファルツ州，フランスのロレーヌ，ルクセンブルク，ベルギーのワロン地方からなるヨーロッパの中軸国境地域である．この地域を有する4か国とオランダとで，1985年にシェンゲン合意が結ばれ，国境を越える人びとの移動に関する自由化が模索された．その後，1990年6月には最初の「シェンゲン協定」が結ばれ，5か国では，人びとの越境移動が完全に自由になっている．その結果，人びとの越境行動は増え，それは人びとの日常的な通勤行動や買い物行動にも及んでいる．

国境を越えての買い物のための往来に関しては，さまざまな発生要因が考えられる．たとえば，国境をはさんで換金レート，課税システム，経済規模，流通システムなどに差異が存在し，それによって品物の価格や品揃えが国境をはさんで異なっている．また，サービスの差異，営業時間（休日・週末の営業状態，平日の営業時間）の差異，さらに買い物自体が楽しみであることも大きな発生要因であろう．グランドリージョンについて，ドイツとフランスの関係でみると，チーズ，海産物，果物，ワインなどの食料品購入のため多くのドイツ人がフランスを訪れる（呉羽，2008）．一方，フランス人はカメラやオーディオ機器を求めてドイツに向かう．品目の価格差は国による税率の差異に基づいている．たとえば，フランスでは消費税率がドイツに比べて高いため，フランス人は消費税率の低いドイツで高価な買い回り品を購入する傾向が強い．また，ガソリンやタバコの価格については，各国の課税システムが異なるために国ごとの価格に差異がみられる．さらに，2002年から通貨がユーロに統一され，価格が単純に比較できるようになり，国境を越えた買い物行動がますます増える傾向にある．

グランドリージョンの北，ドイツのアーヘン，オランダのマーストリヒト，ベルギーのリエージュにまたがる国境地域は，ユーレギオ・マース・ライン（Euregio Maas-Rhein）と呼ばれる（伊藤，2003）．この3都市が商業中心地であるが，とくにマーストリヒトにおける商業集積が顕著である．マーストリヒトの中心商業地区は，狭い歩行者専用道路からなる旧市街地にある．ここには，ブランド衣料，貴金属，化粧品などを扱う店舗が集積している．またデパートやショッピングモール，さらには多くの飲食店も存在する（写真10.5）．一般に，ヨーロッパでは日曜日は商業施設の休業日であるが，マーストリヒトでは，各月の第一日曜日の午後に営業されるようになった．マーストリヒトの中心商業地区は，オランダ各地から，さらにはドイツのアーヘン，ケルンなどから多くの買い物客を呼び込んでいる．

写真10.5　マーストリヒトの中心商業地区（オランダ，2007年）

［呉羽正昭］

引用文献

伊藤貴啓（2003）：ドイツ／オランダ／ベルギー国境地帯における越境地域越境地域連携の展開とその構造—Euregio Maas-Rheinを事例として．地理学報告，**96**：1-22.

呉羽正昭（2008）：グランドリージョン（Saar-Lor-Lux国境地域）における人口流動．手塚　章・呉羽正昭編：ヨーロッパ統合時代のアルザスとロレーヌ，pp.146-163．二宮書店．

コラム 10.2

分断を乗り越えた連携の可能性—人びとをつなぐ橋，ゲルリッツ

国境は不変ではない．そのため，歴史の流れのなかで国境地域は幾度となく翻弄されてきた．国境線が新たに引き直されることによって，帰属国家が変わり，そこに住む人びとの暮らしも大きく変わらざるをえない状況になることもある．ドイツとポーランドの国境に接するゲルリッツ（Görlitz）は，そうした歴史をもつ国境都市である．

ゲルリッツは，ザクセン州の州都ドレスデンから電車で約1時間半のところに位置する．旧市街には，ゴシック，ルネッサンス，バロック，アールヌーボーなどさまざまな時代の建築物が立ち並び，約4000の歴史的建造物が文化財として指定されている．

旧市街のはずれには，ナイセ川が流れる．川幅は狭く20m程であるが，この川がドイツとポーランドの国境線であり，対岸はポーランドのズゴジェレツ（Zgorzelec）である（写真10.6）．しかし，ズゴジェレツはかつてゲルリッツの一部であり，ナイセ川をはさんで一つの街として発達してきた．

ゲルリッツを含むシレジア地方（ドイツ語名シュレジエン，ポーランド語シロンスク）は，石炭などの鉱物資源が豊富なこともあり，その領有をめぐって周辺国が争いを繰り返してきた場所である．ゲルリッツは，ザクセンやハプスブルク，プロイセン，ナチス・ドイツなどの支配を受けてきた．そうした長い歴史の間，ゲルリッツの都市域はナイセ川をはさんで両側に広がっており，13世紀にはすでに橋がつくられ一つの生活圏ができていた．しかし，第二次世界大戦末期，ドイツ軍は町から撤退する際に，ナイセ川にかかっていた橋を爆破した．大戦後，ドイツ・ポーランド間の国境線が引き直され，ゲルリッツではナイセ川以東地区がポーランド領となり，ズゴジェレツという別の自治体になった．一つの街が，国境線によって分断され，異なる国家に属する2つの町になったのである．このような経緯で，ゲルリッツに限らず，シレジア地方ではドイツ系住民の多くがドイツ側に移住せざるをえなくなり，それが現在でもドイツ・ポーランド間の対立問題の火種となっている．

こうした分断の歴史をもつゲルリッツとズゴジェレツは，1990年代以降再び関係性を強め，国境を越えた連携を進めている．その背景には，東西冷戦の終結と，欧州統合の深化と拡大がある．1998年に両市は「欧州都市」宣言をし，国境のない街づくりを進め，ともに発展していく方針が示された．2004年にはポーランドがEUに加盟し，かつて爆破された橋も再建された．現在は，住民の間にも「橋」をかける試みが行われている．語学研修などの教育，スポーツや文化などで連携を活発化している．2010年には，両市はEUの「欧州文化首都」に立候補した．文化首都の選考には漏れたが，文化面での取り組みが進展し，その計画立案や実施では学生をはじめとした住民が参加している．さらに，両都市を含めたより広域の国境地域における連携も進められており，ドイツ・ポーランド・チェコの国境地域では，ユーロリージョン・ナイセ（Euroregion Neisse-Nisa-Nysa）として制度化されている．

EUは，これらの活動を「一つのヨーロッパ」という理念をローカルスケールで体現する試みとして，構造基金などを通じて財政的に支援している．ゲルリッツとズゴジェレツでは，過去の分断の歴史を乗り越え，再び一つの地域としてまとまり，発展に向けて協力を進めているのである．

[飯嶋曜子]

写真 10.6　国境線であるナイセ川の風景
（ドイツ・ポーランド国境，2003年）
右手がズゴジェレツ，左手がゲルリッツ．両市をつなぐ橋の建設が進められているのがみえる．

コラム 10.3

ヨーロッパ最大の少数民族，ロマ

　ヨーロッパには，推定1000万～1200万人ものロマの人びとがいるとされている．その多くはルーマニアやハンガリー，スロヴァキア，セルビアやマケドニアといった東ヨーロッパ諸国に住んでいる．彼らは長くジプシーと呼ばれ，差別や迫害の対象とされてきた．ヨーロッパの民族とみなされず，土地の所有が認められずに移動生活を余儀なくされたほか，ルーマニアでは19世紀半ばまで奴隷として扱われていた．20世紀にはナチス・ドイツの支配下で劣等人種のレッテルを張られ，撲滅の対象となった．強制収容所では50万ともいわれる犠牲者が出ている．

　第二次世界大戦後，東ヨーロッパ諸国が社会主義化したことも，彼らにとっては不運であった．社会主義諸国において彼らは新国家の建設に不要な集団とみなされ，移動生活の禁止や強制的な定住と住民登録がなされた．人権は無視され，彼らは厳しい生活環境を強いられた．

　東ヨーロッパ諸国の民主化以降，国民の間に意思決定の自由と経済活動の自由化が進むにつれ，ロマの人びとにも民族としてのまとまり，人権の確保，生活環境の改善と生活水準の向上を求める活動がみられるようになった．しかし，多くのロマが低い教育水準にあって熟練技術をもたないことから，資本主義経済が浸透するにつれて彼らは労働市場からはじきだされ，再就職のチャンスもなく収入の機会を失う人びとが急増するという厳しい現実も現れた．ロマの人びとにとって東ヨーロッパの政治改革は，自由化による人権確保のための活発な活動を可能にした反面，激しい競争社会のなかで生活の困窮化を一層強めることになったのである．

　その具体的な様子をハンガリーの首都ブダペストにみることができる（写真10.7）．この町には数万ものロマが住んでいると推定されており，都心からヨージェフヴァロシュ区に規模の大きな彼らの集住地区がある．ここを訪れると，割れた窓ガラス，崩れた建物の壁面，鍵が壊れた玄関ドアなど劣悪な住宅が目に入る．これだけで，彼らの多くが社会の最下層に置かれていることが容易にわかる．

　この地区の改善はブダペスト市にとって重要課題とされ，2000年前後から区が主導して都市整備事業が始められ，老朽化した住宅の改修や公共施設（公園やコミュニティセンター）の新設などが進められている．ロマ問題を重視するEUからも補助金が提供されている．この事業で注目されているのは，ロマの人びとが継続してこの地区に居住することが強く意識されている点である．そこでは彼らのコミュニティを育成することにより，市民としての自覚と市民社会への統合を促すことが目標とされている．また，都市整備事業によってロマの人びとが転出するような事態になれば，彼らの移動先でロマの転入を望まない人びととの間に新たな問題が生じることも十分に予想される．そのために，できるだけロマの人びとの移動を招かないような住宅の改修事業が進められている．

　しかし，現在のところ，改修事業が実施される住宅の戸数はきわめて限られている．改修事業を実施する際にはいくらかの受益者負担が求められるが，それすらまかなうことができない貧困層が多く，そのために最も劣悪な住宅が改修できない状況になっている．集合住宅に住む彼ら自身が，相互に連携をとって改修に取り組む組織づくりも容易ではない．ロマの人びとが住む地区における改修事業は，最も厳しい状況に置かれている人びとに手がまわらないのが実情である．

[加賀美雅弘]

写真10.7　改修が進まないブダペストのロマ地区（ハンガリー，2007年）

参考文献
加賀美雅弘編（2005）:「ジプシー」と呼ばれた人々―東ヨーロッパ・ロマ民族の過去と現在．学文社．

11 世界のなかのヨーロッパ

　これまでの各章で，ヨーロッパの地域的な特徴について個別のテーマに基づいた考察を行ってきた．多くの国からなるヨーロッパは，いうまでもなくヨーロッパ以外の地域と密接にかかわっている．現代世界は人やモノ，資本や情報がめまぐるしく移動し，いわゆるグローバル化の影響によって人びとの価値観や生活様式も大きく変化している．ヨーロッパもこの世界共通の渦のなかにあり，その影響は英語の普及や食生活の変化などにも見出せる．その反面，ヨーロッパでは近年，地域の個性や歴史的背景への関心が高まっており，ローカル化といえる傾向も現れている．さらには，ヨーロッパにおいて共通性を見出そうとする動きもある．このようないくつもの流れが同時進行している点にもヨーロッパの特色を見出すことができよう．

11.1　世界と結びつくヨーロッパ

　ヨーロッパが世界各地と密接な関係にあることは，今さらいうまでもないことだろう．それは，ヨーロッパの国々がこれまで世界各地と深く結びついてきたこととかかわっている．近代以降，ヨーロッパ諸国が世界各地に乗り出し，海外植民地を建設し，生産物や奴隷などの交易を行い，また自ら移民として南北アメリカ大陸やオーストラリアをはじめ，世界各地に進出し，移住した歴史は，現在のヨーロッパと世界各地の関係を強く規定している．宗主国と旧植民地との関係は必ずしも一様ではないが，たとえば現在のフランスに流入する移民の多くが，かつてフランスの植民地だった北アフリカのマグレブ諸国出身であることや，中央アフリカに植民地をもっていたベルギーでダイヤモンド研磨業やチョコレート産業が発達しているのをみると，現在のヨーロッパと世界とのかかわりを検討するうえで，かつての植民地の存在が決して無視できないものであることに気づくだろう．

　ヨーロッパは，現代世界において巨大な通商ネットワークの中心に位置している．EU の貿易について 11.2 節で述べるように，ヨーロッパは輸出・輸入ともにアメリカ合衆国や中国と肩を並べ，世界の重要な経済中心地になっている．たとえば物流をみれば，ユーロポートがあるオランダのロッテルダム，ベルギーのアントワープ，ドイツのハンブルクなど巨大なコンテナふ頭を擁する港湾がいくつもあり，これら拠点にしてヨーロッパは世界と結びついている．

　ヨーロッパは世界の国々にとっても重要な通商のパートナーになっている．EU では加盟国間での貿易がきわめて盛んに行われているが，その一方で世界各国の貿易において EU が占める位置も高く，アメリカ合衆国では輸出総額の 18.4%，輸入総額の 18.8%，中国では輸出総額の 16.4%，輸入総額の 13.5%，さらに日本では輸出総額の 11.1%，輸入総額の 11.1% を EU が占めている（いずれも 2017 年）．

　ヨーロッパと日本の関係に目を転じると，その緊密な間柄を例証するトピックは事欠かない．両地域間には直行する航空便が毎日飛びかい，人やモノの移動が行われている．たとえば世界各地に居住する在留邦人数を国別にみると（表 11.1），在留邦人総数 135 万 1970 人のうち，21 万 1033 人（15.6%）が EU に居住する．とくにイギリスをはじめドイツ，フランスに多くの在留日本人が暮らしている．また，世界各地に進出している日系企業をみると，総数 7 万 5531 社のうち 6537 社（8.7%）が EU に進出している．とくにドイツには 1800 社あまりの企業が進出しており，EU 全体のじつに 27.7% を占めている．さらには国家間のみならず，地域レベルでの関係も密接になって

表 11.1 ヨーロッパ諸国と日本の関係

ヨーロッパ諸国	在留邦人数[1] (人) 2017年	日系企業数[2] (社) 2017年	姉妹自治体数 (件) 2018年
アイルランド	2,316	80	1
イギリス	62,887	986	16
イタリア	14,146	271	38
エストニア	148	51	1
オーストリア	2,979	111	32
オランダ	9,223	377	12
キプロス	55	0	0
ギリシャ	653	19	8
クロアチア	117	24	3
スウェーデン	4,217	128	4
スペイン	8,192	365	11
スロヴァキア	208	58	1
スロヴェニア	157	28	1
チェコ	2,019	254	4
デンマーク	1,597	87	7
ドイツ	45,784	1,814	54
ハンガリー	1,618	156	5
フィンランド	1,825	202	5
フランス	42,712	719	54
ブルガリア	138	36	2
ベルギー	6,442	226	8
ポーランド	1,676	303	1
ポルトガル	641	98	7
マルタ	187	1	0
ラトヴィア	59	6	2
リトアニア	86	19	1
ルーマニア	317	94	3
ルクセンブルク	634	24	0
EU 合計	211,033	6,537	281
スイス	10,827	193	12
ノルウェー	1,156	45	3
世界総計	1,351,970	75,531	1,734

[1] 長期滞在者および永住者の総計. [2] 本邦企業および現地法人日系企業の総計. 外務省「平成30年度海外在留邦人数統計」.（財）自治体国際化協会による.

表 11.2 国・地域別にみた商品輸出・サービス輸出のランキング（2017年）

(a) 商品輸出

世界順位 (A)	世界順位 (B)	国名・地域名	輸出額 (百万ドル)	対世界シェア(%) (A)	対世界シェア(%) (B)
1	1	中国	2,263,329	16.2	12.8
2	–	EU	2,122,457	15.2	–
3	2	アメリカ合衆国	1,546,725	11.1	8.7
4	4	日本	698,131	5.0	3.9
5	6	韓国	573,694	4.1	3.2
–	3	ドイツ	1,448,302		8.2
–	5	オランダ	652,000		3.7
–	8	フランス	535,186		3.0
–	9	イタリア	506,226		2.9
–	10	イギリス	444,982		2.5

(b) サービス輸出

世界順位 (A)	世界順位 (B)	国名・地域名	輸出額 (百万ドル)	対世界シェア(%) (A)	対世界シェア(%) (B)
1	–	EU	1,009,326	25.2	–
2	1	アメリカ合衆国	761,724	19.0	14.4
3	5	中国	226,389	5.7	4.3
4	8	インド	183,359	4.6	3.5
5	9	日本	180,006	4.5	3.4
–	2	イギリス	347,345		6.6
–	3	ドイツ	299,829		5.7
–	4	フランス	248,244		4.7
–	6	オランダ	216,472		4.1
–	14	イタリア	110,193		2.1

EU の値には EU 域内貿易を含まず, EU 各国の値には EU 域内への輸出を含む.（A）は EU 域内貿易を除外した順位・シェア,（B）は EU 域内貿易を含んだ順位・シェア. WTO 統計データベースをもとに作成.

いる．地方自治体レベルでの姉妹自治体の提携件数をみると，総数1734件のうち，ヨーロッパには281件あり，全体の16.2%を占めている．とくにドイツやフランス，イタリア，オーストリアにおいてきわめて多くの連携を得ており，相互に活発な交流があるのがわかる．

こうした密接な対外関係を世界的に広げ，維持・発展させるために，EUは積極的に世界各地にその存在をアピールしている．EU代表部（Delegation of European Union）が世界143の国と地域，都市に設置されており（2018年12月現在），EUの目標や特徴が紹介されている．EU

域内では，毎年各地でさまざまな世界的イベントが開催されており，見本市やエキスポ，映画祭や音楽祭，さらにはスポーツ大会などが盛んで，そのジャンルはきわめて多岐に及んでいる．ヨーロッパはまさしく世界の経済や文化の中心的な役割を演じている．

［加賀美雅弘］

11.2 EU と世界貿易

11.2.1 EU からの対外輸出，EU への対内輸入

2017年現在，EU28か国からの対外輸出（EU域内輸出は含まず）は，商品輸出2兆1225億ドル，サービス輸出1兆93億ドルである（表11.2）．商品輸出額では中国に次いで第2位で世界の総輸出の15%，サービス輸出では世界第1位で世界の総

表 11.3 EU の対外輸出入の上位品目（2017 年）

	順位	輸出品		輸入品	
		品目	金額（百万ドル）	品目	金額（百万ドル）
農産品	1	ブドウ酒およびブドウ搾汁	12,775	コーヒー	9,853
	2	エチルアルコール（80％未満）および蒸留酒，リキュールその他のアルコール飲料	12,158	大豆油かす	7,183
	3	麦芽エキス並びに穀粉，ミール，でん粉または麦芽エキスの調製食料品	7,476	大豆	5,563
	4	その他の調整食料品	6,626	パーム油，その分別物	5,486
	5	豚肉	5,751	カカオ豆	4,598
非農産品	1	乗用自動車	148,775	石油および瀝青油（原油に限る）	215,223
	2	医薬品（個別包装済み）	116,444	ラジオ放送用，テレビ用の送信機器，テレビカメラ，デジタルカメラ，ビデオカメラレコーダー	80,720
	3	石油，瀝青油（原油を除く），石油の調製品，廃油	80,929	自動データ処理機械，ユニット，磁気式読取機，光学式読取機，符号化したデータを処理する機械	66,954
	4	航空機，人工衛星，打上げ用ロケット	63,120	石油，瀝青油（原油を除く），石油の調製品，廃油	65,030
	5	自動車の部品，部分品，附属品	50,751	乗用自動車	50,542

WTO, Trade Profile をもとに作成．

輸出の 25％を占めている．EU という括りではなく，各国別にみると，商品輸出ではドイツ，オランダが，サービス輸出ではイギリス，ドイツが 5 位以内にランクされる貿易大国である．

また，表には示していないが，輸入においても EU の世界における順位は変わらず，商品輸入では 2 兆 966 億ドルで世界 2 位，サービス輸入では 7966 億ドルで世界 1 位の輸入大国でもある．上記の数値と見比べれば，少なくとも 2017 年の統計でみる限り，商品・サービスのいずれにおいても，貿易黒字を計上していることがわかる．

このように EU は，世界 3 極，すなわち北米，東アジアと並ぶ重要な極を形成しているわけであるが，それでは具体的にどのような内容が EU の貿易を形成しているのであろうか（表 11.3）．

まず，商品貿易のうち，農産分野に目を向ければ，EU からの輸出品では，ワイン，アルコール，麦芽（モルト）エキスといった酒類の関係品や豚肉およびその加工品がめだっている．その一方で，コーヒー，大豆・大豆油，パーム油，カカオ豆といったおもに熱帯・亜熱帯の産品で輸入に依存していることがわかる．非農産分野でいえば，自動車関連，航空機関連，薬品類が輸出品の上位を占め，原油・石油類，通信機器，計算機，乗用車などが輸入品の上位を占めている．輸出先・輸入先とも，その上位は，アメリカ合衆国，中国，スイス，ロシア，トルコなどであるが，輸入の場合には輸出に比して中国やロシアの重要度が高い．

なお，サービス貿易では，輸出入とも運輸・物流，旅行から ICT 関連，金融関連まで多様な構成であるが，日本やシンガポールが重要な相手国として浮上してくる．

11.2.2 域内貿易と域外貿易

上記のように EU 全体としてみた場合，貿易活動が非常に活発で世界経済の分業構造のなかで非常に重要な役割を果たしているが，EU を構成する国ごとにみれば，各国の経済における貿易への依存度，また，輸出入先の地域的傾向はいうまでもなく多様である．むしろ，表 11.4 でこのあたりに注視することで EU の空間的経済構造がみえ

表 11.4 EU 諸国の貿易構造 (2017 年, 百万ユーロ)

	GDP に対する貿易額の割合 (GDP = 100)	域外輸出	域内輸出	域外輸出の割合 (%)	域外輸入	域内輸入	域外輸入の割合 (%)	総貿易額
ドイツ	42.7	532,085	749,829	41.5	350,891	682,239	34.0	2,315,044
オランダ	84.7	143,031	433,618	24.8	273,155	235,572	53.7	1,085,375
フランス	31.0	195,003	278,595	41.2	167,173	385,597	30.2	1,026,369
イギリス	29.2	204,626	186,153	52.4	274,173	295,904	48.1	960,856
イタリア	28.7	198,977	249,129	44.4	159,808	240,851	39.9	848,765
ベルギー	81.9	106,556	274,464	28.0	128,628	231,544	35.7	741,193
スペイン	32.2	95,650	187,923	33.7	125,749	186,101	40.3	595,423
ポーランド	50.1	41,566	162,854	20.3	58,609	145,371	28.7	408,400
オーストリア	51.2	42,853	105,904	28.8	35,322	120,254	22.7	304,333
チェコ	76.8	25,950	133,518	16.3	31,194	112,184	21.8	302,846
スウェーデン	42.1	55,361	80,162	40.8	39,531	96,771	29.0	271,824
アイルランド	107.6	59,377	62,091	48.9	27,202	51,174	34.7	199,844
ハンガリー	81.9	18,995	81,564	18.9	22,759	72,235	24.0	195,553
デンマーク	51.3	34,689	56,136	38.2	24,721	57,618	30.0	173,162
スロヴァキア	91.6	10,696	64,077	14.3	14,875	58,823	20.2	148,471
ルーマニア	41.9	15,138	47,475	24.2	18,290	57,272	24.2	138,175
ポルトガル	41.0	14,286	40,811	25.9	16,380	52,582	23.8	124,059
フィンランド	37.0	24,385	35,851	40.5	17,665	44,758	28.3	122,659
ギリシャ	30.2	13,375	15,487	46.3	24,153	26,135	48.0	79,149
スロヴェニア	74.4	8,256	25,751	24.3	9,774	22,143	30.6	65,924
ブルガリア	63.5	8,928	17,649	33.6	10,848	19,324	36.0	56,749
リトアニア	76.7	11,001	15,409	41.7	8,372	20,144	29.4	54,927
クロアチア	48.8	5,110	9,091	36.0	4,892	17,085	22.3	36,178
ルクセンブルク	175.6	2,210	11,754	15.8	3,426	16,662	17.1	34,052
エストニア	76.3	3,642	9,219	28.3	2,799	11,935	19.0	27,595
ラトヴィア	60.4	4,160	8,182	33.7	3,179	11,681	21.4	27,202
キプロス	64.6	1,794	1,107	61.8	3,235	4,826	40.1	10,961
マルタ	126.6	1,026	1,193	46.2	1,946	3,202	37.8	7,367
EU (28 か国)	17.1	1,878,725	3,344,995	36.0	1,858,748	3,279,987	36.2	10,362,455

GDP に対する貿易額の割合は 2015〜17 年. WTO, Trade Profile をもとに作成.

てくる.

　まず,各国の GDP(国内総生産)に対する貿易額の割合をみておこう.総じていえば,EU のなかでも成熟した資本主義国では GDP における貿易依存は低く,逆に新興の工業国では貿易依存が高いということである.国内で貿易以外に多様な経済循環が成り立っていれば自ずと貿易へ依存する割合が小さくなってくるからである.前者の代表例としては,フランス(31%),ドイツ(43%),イタリア(29%),イギリス(29%)があげられる.これら 4 国のなかでドイツの値が突出しているのは,成熟した国民経済をなす国ながらも輸出による最大の「稼ぎ頭」だからである.一方,後者の例としては,チェコ(77%),ハンガリー(82%),スロヴァキア(92%),エストニア(76%),スロヴェニア(77%)などが指摘できよう.これらの国は,貿易が国民経済を支えていながらも,その恩恵が他の国内部門に行きわたらない,もしくは部門間での大きな経済格差をかかえた国である.このほか,マルタやキプロス,ベネルクス三国などで高率を示すのは,国土面積の小さい小国であることや商業国として発展の経緯が影響しているといえるであろう.

　次に,域外貿易か域内貿易か,ということに注目しよう.域外か域内かというのは,いうまでもなく,EU の外に向けた貿易か,EU 内での貿易かということである.

　上で述べた「成熟した 4 国」では,イギリスの

52％を筆頭に，イタリア，ドイツ，フランスの順に40％以上はEU域外へ輸出を振り向けている．これらの国は輸出の絶対額も大きく，疑いなくEUの「稼ぎ頭」である．スウェーデンやフィンランドもそれに準じた地位にある．これらとは対象的に，上記で「新興の工業国」とした国々では，チェコ（16％），ハンガリー（19％），スロヴァキア（14％），スロヴェニア（24％）といった具合に，EU域外への輸出の割合がおしなべて低い，すなわちEU域内に向けた輸出が中心であることが理解できる．これらの国では，いずれも自動車部品，情報通信機器の部品などに特化した輸出構成になっており，EU内の工程間分業のなかで一定の役割を果たしているのである．また，スペイン，ポルトガルの2国はGDPにおける貿易依存は高くはないが，自動車部品や石油精製品を他のEU諸国に供給しており，同様にEUの分業体制のなかの分業体制に埋め込まれているといえる．

その他，キプロス，ギリシャ，アイルランド，マルタの4国でも域外輸出の割合が高いが，この4国はEU内分業に大きくは依存せずに，トルコ，エジプト，リビアなどの近隣国，もしくは，アメリカ合衆国，日本，シンガポールなどと直接につながっているとみるべきである．他方，ベルギー，オランダは域外輸出よりはEU域内への輸出を主力にしており，輸入でみるとEU域外からの輸入割合が高いことから，たとえば，原油を輸入してその精製物を輸出するようなかたちで，域外から輸入した製品を加工してEU域内に再輸出するという役割を担っているといえる．

11.2.3　EUの対外戦略

こうしてみていくとEU諸国は，その貿易動向から，①世界市場に対して直接に工業製品を輸出する中核国，②世界市場から原料を得て中間財を域内に供給する準中核国，③EU域内の工程間分業体制のもと，部品類を製造して中核国に供給する半周辺国，④域内分業に十分に組み込まれていない周辺的諸国，といった具合に分類できるようである．このような構図のもとで，中核国・準中核国を媒介とした世界貿易と，半周辺国を組み込んだEU域内貿易の両輪によって，各国に所得がうまく流れる仕組みがつくり上げられたとみることができる．中核諸国では労働集約的部門における失業率の高さ，半周辺諸国では部門間経済格差の大きさという問題をかかえながらも，加盟国間の協調的発展を構築しようとしてきたのである．

こうした貿易構造は，いうまでもなくEUがその前身というべきEECの時代から取り入れてきた通商政策の表れである．EECは1958年に6か国により結成され，1986年までには12か国となった．EECは域内における関税障壁の撤廃のための関税同盟であって，域内貿易の拡大を促してきた．ところが，このような域内関税同盟は域外に対しては自動的に相対的に高い貿易障壁を築くことになる．EU発足後は対内貿易のみならず対外貿易の拡大に前進することになり，1995年にはヨーロッパ・地中海（Euromed）パートナーシップに向けた枠組みが取りまとめられ，同年末にはトルコとの間での関税同盟が締結，2000年7月にはEU対メキシコの自由貿易協定（FTA）が発効となった．

EU委員会は2006年，"Global Europe competing in the World" という名称の報告書において，より積極的な対外経済政策を打ち出している．同報告書は，EUはサービス貿易の分野においては強固な国際競争力分野を築いているが，製造業分野では競争力が立ち遅れているため，自由貿易を拡大することによって域内におけるイノベーション力を高めていく必要性を論じた．こうした方向性のもとで複数の国との間でFTA交渉が進められ，韓国との間では2011年7月にFTAが発効，日本との間では2019年2月に経済連携協定（EPA）が発効しており，ヨーロッパと東アジアの間での分業が一層勢いづいていくと考えられる．

［小田宏信］

11.3　グローバル化のなかのヨーロッパ

交通や通信の発達とともに，現代世界では共通の生活様式や価値観の浸透が急速に進んでいる．ヨーロッパにおいても，世界共通化の流れはますます強まっている．第二次世界大戦前まではヨー

ロッパの文化や価値観こそが世界を席巻していたが，大戦後はアメリカ合衆国とソヴィエト連邦にその主導を奪われ，さらに冷戦の終了とともにアメリカ主導による世界共通化の流れが顕在化している．情報や技術，商品の流通の激化とともに，産業立地や都市計画，行政制度など国家・地域レベルから衣食住をはじめとする暮らしのレベルにいたるまで，世界は急速に類似性を帯びつつある．

こうした動きは，たとえばアメリカ企業の世界戦略からもみてとることができる．アメリカで誕生したファストフードは今や世界にそのネットワークを広げ，ヨーロッパへの進出もめざましい．旧社会主義国ハンガリーの首都ブダペストにも，今やハンバーガーチェーンがいくつも開店している（写真11.1）．カジュアルなアメリカ文化が確実にヨーロッパに浸透しているのである．

アメリカ文化ばかりではない．近年は中国人の進出もめだっている．中国人は19世紀後半以来，世界各地へと移住し，各地にチャイナタウンを建設しながら中国社会や文化の世界的な伝播をもたらした．とくに1980年代の改革開放政策の実施以降，中国から世界各地への人やモノの移動は激増しており，中国文化が各地で知られるようになった．ヨーロッパでは，中華料理店や食材店，衣料品店などが各地に立地しており，ますます拡充する勢いである（写真11.2）．

このような世界のグローバル化の影響は，ヨーロッパの人びとの暮らしにも変化をもたらしている．ヨーロッパでは国ごとに公用語が定められ，言語によって自身と他者が区別されてきた経緯がある．それゆえに，ヨーロッパにはきわめて多様な言語があり，EUも多くの言語集団をかかえている．しかし近年では，EU各国において英語学習者の割合が急増している．とくに若い年齢層では母語に加えて英語習得者がきわめて多くなっている（表11.5）．これは，単に学習する外国語が変わったという事実だけにとどまらない．これまでヨーロッパでは母語以外の言語としてフランス語やドイツ語の習得が重要視されてきた．近代以降，政治・外交・文化の言語とされたフランス語と，学術，通商の言語とされたドイツ語がヨーロ

写真11.1 ブダペストの歴史的な建物で営業するハンバーガーチェーン（ハンガリー，2018年）
写真下部，中二階の下に注文カウンターがあり，手前のスペースや中二階部分が客席となっている．

写真11.2 ブダペストに進出した中国人商店街（ハンガリー，2008年）

ッパの人びとの間では習得すべき外国語とされていた．

しかし，1990年代以降のグローバル化の流れのなかで，外国語の地位は大きく変わった．ドイツをはじめデンマークなど北西ヨーロッパ諸国では，英語習得者の割合が高くなる傾向が著しい．また，かつてドイツ語が比較的通じていたとされる東ヨーロッパの国々でも，大都市を中心にして英語の浸透がめざましい．それぞれの国や地域固有の言語が引き続き強調される一方で，英語はEUの共通語，国際語としての地位を着実に確保しているかのようである．固有の言語を重視する動きと共通語への関心の高まりが同時進行しているのが，今日のEUの実情だといえよう．

表 11.5　EU 諸国における英語・フランス語修得者の比率（％）

EU 諸国	E：英　語 F：フランス語	15〜24 歳	25〜39 歳	40〜54 歳	55 歳以上
イギリス	E	—	—	—	—
	F	77	61	45	31
イタリア	E	75	58	28	15
	F	47	44	41	24
ギリシャ	E	73	50	26	15
	F	9	7	9	5
スペイン	E	60	35	11	3
	F	21	27	17	6
デンマーク	E	97	96	85	54
	F	40	35	26	18
ドイツ	E	82	72	53	34
	F	32	27	20	16
フランス	E	89	76	48	31
	F	—	—	—	—

Pan, C. and Pfeil, B. S.（2000）: *Die Volksgruppen in Europa : Ein Handbuch. Braumtiller* をもとに作成.

11.4　ローカル化が進むヨーロッパ

　グローバル化が進む一方で，ヨーロッパでは国の枠組みを弱め，国を構成する地域や都市を単位にした競争が激しさを増している．これは，地域間での人やモノの移動が自由化し，より多くのカネを得るための情報交換が容易になったことによるが，そうした地域や都市を対象にしたEUによる補助金の交付がなされることも理由とされる．そのために個々の地域や都市の特徴を強調し，PRする動きが活発になっている．より知名度を高め，それによってさらに多くの人びとの関心が地域や都市に向けられ，投資をはじめ，さまざまなイベントの開催，人口の増加など地域や都市の発展の可能性が高まることが期待されている．

　こうした最近のヨーロッパの状況は，ローカルな地域・都市の個性を強調することにつながりつつある．以下，ドイツの都市ドレスデンの事例をみてみよう．

　ドレスデンはかつてザクセン王国の首都としての華やかな歴史をもち，王宮をはじめツヴィンガー宮殿やオペラ劇場など多くのバロック建築と伝統ある街並みを誇りとしていた．18世紀イギリスの貴族の子弟たちの旅行「グランドツアー」の目的地の一つになるほどの文化都市であった．しかし，第二次世界大戦末期の2月13日から14日にかけて，ドイツ敗戦が目前となり，戦略上ほとんど意味がなかったにもかかわらず英米の空軍による無差別爆撃によって歴史的市街地は壊滅．多くの貴重な文化遺産が瓦礫と化した．

　大戦後，ドレスデンは東ドイツの都市になり，瓦礫をすべて取り除いたあと，社会主義国建設のスローガンに基づいて，その長い都市の歴史とはまったく無縁の新しい住宅団地が建てられた．その結果，単調なプレハブの団地が立ち並ぶ，社会主義国に共通する都市景観が生み出され，ドレスデンは個性のない新興住宅地のような姿に変わってしまった．

　1990年のドイツ統一は，この都市の様相を大きく変えることになった．以来，ドレスデンでは歴史的景観の再建が急ピッチで進められている．まず，瓦礫のままだった聖母教会の再建から始められた．これにはドレスデン市だけでなくザクセン州やドイツ政府からも資金援助がなされたほか，かつて空襲を行ったイギリスでも多額の寄付金が集められた．残されていた瓦礫をできるだけ利用して聖母教会は2005年に復元され，ドレスデンは再び歴史あるランドマークを取り戻した（写真11.3）．また，王宮や教会などかつて美しさを誇っていた建物の復元も大手高級ホテルを誘致する

写真 11.3 復元されたドレスデンの聖母教会（ドイツ，2010 年）

などで，多額の投資を得ることによって実現されている．このほか市街地の整備事業も着手され，社会主義時代につくられた幅広の直線状の道路は戦前の狭い街路に戻され，歴史を無視して建設された住宅団地は，かつての市街地の雰囲気を取り戻すために建て替えが進められている．

こうした都市の歴史的な景観の復元・再建事業に加えて，地域の伝統文化・産業の復興も積極的に行われている．ドレスデン近郊の町マイセンは高級な陶磁器製造で世界的に知られるが，それは宮廷都市ドレスデンという消費地があったからである．現在，ドレスデン市やザクセン州が主体となってそうした歴史や文化に関連したイベントを積極的に開催しており，地域のアピールがなされている．また，毎年ドレスデンで開かれる伝統的なクリスマス・マーケットも都市再建の重要な事業に位置づけられており，市民はもちろん，多くの観光客でにぎわっている．いずれもドレスデン固有の歴史や文化を強調し，知名度を高めることによって都市が発展することが期待されている．

ドレスデンに限らず，とくに社会主義体制下に置かれた都市や地域では，歴史や伝統文化を見直し，積極的にアピールするところが増えている．これにより社会主義時代に軽視されてきた地域固有の景観や文化が見直され，住民の間に地域への愛着が高まり，地域振興に積極的にかかわることが期待されている．実際，政治改革以後の東ヨーロッパでは，文化財保護や世界遺産登録，伝統芸能イベントの開催などを通して，企業の進出や観光地化などめざましい発展を遂げつつある都市や地域も少なくない．

また興味深いことに 1990 年代以降，こうした東ヨーロッパの変化に触発されたかのように，西ヨーロッパでも地域固有の文化を軸にした地域振興事業が各地で行われている．老朽化した歴史的建造物の保存や修復，あるいは復元作業が進められている．ごく最近の例では，ドイツの経済中心地フランクフルトで再建された旧市街地があげられる．第二次世界大戦の空襲で失われた旧市街地の景観を，約 7000 m^2 にわたって復元する事業は 2012 年に着手された．2018 年 9 月には完成祝賀会が開催され，25 万人以上の参加者を集めた．伝統的な木骨造りの建物景観が復元され，フランクフルトのシンボルとしてビジネスに生かされるほか，多くの観光客を集めることも期待されている．

11.5 共通化をたどるヨーロッパ

こうしたグローバル化やローカル化による地域の変化がみられる一方で，さらにヨーロッパに共通する歴史や文化への関心が高まりつつある点もつけ加えておきたい．EU 加盟国では，これまでとかく国家の枠組みを重視し，固有の歴史や文化へのこだわりが強調されてきた．しかし，1990 年代以降，ヨーロッパ各地に共通するものに目が向けられつつある．ここでは「欧州文化首都」と，「躓きの石」を例に述べてみよう．

「欧州文化首都（European Capital of Culture）」は，ヨーロッパに共通する歴史や文化の価値を認め，それを EU 全体で協力して維持・発展させることを目的にしたもので，1985 年 6 月 13 日にギリシャの文化大臣メリナ・メルクーリが提唱して以来，継続されている（コラム 5.2，p.77）．ヨーロッパでは，それぞれの都市は，帰属する国の歴史が繰り広げられ文化が発展する舞台としての役割を果たしてきた．そのため，都市は特定の国家の所有物としての意味合いを強くもってきた．しかも歴史的にいくつもの国家や民族とかかわってきた都市も少なくないため，都市はしばしば政治的な対立の火種ともなってきた．

こうしたヨーロッパの都市をめぐる複雑な事情を踏まえて，都市の歴史や文化を国境を越えて共

写真 11.4 2020 年の欧州文化首都，クロアチアの港町リエカ（クロアチア，2018 年）

写真 11.5 ベルリンの「躓きの石」（ドイツ，2010 年）

有してその価値を高めようと企画されたのが「欧州文化首都」である．具体的には，現在では欧州委員会と欧州議会によって毎年 2 つのヨーロッパの都市が文化首都に選定されている．その際，希少価値の高い固有の文化や産業はもちろんのこと，建築物や伝統芸能など歴史的・文化的財産の保全が重要な課題とされ，それらをヨーロッパ各国間の協力のもとで実施することが選定の重要な条件になっている．

選定された都市では，こうした国際的協力体制のなかで企業や資本家，地方自治体などによる資金援助を得た都市整備事業やイベントの開催などが企画される．事前の PR 活動をはじめ，実際の事業によって「欧州文化首都」はヨーロッパ共通の財産として広く認知され，都市そのものの整備とともに国境を越えて都市への関心や愛着が高まることが期待されている（写真 11.4）．

「躓きの石（ドイツ語で Stolpersteine）」はドイツの芸術家ギュンター・デムニングが発案したもので，ナチス・ドイツの犠牲者であるユダヤ人やロマ，同性愛者たちの非業の死を記憶にとどめるために設置されている．「石」は約 10 cm 四方の正方形状の真ちゅう製のパネルで，そこにナチスによって連行された人の氏名，出生年，移送された収容所名とその年月日，死亡収容所名とその年月日などが記載されている．これが，犠牲者が当時住んでいた建物の玄関先の路上に埋め込まれている（写真 11.5）．

このプロジェクトの発端は，1992 年にドイツのケルンにおいて，かつて強制収容所に連行されたロマの人びとの記録を確認し，その犠牲者名を記録した「石」を埋め込んだことだった．以来，ドイツ国内はもちろんヨーロッパ各地に事業は広がり，2010 年 4 月現在，ドイツをはじめ，オランダ，ベルギー，イタリア，オーストリア，ポーランド，チェコにある 530 もの都市に約 2 万 2 千個もの「石」が設置されている．また，今後はフランスやデンマークでも設置される予定になっている．

こうしたナチスによる暴力の犠牲者についてのヴィジュアルな記録が設置されることによって，ドイツだけでなくヨーロッパ各地においてナチスの蛮行についての記憶が広く共有されようとしている．ヨーロッパで起こった大戦の記憶が，風化することなくヨーロッパで保持され続けることによって，二度とヨーロッパを戦場にしてはならないという共通理解が生まれるであろうし，何よりも現在ある EU の存在意義を再認識することにつながるであろう．

「欧州文化首都」も，「躓きの石」をはじめ，ヨーロッパでは人びとの意識や価値観が共有されるような動きが出てきている．こうした歴史や文化の共有化の動きをみるにつけ，EU が進めているヨーロッパ統合が，こうした人びとの意識の統合なくして進まないことにあらためて気づかされるのである．

［加賀美雅弘］

引用・参考文献

伊豫谷登士翁（2002）：グローバリゼーションとは何か―液状化する世界を読み解く．平凡社．

植田隆子（2007）：EU スタディーズ（1）―対外関係．勁

草書房.

梅森直之 (2007)：ベネディクト・アンダーソン グローバリゼーションを語る. 光文社 (光文社新書).

大島美穂 (2007)：EU スタディーズ (3) ―国家・地域・民族. 勁草書房.

大谷裕文 (2008)：文化のグローカリゼーションを読み解く. 弦書房.

小川英治 (2007)：EU スタディーズ (2) ―経済統合. 勁草書房.

羽場久美子 (2004)：拡大ヨーロッパの挑戦―アメリカに並ぶ多元的パワーとなるか. 中公新書.

宮島 喬 (2004)：ヨーロッパ市民の誕生―開かれたシティズンシップへ. 岩波新書.

鷲江義勝 (2009)：リスボン条約による欧州統合の新展開. ミネルヴァ書房.

コラム 11.1

欧州共通通貨ユーロがもたらした光と影

1999 年にまずは決済通貨としてスタートしたユーロは，2018 年現在，EU 加盟の 28 か国のうちの 19 か国までに拡大している（写真 11.6）。EU 加盟国のほか，アンドラなどの小国，モンテネグロおよびコソヴォ，そして，フランスの海外領土でもユーロは用いられている。2002 年 1 月の流通開始後のわずか 5 年で，2006 年末には，市中でのユーロ紙幣の流通量がドル紙幣の流通量を上回り，名実ともにドルと双璧をなす通貨となった。

もっとも，ユーロが離陸するまでには長い道のりがあった。現在につながる取り組みとしては 1970 年前後にさかのぼる。ニクソンショックによるブレトンウッズ体制の崩壊をまるで見通していたかのように，ルクセンブルクのウェルナー首相が通貨統合へ向けた取り組みを提案していた。為替レートの安定性がなければヨーロッパにおける共同市場が有効に機能しないと考えたからである。この提案がただちに軌道に乗ったわけではなかったが，1979 年には，ヨーロッパに通貨安全地帯をつくりあげるべく，EMS（欧州通貨制度）が創設された。そして，そのもとで用いられたのが ECU（欧州通貨単位）であった。ECU とは，各国の為替レートを加重平均して求めるという仮想の通貨単位で，これを基準にして各国の通貨の変動を抑えることによって域内通貨の安定をはかったものである。そして，1980 年代末には，ジャック・ドロールを委員長とする欧州委員会の報告書において，経済通貨統合が盛り込まれ，ユーロ誕生への道筋が敷かれることになった。

ではユーロに期待されたものは，何だったのだろうか。

まずは，加盟国間の輸出入を為替レートの変動というリスクから守り，より安定した広い市場をつくり出すことができる。また，そうすれば，域内での国境を越えた設備投資，域外からの設備投資を活気づけることができる。しかも，同一の貨幣単位で，商品の価格や賃金が表示されるので，価格差・費用格差に着目した企業行動も生じやすくなり，将来的には域内における地域間格差も均衡に向かうであろうということが理論的には考えられる。このような直接投資においてのみならず，金融市場においても，1 つの市場であることが，資金の調達規模を拡大し，これまで信用が決して大きくなかった国においても資金を集めることが可能になったのである。そして，集めた資金で購買力を身につければ，輸出国の市場拡大へとつながる。

もちろん，いいことづくめであるはずはない。問題の第 1 は，その国の本来的な経済力とは無関係に域外との為替レートが決まってくるという問題がある。価格以外の競争力をもたない国の輸出産業がユーロ高に直面した場合には，域外に対しての競争力を失うことになる。そして，これによって深刻な経済不況に陥った場合，共通通貨を導入していないのであれば，自通貨安によって輸出を盛り返すことができるのであるが，共通通貨という体制のもとでは金融政策も自国の意の通りに

写真 11.6 フランクフルトの欧州中央銀行前のユーロ記号のモニュメント（ドイツ，2009 年）

ならないのである．第2は，ユーロ圏内の周辺国にとって資金を調達しやすくなったのではあるが，その資金を国内でのより生産的な投資に振り向けることができないのであれば，単に対外債務の拡大にすぎないということである．

ユーロに秘められていた危うさは，2010年のギリシャ経済危機で露呈した．ギリシャ政府がかかえる債務は2011年には同国のGDPの1.7倍を超過し，EUからの金融支援が2018年8月までの長期にわたって施された．

［小田宏信］

コラム 11.2

文化の集積と発信を続けるヨーロッパ

ヨーロッパにおける文化は実に多様な意味をもつ．この文化という言葉が，ヨーロッパ地域の根底を支える宗教や自然景観を意味する一方で，都市部においては個々の社会集団のおりなす都市景観や街区レベルの都市現象をも意味する．前者はヨーロッパ地域の共通性を，後者はヨーロッパの多様性を意味するものとしても理解できよう．EUでは，文化政策において，これら双方が主要理念として掲げられている（ヨーロッパの文化政策に関しては，コラム5.2（p.77）を参照）．

さて，絵画や彫刻，音楽といった芸術文化は，中世以降，贅沢品や嗜好品の類として扱われ，それらの創作活動に従事する職人や芸術家は，王族やパトロンからの経済的・社会的支援を受け，保護される立場とされてきた．しかし，1970年代の文化政策において，芸術は特定階級の消費対象ではなく，市民社会の改善に利用可能なツールとしての役割を期待されはじめた．この時期の芸術は，教育と同じように，誰にでも平等に機会が与えられるべきものと解釈された．しかし，芸術への機会平等を意図してつくられる美術館は，逆にこうした芸術を管理された閉鎖的空間へと押し込み，芸術の有する本来的魅力を損ねる側面をもつ．ヨーロッパではこうした課題に取り組むため，美術館や関連施設の定期的な無料開放をはじめとして，椅子の設置や私語・模写などの自由を早くから認めるなど，独自の工夫を開始した．美術館の建物構造や空間意匠にも，こうした配慮が読み取れる．ヨーロッパの美術館に一度足を踏み入れると，老若男女を問わず実に多様な人びとが，思い思いに芸術に触れる姿を目にすることができる．

ところで，ヨーロッパ主要国では，1980年代より地域活性化に文化が活用されはじめた．スペイン北部の都市ビルバオにあるグッゲンハイム美術館や欧州文化首都事業はそれらの例である．こうした流れは，芸術文化の消費的側面に焦点をあてたものである．他方，2000年代以降には，文化の生産的側面に社会の注目が集まりはじめた．それが，文化産業・創造産業といわれる新しい産業である．たとえば芸術産業，映画産業，新聞・雑誌や広告などのメディア産業，音楽産業，ファッション産業などがこれに該当する（写真11.6）．これら産業は旧来の産業とは異なって，資源・原料や輸送手段の地理的制約に左右されにくい特性があり，同時に上述のヨーロッパ文化政策と結びつく可能性もあることから，1990年代より注目を受けはじめた．EUでは，欧州委員会が「文化，文化経済と就業者」に関する報告書を1998年に作成し，2007年には欧州理事会がリスボン戦略の目的を到達するための効果的施策としての文化産業の重要性を位置づけている（Council of the European Union, 2007）．

EUの文化・創造産業の特徴をみると，EUにおける同産業の経済収支は，2770億ユーロ（2007）に達し，EUの全産業経済収支の約2.4％を占める．EU参加国別の同産業の租付加価値（付加価値のうち，原価償却費を含むもの）をみると，ドイツは約623億ユーロと全体の22.5％を占め，次

写真 11.7 クラクフの旧市街地におけるファッション産業関連スタジオの一例（ポーランド，2014年）

いでイギリス，フランスの順に並び，この上位3か国でEU全体の半分以上を占める（図11.1）．なおドイツでは，ノルトライン・ヴェストファーレン州が1992年に連邦州でいち早く文化産業に注目した．同州は，1970年代末より，それまで基幹産業であった鉄鋼業の衰退に直面し，同産業に代わる州の新たな産業戦略を模索していた．同州のように，工業衰退地域の打開策としても，文化・創造産業は注目されはじめたのである．

しかし，当該産業の売上高はドイツ国内でも東西で異なる．ドイツ西部では2006年時点で1109億ユーロとドイツ東部の約3倍であり，東西間の格差は大きい．また，同事実からEUの新しい産業をめぐる域内格差の拡大も推察されよう．近年では，これら産業の大都市への集積が顕著であり，この「新しい産業」による地域間不均衡の課題は残る．このような地域的課題に対して，EUはどのような対応策をとるのか，今後の動向に注目したい．　　　　　　　　　　　　　　　　　　　　　　［池田真利子］

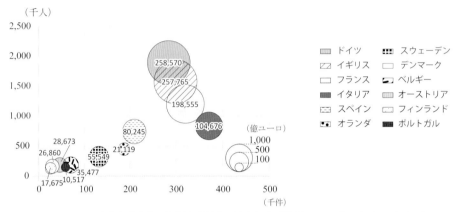

図11.1 EUにおける文化創造産業の企業数（横軸），就業者数（縦軸）および売上高（円の大きさ）にみる主要国の相対的位置関係
Bundesministerium für Wirtschaft und Technologie eds.（2016）*Monitoring zu ausgewählten wirtschaftlichen Eckdaten der Kultur- und Kreativwirtschaft 2014*. Berlin をもとに作成

参考文献

Bundesministerium für Wirtschaft und Technologie. eds.（2016）：*Monitoring zu ausgewählten wirtschaftlichen Eckdaten der Kultur- und Kreativwirtschaft 2014*. Berlin.
Council of the European Union（2007）：*Resolution of the Council of 16 November 2007 on a European Agenda for Culture*. Bruxelles.

さらなる学習のための参考文献

第1章 総　論

加賀美雅弘・川手圭一・久邇良子（2014）：ヨーロッパ学への招待―地理・歴史・政治からみたヨーロッパ（第二版）．学文社．

ジョーダン＝ビチコフ，T.G.・ジョーダン，B.B.著，山本正三・石井英也・三木一彦訳（2005）：ヨーロッパ―文化地域の形成と構造．二宮書店．

田辺　裕総監修，木村英亮・中俣　均監修（2000）：ヨーロッパ（世界地理大百科事典6）．朝倉書店．

デイヴィス，N.著，別宮貞徳訳（2000）：ヨーロッパⅠ～Ⅳ（全4巻）．共同通信社．

トッド，E.著，石崎晴己訳（1992）：ヨーロッパ大全Ⅰ．藤原書店．

トッド，E.著，石崎晴己・東松秀雄訳（1993）：ヨーロッパ大全Ⅱ．藤原書店．

ブルンナー，O.著，石井紫郎・石川　武・小倉欣一・成瀬　治・平城照介・村上淳一・山田欣吾訳（1974）：ヨーロッパ―その歴史と精神．岩波書店．

ラカー，W.著，加藤秀次郎訳（1998・1999・2000）：ヨーロッパ現代史―西欧・東欧・ロシア（全3巻）．芦書房．

第2章 自然環境

小野有五（1997）：アルプス・花と氷河の散歩道．東京書籍．

加賀美雅弘・木村　汎編（2007）：東ヨーロッパ・ロシア（朝倉世界地理講座10）．朝倉書店．

小林国夫・阪口　豊（1982）：氷河時代．岩波書店．

ジェームズ，W.著，川本祥史監訳（2010）：テロワール―大地の歴史に刻まれたフランスワイン．ヴィノテーク．

竹中克行・山辺規子・周藤芳幸編（2010）：地中海ヨーロッパ（朝倉世界地理講座7）．朝倉書店．

長田敏行（2014）：イチョウの自然誌と文化．裳華房．

湊　正雄（1970）：氷河時代の世界．築地書館．

モンゴメリー，D.著，片山夏美訳（2010）：土の文明史―ローマ帝国，マヤ文明を滅ぼし，米国，中国を衰退させる土の話．築地書館．

山本健兒・平川一臣編（2014）：中央・北ヨーロッパ（朝倉世界地理講座9）．朝倉書店．

山本正三・内山幸久・犬井　正・田林　明・菊地俊夫・山本　充（2004）：自然環境と文化―世界の地理的展望（改訂版）．原書房．

第3章 農業・農村

石井圭一（2002）：フランス農政における地域と環境（農林水産政策研究叢書1）．農林水産省．

市田知子（2004）：EU条件不利地域における農政展開―ドイツを中心に（農林水産政策研究叢書5）．農林水産省．

作山　巧（2006）：農業の多面的機能を巡る国際交渉．筑波書房．

竹中克行・齊藤由香（2010）：スペインワイン産業の地域資源論―地理的呼称制度はワインづくりの場をいかに変えたか．ナカニシヤ出版．

立川雅司（2005）：消費される農村―ポスト生産主義下の「新たな農村問題」（年報村落社会研究41）．農山漁村文化協会．

永松美希（2004）：EUの有機アグリフードシステム．日本経済評論社．

パテル，R.著，佐久間智子訳（2010）：肥満と飢餓―世界フード・ビジネスの不幸のシステム．作品社．

宗田好史（2012）：なぜイタリアの村は美しく元気なのか―市民のスロー志向に応えた農村の選択．学芸出版社．
豊 嘉哲（2016）：欧州統合と共通農業政策．芦書房．
ロバーツ，P. 著，神保哲生訳（2012）：食の終焉―グローバル経済がもたらしたもうひとつの危機．ダイヤモンド社．
ロバン，M. 著，村澤真保呂・上尾真道訳（2015）：モンサント―世界の農業を支配する遺伝子組み換え企業．作品社．

第4章　工業化の展開と空間的構成

斎藤　修（1985）：プロト工業化の時代―西欧と日本の比較史．日本評論社．
杉浦芳夫編（2004）：空間の経済地理（シリーズ〈人文地理学〉6）．朝倉書店．
高橋伸夫・手塚　章・村山祐司・ピット，J.-R.（2003）：EU 統合下におけるフランスの地方中心都市―リヨン・リール・トゥールーズ．古今書院．
手塚　章・呉羽正昭編（2008）：ヨーロッパ統合時代のアルザスとロレーヌ．二宮書店．
ヘニング，F.W. 著，柴田秀樹訳（1999）：現代ドイツ社会経済史―工業化後のドイツ 1914-1992．学文社．
ホブズボーム，E.J. 著，浜林正夫・神武庸四郎・和田一夫訳（1984）：産業と帝国．未来社．
松原　宏編（2003）：先進国経済の地域構造．東京大学出版会．
山本健児（1993）：現代ドイツの地域経済―企業の立地行動との関連．法政大学出版局．

第5章　都市の形成と発展・維持

阿部和俊編（2009）：都市の景観地理―大陸ヨーロッパ編．古今書院．
大場茂明（2003）：近代ドイツの市街地形成―公的介入の生成と展開．ミネルヴァ書房．
岡部明子（2003）：サステイナブルシティ―EU の地域・環境戦略．学芸出版社．
グルーバー，K. 著，宮本正行訳（1999）：図説 ドイツの都市造形史．西村書店．
小林浩二・呉羽正昭編（2007）：EU 拡大と新しいヨーロッパ．原書房．
高橋伸夫・手塚　章・村山祐司・ピット，J.-R.（2003）：EU 統合下におけるフランスの地方中心都市―リヨン・リール・トゥールーズ．古今書院．
田辺　裕監修，松原　宏・杉谷　隆・和田真理子訳（2010）：イギリス・アイルランド（普及版）（図説大百科 世界の地理7）．朝倉書店．
田辺　裕監修，東　廉訳（2010）：ドイツ・オーストリア・スイス（普及版）（図説大百科 世界の地理12）．朝倉書店．
ノックス，P.L.・テイラー，P.J. 著，藤田直晴訳編（1997）：世界都市の論理．鹿島出版会．
福川裕一・岡部明子・矢作　弘（2005）：持続可能な都市―欧米の試みから何を学ぶか．岩波書店．
プラノール，X.de 著，手塚　章・三木一彦訳（2005）：フランス文化の歴史地理学．二宮書店．

第6章　観光地域と観光者流動

アーリ，J.・ラースン，J. 著，加太宏邦訳（2014）：観光のまなざし（増補改訂版）．法政大学出版局．
池内　紀（1989）：西洋温泉事情．鹿島出版会．
池永正人（2002）：チロルのアルム農業と山岳観光の共生．風間書房．
ウイリアムス，A.M.・ショー，G. 編著，廣岡治哉監訳（1992）：観光と経済開発―西ヨーロッパの経験．成山堂書店．
ジョーダン＝ビチコフ，T.G.・ジョーダン，B.B. 著，山本正三・石井英也・三木一彦訳（2005）：ヨーロッパ―文化地域の形成と構造．二宮書店．

淡野明彦編著（2016）：観光先進地ヨーロッパ―観光計画・観光政策の実証分析．古今書院．
富川久美子（2007）：ドイツの農村政策と農家民宿．農林統計協会．
溝尾良隆編著（2009）：観光学の基礎（観光学全集1）．原書房．
山村順次（2004）：世界の温泉地―発達と現状（新版）．日本温泉協会．

第7章　EU 市民の暮らし

岡澤憲芙・斉藤弥生（2016）：スウェーデン・モデル―グローバリゼーション・揺らぎ・挑戦．彩流社．
鈴木優美（2010）：デンマークの光と影―福祉社会とネオリベラリズム．壱生舎．
高田　実・中野智世編著（2012）：福祉（近代ヨーロッパの探求15）．ミネルヴァ書房．
高橋順子（2016）：フランスはどう少子化を克服したか（新潮新書）．新潮社．
谷沢英夫（2012）：スウェーデンの少子化対策―家族政策の展開と男女共同参画社会への挑戦．日本評論社．
千葉忠夫（2011）：格差と貧困のないデンマーク―世界一幸福な国の人づくり（PHP新書）．PHP研究所．
遠山哲央（2008）：北欧教育の秘密―スウェーデンの保育園から就職まで．柘植書房新社．
福原宏幸・中村健吾編（2012）：21世紀のヨーロッパ福祉レジーム―アクティベーション改革の多様性と日本．糺の森書房．
堀内都喜子（2008）：フィンランド 豊かさのメソッド（集英社新書 0453B）．集英社．
山本健兒・平川一臣編（2014）：中央・北ヨーロッパ（朝倉世界地理講座9）．朝倉書店．

第8章　ヨーロッパ人の地理的想像力

小柏葉子（2017）：バルト海を旅する40章―7つの島の物語（エリア・スタディーズ）．明石書店．
小川秀樹編著（2009）：ベルギーを知るための52章（エリア・スタディーズ）．明石書店．
サイード，E.W.著，今沢紀子訳（1993）：オリエンタリズム（上・下）（平凡社ライブラリー11・12）．平凡社．
渋谷謙次郎編（2005）：欧州諸国の言語法―欧州統合と多言語主義．三元社．
関　哲行・立石博高・中塚次郎編（2008）：スペイン史2―近現代・地域からの視座（世界歴史体系）．山川出版社．
竹内啓一（1998）：地域問題の形成と展開―南イタリア研究．大明堂．
竹中克行（2009）：多言語国家スペインの社会動態を読み解く―人の移動と定着の地理学が照射する格差の多元性．ミネルヴァ書房．
竹中克行編著（2015）：グローバル化と文化の境界―多様性をマネジメントするヨーロッパの挑戦．昭和堂．
中川　理（2008）：風景学―風景と景観をめぐる歴史と現在（造形ライブラリー06）．共立出版．
馬場康雄・平島健司編（2010）：ヨーロッパ政治ハンドブック（第2版）．東京大学出版会．

第9章　移民と社会問題

小井土彰宏編（2017）：移民受け入れの国際社会学．名古屋大学出版会．
近藤潤三（2007）：移民国としてのドイツ―社会統合と平行社会の行方．木鐸社．
サイード，E.W.著，今沢紀子訳（1993）：オリエンタリズム（上・下）（平凡社ライブラリー11・12）．平凡社．
内藤正典（2004）：ヨーロッパとイスラーム―共生は可能か（岩波新書）．岩波書店．
ノワリエル，G.著，大中一彌・川﨑亜紀子・太田悠介訳（2015）：フランスという坩堝――九世紀から二〇世紀の移民史（叢書・ウニベルシタス1032）．法政大学出版局．
宮島　喬・木畑洋一・小川有美編（2018）：ヨーロッパ・デモクラシー―危機と転換．岩波書店．
森千香子・ルバイ，E.（2014）：国境政策のパラドクス．勁草書房．
森千香子（2016）：排除と抵抗の郊外―フランス〈移民〉集住地域の形成と変容．東京大学出版会．

ルナン，E.・フィヒテ，J.G.・ロマン，J.・バリバール，E.・鵜飼　哲著，鵜飼　哲・大西雅一郎・細見和之・上野成利訳（1997）：国民とは何か．インスクリプト．

山下清海編著（2016）：世界と日本の移民エスニック集団とホスト社会―日本社会の多文化化に向けたエスニック・コンフリクト研究．明石書店．

第10章　統合するEUと国境地域

遠藤　乾編（2014）：ヨーロッパ統合史（増補版）．名古屋大学出版会．

遠藤　乾（2016）：欧州複合危機―苦悶するEU，揺れる世界（中公新書）．中央公論新社．

岡部みどり編（2016）：人の国際移動とEU―地域統合は「国境」をどのように変えるのか？　法律文化社．

坂口裕彦（2016）：ルポ難民追跡―バルカンルートを行く（岩波新書）．岩波書店．

辻　悟一（2003）：EUの地域政策．世界思想社．

ディーナー，A.C.・ヘーガン，J.著，川久保文紀訳（2015）：境界から世界を見る―ボーダースタディーズ入門．岩波書店．

中坂恵美子（2010）：難民問題と『連帯』―EUのダブリン・システムと地域保護プログラム．東信堂．

墓田　桂（2016）：難民問題―イスラム圏の動揺、EUの苦悩、日本の課題（中公新書）．中央公論新社．

羽場久美子（2016）：ヨーロッパの分断と統合―拡大EUのナショナリズムと境界線―包摂か排除か．中央公論新社．

平島健司編（2008）：国境を越える政策実験・EU（政治空間の変容と政策革新2）．東京大学出版会．

福田耕治編著（2016）：EU・欧州統合研究（改訂版）―"Brexit"以後の欧州ガバナンス．成文堂．

森千香子・ルバイ，E.（2014）：国境政策のパラドクス．勁草書房．

八木紀一郎（2017）：国境を越える市民社会地域に根ざす市民社会―現代政治経済学論集．桜井書店．

若森章孝・八木紀一郎・清水耕一・長尾伸一編（2007）：EU経済統合の地域的次元―クロスボーダー・コーペレーションの最前線（MINERVA現代経済学叢書94）．ミネルヴァ書房．

第11章　世界のなかのヨーロッパ

川野祐司（2018）：ヨーロッパ経済とユーロ（補訂版）．文真堂．

田中素香・長部重康・久保広正・岩田健治（2018）：現代ヨーロッパ経済（第5版）（有斐閣アルマ）．有斐閣．

ポミアン，K.著，松村　剛訳（2002）：増補　ヨーロッパとは何か―分裂と統合の1500年（平凡社ライブラリー437）．平凡社．

若尾祐司・羽賀祥二編（2005）：記録と記憶の比較文化史―史誌・記念碑・郷土．名古屋大学出版会．

付録　統計資料

国・地域名	主要言語	面積 (千km²)	人口密度 a) (人/km²)	人口 a) (千人)	65歳以上 比率 (%)	自然増加 b) (千人)	出生率 b) (‰)
EU 全域		4,376	116	509,697	19.8	−7	10.1
アイルランド	英, アイルランド	70	69	4,804	13.9	34	13.5
イギリス	英	242	275	66,574	18.5	178	11.9
イタリア	イタリア	302	196	59,291	23.0	−142	7.8
エストニア	エストニア	45	29	1,307	19.5		10.7
オーストリア	ドイツ	84	104	8,752	19.2	7	10.1
オランダ	オランダ	42	411	17,084	18.8	24	10.2
キプロス	ギリシャ, トルコ	9	129	1,189	13.4	4	11.1
ギリシャ	ギリシャ	132	84	11,142	20.4	−26	8.6
クロアチア	クロアチア	57	74	4,165	19.7	−14	9.0
スウェーデン	スウェーデン	439	23	9,983	20.0	26	11.8
スペイン	スペイン, カタルーニャ	506	92	46,397	19.4	0.5	8.8
スロヴァキア	スロヴァキア	49	111	5,450	15.1	5	10.6
スロヴェニア	スロヴェニア	20	103	2,081	19.1	0.7	9.9
チェコ	チェコ	79	135	10,625	19.0	5	10.7
デンマーク	デンマーク	43	134	5,754	19.7	9	10.8
ドイツ	ドイツ	357	230	82,293	21.5	−119	9.6
ハンガリー	ハンガリー	93	104	9,689	18.6	−32	9.7
フィンランド	フィンランド	337	16	5,543	21.2		9.6
フランス	フランス	552	118	65,233	19.7	164	11.5
ブルガリア	ブルガリア	111	63	7,037	20.8	−43	9.1
ベルギー	フラマン, ワロン	31	377	11,499	18.6	14	10.8
ポーランド	ポーランド	313	122	38,105	16.8	−6	10.1
ポルトガル	ポルトガル	92	112	10,291	21.5	−23	8.4
マルタ	マルタ, 英	0	1,372	432	19.4	1	9.8
ラトヴィア	ラトヴィア	65	30	1,930	19.8	−7	11.2
リトアニア	リトアニア	65	44	2,876	19.0	−10	10.6
ルーマニア	ルーマニア	238	82	19,581	17.9	−57	10.1
ルクセンブルク	ルクセンブルク	3	228	590	14.3	2	10.5
日本	日本	378	341	127,185	27.1	−331	7.8
アイスランド	アイスランド	103	3	338	14.4	2	12.1
アルバニア	アルバニア	70	102	2,934	13.2	10	11.0
アンドラ	カタルーニャ, フランス	1	164	77	−	−	−
ヴァチカン	イタリア	0	1,820	1	−	−	−
ウクライナ	ウクライナ, ロシア	604	73	44,009	16.5	−187	9.3
コソヴォ	セルビア, アルバニア	11	168	1,831	−	−	−
サンマリノ	イタリア	0	550	34	−	0.01	7.7
スイス	ドイツ, フランス, イタリア	41	207	8,544	18.4	23	10.6
セルビア	セルビア	77	91	7,022	17.4	−36	9.2
トルコ	トルコ	784	105	81,917	8.2	888	16.4
ノルウェー	ノルウェー	324	17	5,353	16.8	18	11.3
ベラルーシ	ベラルーシ, ロシア	208	46	9,452	14.8	−2	12.4
ボスニア・ヘルツェゴヴィナ	ボスニア, セルビア, クロアチア	51	68	3,504	16.6	−6	8.3
マケドニア	マケドニア	26	81	2,085	13.3	3	11.1
モナコ	フランス	0	19,449	39	−	−	−
モルドヴァ	モルドヴァ, ロシア	34	119	4,041	10.9	−1 c)	10.9 c)
モンテネグロ	モンテネグロ	14	46	629	14.8	1	12.2
リヒテンシュタイン	ドイツ	0	238	38	−	0.1	10.0
ロシア	ロシア	17,098	8	143,965	14.2	24 d)	13.2 d)

世界国勢図会〈2018/19年版〉およびEurostatによる．日本の外国人数は法務省，65歳以上比率とGNI総額はWorld Bank．失業率はILO資料による．データは2017年．ただし，a) 2018年，b) 2016年，c) 2015年，d) 2013年．

外国人の数 (千人)	外国人の割合 (%)	GNI総額 (百万ドル)	1人あたり b) GNI (ドル)	輸出総額 (百万ドル)	輸入総額 (百万ドル)	失業率 (%)	国・地域名
38,597	7.6	17,265,261	33,901	5,622,873	5,510,741	6.6	EU全域
565	11.8	273,106	53,304	136,546	86,611	6.7	アイルランド
6,071	9.1	2,579,603	39,333	441,263	615,960	4.3	イギリス
5,047	8.5	1,945,066	31,349	506,235	452,131	11.2	イタリア
196	15.0	25,398	17,435	14,448	16,625	5.8	エストニア
1,333	15.2	417,416	44,834	160,269	166,701	5.5	オーストリア
915	5.4	821,498	45,206	529,531	464,174	4.8	オランダ
140	11.8	21,453	23,259	3,344	9,291	11.1	キプロス
810	7.3	200,391	17,321	32,367	56,355	21.5	ギリシャ
46	1.1	54,213	11,789	15,687	24,282	11.2	クロアチア
841	8.4	546,355	52,849	153,152	153,910	6.7	スウェーデン
4,420	9.5	1,311,204	26,689	317,723	348,393	17.2	スペイン
70	1.3	93,541	16,062	77,588	77,130	8.1	スロヴァキア
114	5.5	47,524	20,836	31,902	31,154	6.6	スロヴェニア
511	4.8	214,567	17,228	180,660	162,528	2.9	チェコ
485	8.4	331,392	55,115	101,621	92,293	5.7	デンマーク
9,220	11.2	3,753,344	43,174	1,335,866	1,056,495	3.8	ドイツ
151	1.6	133,447	12,396	113,560	103,688	4.2	ハンガリー
242	4.4	254,878	43,777	67,285	70,107	8.6	フィンランド
4,639	7.1	2,639,295	37,412	522,720	616,298	9.4	フランス
79	1.1	58,985	7,446	30,218	34,176	6.2	ブルガリア
1,346	11.7	496,812	40,728	427,846	403,820	7.1	ベルギー
210	0.6	505,612	11,870	230,816	230,410	4.9	ポーランド
398	3.9	212,783	19,322	62,204	77,932	8.9	ポルトガル
54	12.5	11,781	24,036	3,261	6,849	4.6	マルタ
279	14.5	30,046	13,959	12,905	15,898	8.7	ラトヴィア
20	0.7	45,614	14,127	29,919	32,537	7.1	リトアニア
114	0.6	206,211	9,216	70,757	85,476	4.9	ルーマニア
281	47.6	43,727	69,259	13,180	19,517	5.5	ルクセンブルク
2,562	2.0	5,048,994	39,881	698,169	671,259	2.8	日本
30	8.9	23,965	62,103	4,864	6,969	2.7	アイスランド
−	−	13,142	4,038	2,301	5,293	13.7	アルバニア
−	−	−	36,987	120	1,480	−	アンドラ
−	−	−	−	−	−	−	ヴァチカン
−	−	115,168	2,078	43,199	49,421	9.5	ウクライナ
−	−	7,439	3,863	−	−	27.5	コソヴォ
−	−	−	40,586	−	−	6.5	サンマリノ
2,099	24.6	688,328	80,350	223,874	188,526	4.8	スイス
−	−	38,549	5,119	14,851	19,194	13.5	セルビア
−	−	841,414	10,749	157,188	233,757	10.8	トルコ
559	10.4	415,491	74,380	101,976	82,753	4.2	ノルウェー
−	−	52,399	4,760	29,207	34,235	5.7	ベラルーシ
−	−	17,975	4,740	5,451	10,501	20.5	ボスニア・ヘルツェゴヴィナ
−	−	10,832	4,944	4,785	6,749	22.4	マケドニア
−	−	−	168,004	−	−	6.3	モナコ
−	−	8,685	1,773	2,045	4,020	4.1	モルドヴァ
−	−	4,944	7,051	421	2,612	16.1	モンテネグロ
13	34.2	−	134,660	−	−	−	リヒテンシュタイン
−	−	1,538,005	8,422	357,083	226,966	5.2	ロシア

索　引

欧　文

AEBR（欧州国境地域協会）　137
AfD（ドイツのための選択肢）　146
AMAP　39
BRICS　29
CAP（共通農業政策）　34, 41
CF（結束基金）　135
COMECON（経済相互援助会議）　52
EAFRD（欧州農業農村振興基金）　135
EAGGF（農業指導保証基金）　132
EC（欧州共同体）　2
ECSC（欧州石炭鉄鋼共同体）　1, 52
ECU（欧州通貨単位）　160
EEC（欧州経済共同体）　2, 35, 52
EMD（Europäische Metropolregionen in Deutschland）　70
EMFF（欧州海洋漁業基金）　135
EMS（欧州通貨制度）　160
ERDF（欧州地域開発基金）　132
ESF（欧州社会基金）　132
ESI（欧州構造投資）基金　135
EU 加盟　8
EU 市民　119
EU 代表部　152
EU 地域政策　59
EU 統合　119
EU 内の工程間分業　155
EU の大都市圏　72
Frontex（欧州域外国境管理協力機関）　119, 145
IKM（Initiativkreis Europäische Metropolregionen in Deutschland）　71
INTERREG　73, 136
LD 転炉　52
LSU（家畜単位）　30
M4 コリドール　56
MKRO　70
MREU（Metropolitan Regions by EU）　71
NUTS　62, 132
PISA（国際学習到達度調査）　93
U 字谷　12
UNHCR（国連難民高等弁務官事務所）　120
WTO（世界貿易機関）　35

ア　行

アイデンティティ　110, 113
アイフェル火山群　17
空き家　40
アークライトの水力紡績機　47
アグリツーリズム　40
アジェンダ 2000　133
アソーレス高気圧　19
アソーレス諸島　18
アパートメント　83
アーバン　73
アペニン山脈　18
アーヘン　66
アマップ　39
アルザス地域主義　140
アルテルモンディアリスト　38
アルプ　44
アルプス　16, 44
アルプス造山帯　12
アルム　44
アルメニア人　8
安定陸塊　11

域外国境管理　144
域外貿易　153
域内国境管理　144
域内貿易　153
イギリスの EU 離脱　2, 9, 123
異常多雨　26
イスラム　130, 131
遺跡　115
イタリア・ランペドゥーサ島沖での難民船沈没事故　145
イチョウ　21
移民　116, 117
移民労働者　118
イル・ド・フランス　53
インターレグ　73, 136
インナーエリア　74

ヴァカンス　80, 82, 89, 98
ウアシュトロームタール　14
ヴァリスカン造山帯　12
ウェストファリア条約　101, 102
ウェストライディング　46
ヴェネチア　87
ウエルタ　33
ヴォルフスブルク　51, 57

永久凍土層　22
永年作物　29
永年草地　29
営農タイプ　29
エコツアー　85
越境的地域連携　140
越境的通勤者　139
エッセン　49
エトナ火山　18
遠隔地農村　40

黄金の三角地帯　53
欧州 2020（Europe 2020）　134
欧州委員会　3
欧州会計監査院　3
欧州議会　3
欧州国境沿岸警備機関　145
欧州国境沿岸警備隊　145
欧州司法裁判所　3
欧州中央銀行　3
欧州難民危機　145
欧州文化首都　77, 158, 161
欧州ランドスケープ条約　112
欧州理事会　3
欧州領域的協力　135
大型スーパー　34
オスマン帝国　8
オーバーツーリズム　87
オランダ語　104
オーランド諸島　112
『オリエンタリズム』　102, 131
オリーブ　29
オリンピックパーク　78
オルタナティブツーリズム　88
温泉地　81

カ　行

海岸保養地　43
海岸リゾート　82
外国人　117
外国人集住地区　68
海洋性気候　6, 20
海嶺　18
価格競争　38
閣僚理事会　3, 8
加工品輸出　32
賢い成長　134
果樹　29
家族農業　28
家族農場　42
カタルーニャ　106
カタルーニャ語　107
カタルーニャ・ナショナリズム　106
褐色森林土　22
カートライトの力織機　47
カトリック　6, 104
カナリーワーフ　61
カルスト　16
カールスルーエ近隣自治体連合　73
カールスルーエ都市圏　72, 73
カルパチア山脈　16
カルロヴィ・ヴァリ　82
カレドニア造山帯　11
環境遵守事項　38
環境配慮　38
環境負荷　37
環境保護団体　39
観光業　116

観光資源　80
環状都市圏　70
関税障壁　155
関税同盟　45, 155
乾燥　30
干ばつ　26

機械制大工業　47
気象災害　26
北キプロス・トルコ共和国　8
機能都市地域　62
ギャオ　18
旧工業地帯　71
旧市街地　69, 76
強制収容所　150
共通通貨　3
共同体イニシアティブ　134
極高圧帯　19
巨大企業　34
巨大チェーン　34
近郊交通網　73
近代国家　67
近代都市　67

空間整備　72
空間秩序計画関係閣僚会議　70
空間的経済構造　153
グランドツアー　81, 157
グランドリージョン　148
グリーンツーリズム　40
クルップ製鉄所　49
クルド人　8
グローバル化　112, 151

景観規制　76
経済的中心地　67
経済的優位性　73
経済統合　1
経済連携協定　155
芸術　77, 161
毛織物工業　46
ケスタ　15, 50
血統主義　117
ケバブ　130
ゲルマン語派　6
ゲルリッツ　149
ケルン　65
建築物改修　74

郊外　70
工業化　67
合計特殊出生率　91
高山地帯　36
耕種農業　29
工場制手工業　47
洪水　25
構造政策　116, 132
交通網の結節点　62
公的扶助　94
高度技能移民　119
高度経済成長期　68
高品質ワイン産地　33
高付加価値化　29
公用語　105

高齢化　41
高齢化社会　92
高齢社会　92
高炉製鉄所　48
国際観光　80
国際交渉　28
コークス製鉄法　48
コークス法　49
国籍　117
国土　109
国民国家　101, 107, 118
国民神話　104
国民投票　9
穀物市場　32
国立公園　110
古代ギリシャ　65
古代ローマ　65
国家連合体　9
国境　80, 107, 117, 148
国境線　149
コート・ダジュール　83
コミュニケーション　115
コミュニティ再構築　73
コミュニティ施設　74
コミューン　36
混合農業　6, 30, 44

サ　行

再開発　69, 73
再国民化　128
財政移転　107
在留邦人　151
サード・イタリー（第3のイタリア）
　60
差別　118
山岳リゾート　82
山間地域　35
山間地帯　36
産業遺跡　86
産業革命　47, 67
産業保護型徴税大国　96
産業立地型徴税国　96
ザンダー　14
サントリニ島　17
サンベルト　43, 53, 54
三圃式農業　6, 20
サンミシェル・デギュイユ　18
山麓地帯　36

ジェニー紡績機　47
シェヌデビュイ火山群　17
シェフィールド　47
シェンゲン協定　3, 144, 148
シェンゲン圏　119, 144
ジオツーリズム　84
ジオパーク　24
市街地拡大　67
自給自足　42
持続可能な社会　93
持続的成長　134
持続的な発展　42
持続的農業　37
自治州　106

失業対策事業　74
シドマール製鉄所　53
シトロエン　51
市壁　67, 69
姉妹自治体　152
市民意識　98
社会・経済的格差　71
社会的課題　74
社会的不平等　125
社会的保障　94
社会保険　94
社会民主主義レジーム　95
宗教的施設　76
自由主義レジーム　95
集積　162
修繕・補修　76
住宅不足　69
周氷河環境　21
周辺地域　62, 63, 70
自由貿易協定　155
住民投票　106
宿泊施設　81
宿泊数　81
出生地主義　117
シュツットガルト　51, 57, 64
ジュラ　47, 60
巡礼　81
蒸気機関　47
条件不利地域　35, 36
条件不利農村　31
少子化　91
少数言語集団　6
食品・飲料企業　33
植民地　102
植民都市　65
食糧生産地帯　32
ジョン・ケイの飛び杼　47
人口減少　41
人工降雪機　85
新市街地　69
神聖ローマ帝国　65

スウェーデン語　112
スカンセン　109
スキー　40, 82
ストラトフォードシティ　78
ストロンボリ火山　18
スペイン語　107
スマート化　128
スラヴ語派　6

生活空間　73
正教会　6
政策補助金　36
生産の粗放化　37
生産抑制政策　35
政治統合　1
生体管理　128
成長と雇用への投資　135
「成長の極」理論　53
世界遺産　86, 90, 158
世界3極　153
銑鋼一貫製鉄所　52

ソフトツーリズム　84
粗放的農業　37
ゾーリンゲン　47

タ　行

第一次世界大戦　100
タイガ　21
大規模経営　28
大都市圏　62, 70
大都市圏ネットワーク　71
大陸性気候　20
大ロンドン計画　68
タウンセンター・ファースト政策　78
卓状火山　18
多言語地域　107
多国籍企業　34
脱農化　35
ダブリン規則　125, 146
ターミナルモレーン　14
タラゴナ　115

地域開発　70
地域格差　116
地域間不均衡　162
地域間連携　71
地域経済の多様化　42
地域政策　76
地域的不均衡　35
地域文化　109
地域連携　70
地域連合　70
チェスキー・クルムロフ　90
チェルノーゼム　23
畜産　30
チーズ　34
地中海山脈　10
地中海式農業　6, 20, 43, 44
地中海性気候　6, 19
地中海貿易　66
チャイナタウン　156
中緯度高圧帯　19
中央オーバーライン地域連合　73
中軸地域　62
中心都市　63, 70
中心と周縁　31
中世　65
チューリッヒ　65
超高齢社会　92
直接支払い　37
チョマドル火山　19

通勤流動　72
躓きの石　158
ツンドラ　21
ツンドラ土　22

帝国都市　66
泥炭地　23
ディナルアルプス山脈　16
テクノポール　55
鉄のカーテン　86
テティス海　10
デュースブルク　49

テラロッサ　23
田園都市構想　68
転換の極　57
伝統的農業　28

ドイツ語　105
ドイツ・フランス・スイス・オーバーライン会議　141
東欧革命　87
東京国立博物館　98
トゥールーズ　53, 57
独立問題　107
都市　62, 76
　　——の美しさ　76
　　——の景観　68
　　——の更新　73
　　——の再生　73
　　——の文化景観　76
　　——の偏在　62
都市間競争　78
都市観光　86
都市間連携　70
都市近郊農村　31
都市再生政策　73
都市自体の魅力　75
都市整備事業　150
都心　70
土地利用規制　76
ドッガーバンク　14
ドックランズ　61
ドナウ川　16
トーマス製鋼法　50
トーマス転炉　48
トヨタ自動車　58
トルコ系住民　130
ドルジバ・パイプライン　52
問屋制家内工業　45, 47

ナ　行

ナイセ川　149
内部構造　68
ナショナリズム　98, 101
ナチズム　102
難民　120
難民受け入れ　9

日系企業　151
日産自動車　58
乳量割当制　35
ニュータウン　68
ニュルンベルク　66
『ニルスのふしぎな旅』　111

ネモラルバイオーム　22

農業経営者　29
農業政策　28
農業地域　28
農業的農村　31
農産物輸送　33
農場の集団化　6
農村住民　31
農村振興政策　38

農村の観光　40
農村への人口回帰　39
ノール炭田　57
ノルトライン・ヴェストファーレン州　49

ハ　行

バイオバレー事業　143
ハイキング　40
ハイデ　23
パートナーシップ原則　132
パノーニ計画　53
パミナ　73
バーミンガム　47, 64
バーミンガム鉄山　48
パリ同時テロ事件　146
ハルシュタット　87
バルセロナ　107
バルト海　113
ハンザ同盟　66
パンノニア平原　16
ハンブルク　66
『パン・ヨーロッパ』　100

ヒース　23
非正規移民　119
氷河性アイソスタシー　13
氷河地形群　14
氷期　113
氷床　24
貧困　125

ファストフード　130, 156
フィアット　51
フィヨルド　12
フェノサルマティア　11
フェルクリンゲン製鉄所　48
福祉国家　92
福祉国家ナショナリズム　128
福祉レジーム論　95
副都心　69
プジョー　51
フードツーリズム　84
普仏戦争　49
ブライトン　82
フラマン語　104
フランス語　104
フランスで最も美しい村連合　40
フランス北東アーチ軸　57
フランデレン　104
フランドル地方　45
ブリュッセル首都圏　105
ブルカン火山　18
ブルーバナナ（青いバナナ）　5, 54, 62
ブルッヘ　66
ブレーメン　66
プロテスタント　6
プロト工業化　45
文化景観保全　76
文化財保護　158
文化政策　76, 77
文化・創造産業　162

ベッセマー転炉　48
ベネルクス三国　1
ヘルシニア造山帯　12
ヘレニック海溝　17
偏西風　19

ポイント・システム　120
貿易障壁　155
封建制　65
防災　25
包摂的成長　134
ボカージュ（囲い地）　37
牧草地　29
保守主義レジーム　95
ホットスポット　145
北方針葉樹林　21
ポドゾル土　22
ボラ　19
ポリス　65
ホロコースト博物館　98
ボン協定　141
本田技研　58

マ　行

迷子石　12, 24
マウンテンバイク　85
マーシャル・プラン　51
マスツーリズム　82
マーストリヒト　148
マーストリヒト条約　2
マルヌ・ライン運河　50
マンチェスター　64
マンチェスター・ミラノ軸　62

ミッドランズ炭田　48
ミネット鉱　50
ミノア噴火　17
ミュージアム　110
ミュール紡績機　47
ミュンヘン　64, 68
ミラノ　64

民営化　31
民族　104
民族主義　102

ムッソリーニ体制　115

メガロポリス　54
綿工業　46

モーゼル丘陵　50
モータリゼーション　69
モレーン　12
モロッコ系住民　130
モン・サンミシェル　10
モンドール火山　17

ヤ　行

有機農業　39
有給休暇　89
輸入圧力　38
ユネスコ　90
ユーロ　3, 103, 160
ユーロリージョン　137
ユーロリージョン・オーバーライン　138

ヨークシャー　46
ヨーロッパ新生代地溝システム　12
ヨーロッパ大都市圏　70

ラ　行

ライン地溝帯　15
ラインラント地方　47
ラキ火山　18
酪農　6, 30
ラテン語派　6
ラーハゼー火山　17
ランカシャー　46
ラングドック・ルシヨン　83
ラントシュタット　54
ランドスケープ　109

ランドスケープ　112, 113
ランドマーク　97

リエナクトメント（歴史再現）　115
リスボン条約　3
リスボン戦略　133
リゾート　80, 83
領域国家　100, 101
領域的結束　133
領土　101, 104
リング　54

ルター派　112
ルノー　51
ルーラルツーリズム　42, 84, 99
ルール　64
ルール工業地域　86

零細・小規模経営　28
レギオ・トリレーナ　142
歴史的遺産　65
歴史的建造物　76
歴史的施設　76
歴史的地区　68
レス　14, 23
連邦制　105

労働移民　118
ローカル化　151
ロマ　150
ロマン主義　109
ロマンティック街道　76
ロレーヌ工業地域　50
ロレーヌ炭田　50
ロンドンドックランズ開発公社　61

ワ　行

ワイン市場　33
ワロン　104
ワロン語　104

編集者略歴

加賀美雅弘(かがみまさひろ)

1957年　大阪府に生まれる
1985年　筑波大学大学院地球科学研究科博士課程単位取得退学
現　在　東京学芸大学教育学部特任教授
　　　　理学博士

世界地誌シリーズ11

ヨーロッパ　　　　　　　　　定価はカバーに表示

2019年4月1日　初版第1刷
2022年9月25日　第3刷

編集者　加 賀 美 雅 弘
発行者　朝 倉 誠 造
発行所　株式会社 朝 倉 書 店
　　　　東京都新宿区新小川町6-29
　　　　郵便番号　162-8707
　　　　電　話　03(3260)0141
　　　　Ｆ Ａ Ｘ　03(3260)0180
　　　　https://www.asakura.co.jp

〈検印省略〉

© 2019〈無断複写・転載を禁ず〉　　　　　教文堂・渡辺製本

ISBN 978-4-254-16931-7　C 3325　　　Printed in Japan

JCOPY〈出版者著作権管理機構 委託出版物〉

本書の無断複写は著作権法上での例外を除き禁じられています．複写される場合は，そのつど事前に，出版者著作権管理機構（電話 03-5244-5088, FAX 03-5244-5089, e-mail: info@jcopy.or.jp）の許諾を得てください．